QUESTION SOCIALE

—

LE SUBLIME

ou

LE TRAVAILLEUR

COMME IL EST EN 1870 ET CE QU'IL PEUT ÊTRE

PAR D. P. *(Poulot)*

« Enfants de Dieu, créateur de la terre,
Accomplissons chacun notre métier,
« Le gai travail est la sainte prière
« Qui plaît à Dieu, ce sublime ouvrier. »

(TISSERAND.)

—

DEUXIÈME ÉDITION

—

PARIS

LIBRAIRIE INTERNATIONALE

A. LACROIX, VERBOECKHOVEN ET Cᵉ, ÉDITEURS

15, boulevard Montmartre et faubourg Montmartre, 13

MÊME MAISON A BRUXELLES, A LEIPZIG ET A LIVOURNE

—

1872
TOUS DROITS DE TRADUCTION ET DE REPRODUCTION RÉSERVÉS

UNE EXPLICATION

Emettre ses idées dans un livre, quand on le peut, c'est faire acte de civisme; pour qu'il soit méritoire et digne, il ne faut laisser déformer sa pensée ni par la haine, ni par la peur, et encore moins par l'esprit de parti, il est urgent de laisser parler son cœur et de suivre les déductions de son esprit, sans se préoccuper du reste.

Telle est la marche que nous avons suivie pour écrire LE SUBLIME; on lui trouvera des défauts, c'est juste, il en a beaucoup, mais il a une qualité, que nous défendrons énergiquement, c'est qu'il a été conçu et fait avec la plus franche sincérité.

Écrit plus spécialement pour les mécaniciens de Paris, avec lesquels nous sommes en relations depuis plus de vingt ans, notre étonnement a été grand quand nous avons vu la presse et le public accueillir avec un intérêt aussi vif un travail qui ne comptait pas sur un aussi grand succès.

De nombreux encouragements et aussi beaucoup de critiques nous ont été faites. Nous ne nous en plaignons pas, au contraire, nous en profiterons.

Puisque nous devons faire une deuxième édition, nous pensons que l'examen de quelques-unes de ces objections sera utile pour nos nouveaux lecteurs. Pour compléter même notre pensée, une explication est nécessaire.

Quand on lit votre ouvrage, nous ont dit beaucoup de personnes, on éprouve un sentiment pénible; ces tableaux trop vrais, souvent tristes et quelquefois ignobles, vous font une impression décourageante qui laisserait croire plutôt à un réquisitoire qu'à une analyse. On se demande s'il était bien nécessaire de détailler tous ces vices avec autant de développements. Pour atteindre le but, l'auteur n'a-t-il pas écouté et suivi les mauvaises inspirations que dictent souvent de légitimes ressentiments; ou, pour être plus catégorique, la haine n'a-t-elle pas pris la place de sa raison?

Nous avons fouillé, ouvert à plein couteau toutes les plaies, les pustules de ce corps qui se décompose, nous vous l'avons présenté tel qu'il est, rien de plus. Vous ne le croyez pas aussi avancé, vous pensiez qu'il était moins atteint. Quand vous le regardez il vous fait peur. Ah! tant mieux s'il vous épouvante. Oh! prenez garde, c'est épidémique et très-contagieux, le sublimisme : réfléchissez qu'il vous touche, vous aide et vous sert tous les jours; il n'y a pas de temps à perdre, courez à la pharmacie, il faut à tout prix le guérir pour vous préserver vous et les vôtres. Ce n'est pas une question de fraternité, c'est une question de sécurité, impossible de l'isoler, ni de le fuir, il faut vivre avec lui, il vous suivra partout.

Si notre travail vous produit cet effet, nous sommes bien récompensé et la moitié de notre but est atteint. Car le jour où tous diront : Il faut le guérir, on le guérira. Devant un pareil résultat nous n'avons rien à regretter.

Vous croyez donc que cette repoussante impression, nous ne l'avons pas éprouvée? Oh! si! la main tremblait, le cœur souffrait, tenaillé par ce hideux réalisme. Mais la raison, ce grand et puissant régulateur, nous disait : Quand on ose

passer devant les grandes assises de l'opinion, et qu'il faut soumettre à son sévère jury une partie du dossier nécessaire
pour juger l'immense cause, nous devons la vérité, toute la
vérité, mais rien que la vérité. Plus de sous-entendu, plus
de huis-clos, ni faveur, ni privilége, la pierre infernale sur
toutes les plaies. Grande souffrance, c'est possible, mais qui
sera bienfaisante; le scalpel et l'acide phénique sur tout ce
qui nous ronge; peu importe les cris et les grincements de
dents, la santé est au bout.

Oui, voilà le grand levier qui nous a fait marcher, nous
vous l'affirmons; si vous ne voulez pas nous croire c'est
que nous l'avons mal dit, voilà tout.

Vous dites que la première partie de notre ouvrage est
un acte d'accusation, sans vous occuper de la défense.

Nous vous répondrons : Accuserez-vous donc le fiévreux
des marais Pontins parce qu'il est débile, étiolé? Blâmerez-
vous aussi le voyageur qui dans ses récits vous le montrera
dépérissant, ruiné, par ces miasmes délétères qui tuent son
corps et son âme? Non, c'est impossible, ce qu'il faut c'est
de drainer ces eaux croupies, seules causes du mal; il a
besoin, ce malade, de cette nourriture saine qui rend fort,
et au lieu de récriminer sur le misérable état du sujet qu'on
ne doit ni dissimuler, ni cacher, et dont il est impérieux de
s'occuper résolûment, il faut reporter son indignation sur la
cause et non sur l'effet.

Non, vous n'êtes pas justes si vous ne voulez considérer que
la première partie sans tenir compte de la seconde, où la
revendication de la grande place que doit prendre le travailleur dans le siècle des solutions, est plaidée avec une énergie
et un courage qui justifient les parties écœurantes du commencement. Ni petits, ni grands, ni faibles, ni forts, sus à tout

ce qui nous empêche de marcher; les gens de cœur sont avec vous, comme nous l'écrivait un de nos braves amis, qui lutte vaillamment dans l'administration contre ce scandaleux népotisme qui ne tend à rien moins qu'à éteindre toutes les intelligences et à décourager toutes les activités.

Notre conscience nous le dictait : on obéit toujours à cette souveraine quand on possède la parfaite indépendance. Vous pensez que nous avons mis dans les mains de la bourgeoisie satisfaite et implacable une arme contre les travailleurs! Mais elle ne peut y toucher sans se blesser. Tranquillisez-vous, le jour où elle voudrait s'en servir, elle se mutilerait. Si elle veut frapper quelque chose, qu'elle frappe sa poitrine et qu'elle dise : *Mea culpa;* voilà mon œuvre. Car on est responsable du mal qu'on peut empêcher.

Alors pourquoi ne pas avoir consacré un certain nombre de chapitres à cet autre sublimisme : LA VENTROCRATIE? Le mal de l'un ne guérit pas le mal de l'autre, des développements trop considérables nous auraient poussé au delà des limites que nous nous étions tracées. Un pareil sujet nécessiterait une étude spéciale.

Examinons les critiques faites sur la deuxième partie qui est la plus difficile et la plus discutable.

Nous devons auparavant noter une observation qui a bien sa valeur. Ainsi nous avons remarqué que toutes les personnes étrangères aux travailleurs ont été plus frappées par les tableaux et les révélations de la première partie que par les moyens et les conclusions de la seconde; certaines même, surtout les savants dans la science sociale, ont laissé de côté nos considérations et ont porté toute leur attention sur le mal Par contre, les travailleurs n'ont voulu voir que la seconde, qui, certes, est la plus intéressante pour eux. Les ouvriers trouvent la première vraie, mais inutile, les sublimes en rient et renchérissent sur les faits. A ceux qui pourraient mettre en doute la vérité de nos récits nous leur dirons que nous avons aujourd'hui des anecdotes plus repoussantes et en si grand nombre qu'un volume ne suffirait pas pour les classer, et toutes affirmées et racontées par les sublimes. Un de nos amis, industriel parisien, réunit un dimanche ses travailleurs, leur lut une dizaine de chapitres du SUBLIME. Après chaque fait il revenait quatre ou cinq anecdotes du genre de celles qu'il venait de lire. Il les a mises à notre disposition. Elles pourront nous servir pour répondre à ces esprits chagrins et de parti pris qui taxent notre analyse d'absurde et fausse. D'autres, soi-disant amis du peuple, mais moins exclusifs, nous disent que toute vérité n'est pas bonne à dire. Nous pensons que celle-là plus que toute autre doit se dire. Devons-nous faire comme l'autruche qui cache sa tête derrière un arbre pour se dissimuler le danger? Non, il faut le regarder hardiment en face, le colleter et faire tous ses efforts pour le terrasser.

Nous avons reçu de graves reproches pour nos réflexions politiques. Il faudrait supprimer ce chapitre, nous disait-on, le lecteur ne doit pas connaître l'opinion de l'auteur. Comme nous n'avons jamais été à l'école de la dissimulation, nous nous sommes contenté de sourire.

Les critiques et les dénégations ne nous ont pas manqué au sujet des syndicats, des prud'hommes, des assurances et surtout sur les associations. Quant au chapitre l'Avenir, c'est une utopie, dit-on. Mais tous ont été d'accord sur celui des apprentis, ce point capital, culminant de notre travail; oui, sur ce sujet les approbations ont été nombreuses et sans restrictions.

Certes, on peut trouver d'autres solutions peut-être meilleures et plus applicables que les nôtres, c'est possible ; mais devant cet axiome social : PLUS D'APPRENTISSAGE DANS LES ATELIERS, il faut l'appliquer puisque nous sommes tous d'accord. Nous nous y cramponnons comme après une corde de sauvetage ; nous avons plus que notre profonde conviction, nous avons des preuves indiscutables pour prouver son efficacité.

Pour résoudre le problème social, il est nécessaire, comme disaient nos orateurs des réunions publiques, d'avoir des UNITÉS SOCIALES, c'est-à-dire des hommes possédant : le *savoir*, la *moralité* et les *aptitudes*, ou, en d'autres termes, instruction, éducation et application des devoirs et droits du citoyen. Nous vous démontrons que vous pouvez les former à l'école professionnelle, mais... il n'y a pas de mais possibles devant les résultats.

La lecture de notre travail vous démontre victorieusement que cette inquiétante démoralisation, que ces insuccès dans les solutions proviennent de ce manque d'*unités sociales*. Pour nous servir d'une métaphore sublimiste, qui dit que la société actuelle est un triangle isocèle dont la base est bien petite et représentée par le travail, les deux trop grands cotés l'un par les priviléges et l'autre par le capital, nous dirons que pour développer cette base, il ne faut plus faire d'apprentissage dans les ateliers.

Tenez, prouvez-nous, par exemple, que le compagnonnage, débarrassé de ses rivalités insensées et étendu à tous les travailleurs, peut remplacer les syndicats ; montrez-nous une meilleure institution que les prud'hommes, où les travailleurs seront jugés plus directement par leurs pairs ; démontrez-nous que les solutions sociales par la participation des travailleurs dans les bénéfices, comme dans le système inauguré par M. Leclair, ou par celui mis en pratique par la maison Borchert de Berlin, moyens qui à un moment donné rendront le travailleur professeur, valent mieux que les associations ; donnez-nous les statuts d'une grande assurance qui mettra le travailleur à l'abri de tout à la fois, des maladies, des accidents et assurera ses invalides avec une cotisation possible et une administration à bon marché ; prouvez-nous que ce que vous nous proposerez est préférable à ce que nous avons préconisé, et nous nous rangerons de votre avis, et nous nous ferons les défenseurs et les propagateurs de vos moyens.

Mais devant *l'apprentissage dans les ateliers* nous sommes implacables, nous n'en voulons à aucun prix, nous avons une montagne de preuves pour vous écraser.

Est-il besoin de parler des invectives, même des insultes qui nous ont été faites par quelques *fils de Dieu* exaspérés et des menaces de certains *Sublimes des Sublimes* trop bien photographiés? Non, quand on a trente-neuf printemps sur la physionomie et qu'on connaît les individus, on passe l'éponge de la tolérance sur ce fiel, car dans une aussi grave question, il faut discuter et non disputer.

À vous, lecteurs, à juger ; vous avez le dossier en main, ayez le courage de le lire jusqu'au bout pour en bien connaître toutes les pièces.

Dans une pareille question, les idées sont tout, les hommes rien, c'est pourquoi nous sommes toujours

D. P.

1er juillet 1870.

QUESTION SOCIALE

—

LE SUBLIME

PRÉAMBULE

« *Fils de Dieu*, créateur de la terre,
« Accomplissons chacun notre métier,
« Le gai travail est la sainte prière.
« Ce qui plaît à Dieu, c'est le SUBLIME ouvrier. »
(Refrain modifié et chanté par les Sublimes.)

Nous avons écrit en tête de ce travail l'énigme posée par la nécessité au dix-neuvième siècle : QUESTION SOCIALE. Le terrible sphinx qu'on nomme le peuple en attend patiemment la solution du génie humain.

Un grand problème difficile, peut-être redoutable, est à l'ordre du jour, il est impérieux, pressant et posé aujourd'hui d'une façon qui demande une solution non pas violente, instantanée; mais étudiée et réfléchie.

C'est la question du travail et des travailleurs.

Immense question, question majeure de ce siècle démocratique dans lequel elle prend sa grande place.

Il n'est donné à personne d'éviter, d'ajourner, de ourner cette difficulté.

Quels sont les moyens, nous en signalerons d'urgents, de possibles et d'efficaces.

Quelle en est l'entrave principale? LE SUBLIMISME (1).

C'est donc dans le travail qu'est la base de la solution du formidable problème. Il peut se diviser en deux genres, le travail agricole et le travail industriel. Nous ne nous occuperons que de ce dernier que nous connaissons, convaincu qu'à quelques variantes près, ce que nous en dirons peut s'appliquer à l'autre.

Depuis quelque temps la difficile question est de nouveau mise à l'étude d'une manière très-active; des esprits éclairés et très-instruits, soit dans les livres, soit dans les journaux et aux tribunes publiques, recherchent les moyens de résoudre cette grave difficulté.

Toutes ces brillantes théories, toutes ces sérieuses définitions ne sont certes pas inutiles, mais elles sont beaucoup trop platoniques pour donner les résultats palpables, moraux et matériels qui sont impérieusement réclamés, et qu'il faut obtenir en respectant l'équité.

Il faut quitter ces conversations avec les sommets élevés (2), pour entrer dans celles de la pratique.

Les philosophes, les économistes, les écrivains parlent du travail avec imagination et sentiment, quelquefois avec justice, généralement avec esprit, nous ajoutons : rarement avec une sérieuse connaissance du sujet.

(1) Quelques pages plus loin, on sera édifié sur la valeur de ce mot.

(2. Expression de M. Edgar Quinet dans *la Création.*

L'activité, la passion même apportée dans l'examen de ce grave problème : LE TRAVAIL, ont frappé l'imagination, et appelé les profondes réflexions de certains esprits ardents qui s'intéressent à sa solution et qui vivent depuis longtemps dans le travail manuel, en un mot, les travailleurs, dans l'acception élémentaire du mot.

Nous sommes un de ces travailleurs-là.

Nos idées, notre manière d'envisager la grave question pour laquelle nous nous croyons particulièrement compétent, ne peuvent être suspectées, ni d'orgueil, ni d'aspirations malhonnêtes. D'abord, parce que nous conservons l'anonyme et que notre personnalité importe peu, ensuite parce que nous vivons depuis plus de vingt ans dans le travail, comme ouvrier, contre-maître et patron, et que, si nous nous sommes assuré l'avenir, nous le devons au travail et rien qu'au travail. Quand un homme se croit heureux, cette persuasion ne peut lui être suggérée que par des sentiments honnêtes, loyaux et sincères.

Oui, nous nous sommes senti assez osé pour aborder, par le livre, un aussi grave sujet, pour donner notre avis sur la plus formidable question du siècle; nous qui n'avons pas reçu l'instruction nécessaire pour exposer nos idées dans le langage correct des écrivains, nous nous sommes senti raffermi et encouragé par cette pensée que, si les écrivains de profession possèdent le style et la manœuvre de la phrase, ils n'ont pas, dans une question aussi capitale, la principale condition pour la bien discuter, l'EXPÉRIENCE. Car combien peu d'écrivains ont vécu dans les ateliers, combien peu sont descendus dans les milieux dégradants où le mal s'élabore, où les mœurs se forment, où les travailleurs se corrompent.

Notre travail n'est donc que la conséquence d'une longue pratique, pendant laquelle nous avons recueilli les documents nécessaires pour cet ouvrage; et nous tenons à les exposer pour éclairer ceux qui apportent leur concours à la solution désirée par tous.

Les moyens que nous réclamons n'ont rien d'absolu, ils sont le résultat de sérieuses observations des faits et des choses pratiques; nous les avons signalés, parce que nous y avons la foi la plus profonde et que nous croyons sincèrement à leur efficacité.

Ce n'est donc pas un système que nous proposons, mais un ensemble de mesures que nos législateurs doivent prendre, et les travailleurs adopter pour arriver à la régénération, motif de l'agitation qui remue la France depuis longtemps, et qui pourrait se compliquer d'une façon terrible si, au lieu de chercher par tous les moyens possibles à en faciliter la solution, on pensait que le dernier mot serait dit en l'étouffant.

Lamartine, donnant un conseil à un débutant dans les lettres, lui disait : « Écris avec ton cœur. » Bon conseil que nous suivrons.

Mais, pour élucider une pareille question, il faut autre chose que du cœur et même de l'imagination, il faut, avant tout de l'expérience.

Le médecin est souvent forcé, pour amener la guérison, de sonder des plaies hideuses. Dans cet examen, nous serons, nous aussi, obligé de dire et d'exposer des choses d'un goût problématique; nous le devons pour la vérité, ensuite pour conserver le cachet spécial qui caractérise sans embages les faits et les gestes de nos sujets.

Si ce langage est moins que fleuri, il est énergique ; nous le donnerons dans sa crudité, car la langue académique n'a pas d'expression pour traduire cette espèce de langue verte ; nous pensons qu'on nous en saura gré, car il y a un certain courage à dire et à écrire certaines choses.

Le langage du milieu dans lequel nous vivons depuis si longtemps a même déteint sur nous ; aussi prions-nous les personnes qui auront le courage d'examiner ce travail, de vouloir atténuer les duretés, les brutalités même du style, et de ne considérer que les faits et les idées qui sont émises.

Pendant plus de vingt ans, nous avons collaboré avec dix mille travailleurs, comme compagnon (1) et comme chef. Ce long stage nous a permis d'étudier la question sociale.

Malgré tout ce qu'il peut y avoir de pénible à retracer des scènes d'un réalisme honteux, dégoûtant, on se dit : il le faut. Quand une question comme celle du travail est à l'ordre du jour, il faut étudier avec soin le mal qui pourrait la faire échouer.

La première condition, pour guérir un malade, c'est de bien connaître son tempérament, les causes, les ravages, les progrès de la maladie. Eh bien, pour com-

(1) Ne pas prendre ce mot dans le sens qu'il a dans le compagnonnage. Dans un atelier on dit d'un travailleur quelconque : c'est un compagnon.

battre et guérir la lèpre qui afflige le corps des travailleurs, il faut la connaître à fond.

Tel sera le sujet de la première partie de ce travail, qu'un mot que nous trouvons dans le dictionnaire résume parfaitement : DIAGNOSTIC PATHOLOGIQUE (1). Ainsi, elle aura pour but la photographie, l'exposition exacte de l'état morbide actuel, de la classe laborieuse.

On peut discuter, repousser tel ou tel remède, douter de l'efficacité de telle ou telle mesure, mais, en présence du mal, il faut se rendre à l'évidence, il faut s'incliner devant la vérité.

Notre deuxième partie s'occupera du traitement. Ces expressions de médecine, appliquées à la question sociale, pourront nous amener, de la part des *loustics gaulois*, le titre d'*empirique social*, nous l'accepterons, parce que tout ce que nous avancerons est fondé sur l'expérience.

Nous n'avons aucunes prétentions, nous avons approfondi les institutions actuelles, nous avons jugé les résultats, nous en avons tiré les conséquences moralisantes et matérielles qu'on peut en obtenir, en les développant et en les modifiant.

La première pensée qui viendra au lecteur, en lisant le titre, est celle-ci : Pourquoi *Sublime?* Que signifie ce refrain du *Travail plaît à Dieu*, modifié?

Le voici : nous dirigions un établissement à Belleville (ce centre *sublimiste* par excellence); deux *vrais subli-*

---

(1) On nous excusera si nous nous servons d'un aussi gros mot. Nous n'avons pas l'habitude de l'employer, mais il exprime trop bien notre pensée pour que nous refusions de l'emprunter à la langue médicale.

mes, anciennes *grosses culottes*, fatigués du comptoir, se mirent en quête de travaux; après trois ou quatre *tournées de vitriol* (1), pour se donner de l'aplomb, ils vinrent nous trouver.

L'un nous dit :

« C'est vous qu'êtes le *contre-coup de la boîte* (2)?

— Oui, citoyen.

— Embauche-t-on là-dedans?

— Pour le moment, nous n'avons besoin de personne. »

L'autre, d'un air familier, nous dit :

« Voulez-vous prendre un *canon* (3)?

— Merci, nous ne prenons rien entre nos repas.

— Arrivez donc, ce sera un *canon* de la bouteille (4).

— Nous n'avons pas soif, c'est inutile. »

Le premier, vexé, lui cria :

— Offre-z-y donc un gloria, imbécile?

— Nous vous répétons que nous ne prenons rien, et si nous avions cette envie, ça ne sera pas avec des hommes soûls. »

Cette réponse provoqua une explosion d'injures :

« T'es t'un *mufe*, c'est pas toi qu'a ch... levé la colonne, espèce d'*aristo*, *bon à rien*, va donc, *rapointi de ferraille* (5), tu ne sais pas *triple muselé*, que ce qui plaît à Dieu, c'est le SUBLIME ouvrier. »

(1) Tournée d'eau-de-vie.
(2) Le contre-maître de l'atelier.
(3) Verre de vin.
(4) Il y a du vin au litre et du vin à la bouteille; ce dernier est meilleur.
(5) Le rapointi est une broche faite avec le déchet de fer; les apprentis forgerons commencent par faire des rapointis.

Ce ton et ces gestes dramatiques nous firent pousser un immense éclat de rire qui termina la discussion, et nous répétâmes : Voilà bien le SUBLIME ouvrier.

Le mot était trouvé, instinctivement. Quand un ivrogne venait nous demander des travaux, nous nous disions : Bon, voici encore un *sublime*. Nous en prîmes tellement l'habitude que le mot fut admis, et nous l'avons pris pour titre de notre travail. On ne dit plus en parlant d'un travailleur d'ordre, de conduite, c'est un bon ouvrier, et du paresseux, violent et ivrogne, c'est un mauvais ouvrier, on dit de l'un c'est un *ouvrier*, de l'autre c'est un *sublime*.

De là, *sublimisme*, lèpre capitale qui ronge la classe laborieuse, nous ajoutons, la terrible maladie atteint bien un peu toute la société.

Le poète, dans son admirable refrain, dit que « le travail est la sainte prière qui plaît à Dieu, ce sublime ouvrier » (1) : c'est une erreur; pour un certain nombre de travailleurs, c'est le SUBLIME ouvrier qui plaît à Dieu, consolation qu'ils se donnent gratuitement. Nous voilà donc bien fixés sur l'origine du mot et sur sa valeur.

Pour bien approfondir et bien juger une aussi grave question, nous avons dû diviser les travailleurs en huit types différents qui sont :

1º L'ouvrier vrai;
2º L'ouvrier;
3º L'ouvrier mixte;
4º Le sublime simple;

_____

(1) Dans le chapitre du chansonnier des sublimes, nous donnons le *Travail plaît à Dieu*, de Tisserand.

5° Le sublime flétri et descendu;

6° Le vrai sublime;

7° Le fils de Dieu;

8° Le sublime des sublimes.

Les trois premiers types constituent les ouvriers en général. On sait ce que nous voulons dire, par ce qui est écrit plus haut.

Les trois suivants, le *sublimisme* sale, dégoûtant, brutal, grossier, ignorant, instinctif et bestial.

Les deux derniers, le *sublimisme* avec une certaine dose d'instruction, même d'éducation; l'intelligence au service de théories souvent absurdes, toujours autoritaires; une activité, une énergie employées à la démolition et non à la création; par dessus tout, une conduite qui est la négation des libres, fraternelles et égalitaires formules de ces violents apôtres.

On pourra toujours ramener un travailleur à l'un de ces types, ce qui nous permettra d'éviter la confusion.

Une fois nos types classés, nous les suivrons dans l'atelier, chez le marchand de vins, dans leur intérieur, en un mot, nous vous les montrerons dans leur vie privée et dans leur vie extérieure.

La photographie du PATRON SUBLIME exposera les tristes conséquences obtenues par cet auxiliaire du *sublimisme.*

Le chapitre des GROSSES CULOTTES et son complément nécessaire, les CÉLÉBRITÉS DE LA MÉCANIQUE, nous démontrerons les merveilleux effets de la gloire.

Dans celui du MARCHAND DE VINS ET DU MARCHAND DE SOMMEIL, vous pourrez juger des résultats moraux et physiques que le travailleur puise dans ces milieux.

Une SÉANCE AU SÉNAT et une VISITE A LA MINE A POI-
VRE compléteront les concluants arguments propres à
fixer votre jugement.

Nous suivrons le travailleur dès son intérieur, et le
chapitre : LA FEMME DU TRAVAILLEUR n'est pas le moins
émotionnant.

Les FICELLES employées par les sublimes, le CHANSON-
NIER DES SUBLIMES et le CHÔMAGE termineront la première partie, qui sera suivie d'un TABLEAU COMPARATIF
des types et des spécialités qui composent l'ensemble
que nous avons examiné.

Nous ne nous sommes occupé que d'une partie, la
mécanique; que d'un travailleur, le travailleur parisien; pour la raison capitale que nous la connaissons
mieux que les autres. Nous pensons que juger une partie
qui représente environ le septième (1) de la population
laborieuse de Paris, c'est juger l'ensemble.

La marche ascensionnelle du sublimisme depuis vingt
ans, que nous donnons dans ce tableau, provoquera de
la part des hommes sérieux un attentif examen.

Dans ce travail la première partie sans la seconde n'a
aucune signification.

La question politique et la question sociale sont solidaires, les intelligentes mesures de l'une doivent faciliter et amener la solution de l'autre.

Dans la deuxième partie nous donnerons, sous le
titre de RÉFLEXIONS POLITIQUES, quelques développements au sujet d'institutions qui sont des entraves à la

(1) Il faut comprendre toutes les parties qui se rattachent à la
mécanique.

question sociale; nous donnerons notre manière de voir sur ce qui concerne la politique en général, nous exposerons ensuite les quelques devoirs sociaux que le gouvernement doit remplir le plus promptement possible : le devoir social, capital, pressant, urgent qu'il faut remplir, non pas demain, mais aujourd'hui, c'est qu'il ne faut plus faire d'apprentis dans les ateliers : vous verrez pourquoi. Nous avons traité cette question dans le chapitre intitulé les APPRENTIS. Voilà le moyen décisif, sérieux, pour arrêter, diminuer et détruire l'épidémie qui grandit et que nous nommons le *sublimisme*.

Plus d'apprentis *sublimes*, mais des apprentis ouvriers. Nous vous donnerons des preuves indéniables, et l'on sera surpris des résultats obtenus par les trois écoles professionnelles d'arts et métiers (1) qui existent, dont peu de personnes connaissent l'importance et dont la grande majorité ne soupçonne même pas l'existence. En présence de chiffres irrécusables, de noms par milliers au besoin, et des merveilleux résultats obtenus pendant plus de soixante années de pratique, les peureux, les indécis, les immobiles, qui président aux décisions gouvernementales, ne pourront pas repousser de pareils projets, en les taxant d'utopies, de moyens impossibles.

Nous dirons mieux, nous portons un défi à qui que ce soit de faire une objection d'une valeur réelle aux propositions que nous soumettons au jugement des

_____

(1) Nous savons parfaitement qu'il en existe d'autres, nous ne voulons nous occuper que de celles des arts-et-métiers de Châlons, Angers et Aix.

hommes sérieux, dans notre chapitre des apprentis.

Nous avons à notre disposition plus de dix mille exemples pour les convaincre.

Oui, voilà la cheville ouvrière de la question sociale pour la génération qui nous suit.

Quant aux travailleurs faits qui ne peuvent jouir des salutaires bienfaits de l'école professionnelle, mais que pourront suivre leurs fils, ils trouveront dans les SYN-DICATS la solidarité nécessaire pour l'organisation du travail, la force et la lumière nécessaires pour amener le respect du droit. Ce bienfait leur sera assuré par leur union et par le développement de cette bonne et juste institution : le tribunal par excellence du travail et du travailleur, les PRUD'HOMMES.

Ainsi préparés, ils seront aptes à multiplier les ASSO-CIATIONS, cette solution, ce moyen pour atteindre le but lentement, il est vrai, mais sûrement.

Le travailleur possesseur, voilà la solution.

L'association en est le moyen.

Les préliminaires pour la constituer sont l'union, la solidarité par les syndicats.

Démocratiquement parlant, il est humiliant de dire : Ce qu'on donne au travailleur, il aime à le gagner.

Il faut dire : Ce qu'on lui doit, il a su le gagner.

Quel en sera le résultat ? Moralité et bien-être.

La devise de tous les travailleurs sera honnêteté et travail.

Car sans honnêteté, pas de société possible.

Sans travail, pas de bien-être.

Non-seulement la possession est l'aspiration légitime de tous les travailleurs, mais elle est la base de cette éducation morale qui fait tant défaut aujourd'hui dans la classe laborieuse.

Il n'y a que des âmes d'élite pour rester droites sous les étreintes effrayantes de cette aranéide monstrueuse qu'on nomme la misère, qui vous suce jusqu'à la dernière goutte de dignité, si elle ne vous pousse au crime.

Les moyens pour arriver à la possession ne sont pas uniques, loin de là, ils sont multiples, infinis; l'individualisme, le collectivisme, soit de capitaux, soit d'aptitudes, de talents, d'intelligences, tous les moyens, toutes les formes, sont bonnes du moment que le droit et la justice sont respectés et que le but est atteint.

Nous nous inclinerons devant toutes les réussites; si nous préconisons les associations, c'est que nous croyons que c'est le moyen le plus prompt et le plus certain pour faire arriver le plus grand nombre; nous le développerons avec d'autant plus de conviction, que l'expérience les a sanctionnées par plusieurs succès (1).

Dans notre chapitre, les ASSURANCES, nous montrerons les bienfaits, les avantages que le travailleur peut tirer de la solidarité contre les fléaux qui le frappent : la maladie, les accidents et la vieillesse.

Notre dernier chapitre, l'AVENIR, vous dira suffisamment ce que le siècle prochain nous promet du concours du génie humain qui, par ses conceptions, procurera le complément des puissants engins indispensables à la production, et les conséquences morales que ces créations produiront contre la lèpre sociale, le SUBLIMISME.

---

(1) Celle des maçons tailleurs de pierre a donné de tels résultats qu'ils paraissent erronés.

Notre programme ainsi posé, nous pourrions commencer nos études. Mais avant d'entrer dans notre sujet, nous devons poser quelques définitions qui nous seront utiles dans le cours de notre examen.

La *question sociale* est un problème ainsi posé : étant donné le travail, déterminer la plus grande somme possible de bien-être à tous, en respectant le droit et la justice.

Tout individu qui s'occupe de la question sociale, c'est-à-dire du bien-être de ses semblables, est un SOCIALISTE (1). Les socialistes de 1870 peuvent se diviser en deux groupes bien distincts. Dans la classe laborieuse :

1° Ceux qui veulent que l'État soit tout, au détriment de l'initiative individuelle.

2° Ceux qui veulent que les individus soient tout, et que l'État soit serviteur.

Dans le premier groupe on peut placer : 1° les communistes exclusifs, avec leur système de gouvernement, grand moteur transmettant le mouvement à toutes les multiples transmissions, autour desquelles graviteront les individus qui recevront la vie du mouvement providentiel. A la tête, à tout concevoir, tout prévoir, tout procurer. Tout en commun, voire même la femme ; 2° les communistes moins exclusifs, qui font une certaine part à l'initiative individuelle, mais qui font toujours, du gouvernement, le pivot de toute distribution ;

(1) Le monde se compose de deux espèces d'individus : 1° les égoïstes; 2° les socialistes.

3º enfin les hébertistes, qui s'intitulent crânement les partisans du gouvernement de la canaille (1).

Le second groupe comprend : 1º les démocrates, qui demandent aux questions politiques l'amélioration des lois, pour faciliter l'épanouissement de tous les systèmes, garantis par la liberté; 2º les démocrates progressistes (2), les plus nombreux dans la classe laborieuse intelligente, qui demandent la suppression des entraves qui les gênent pour prendre les mesures nécessaires pour s'unir, s'entendre, se grouper, pour arriver par eux-mêmes à la solution de leurs aspirations.

Placez à côté de ces activités cette grosse masse de travailleurs qui ne sait ce qu'elle est, sinon qu'elle souffre. Vous aurez l'ensemble des travailleurs parisiens.

Examinons-les en détail et commençons par l'ouvrier vrai.

(1) Affirmation fanfaronne pour répondre aux invectives des journalistes de haute et basse domesticité.

(2) Ce sont eux principalement qui ont organisé les coopérations d'approvisionnement, de résistance, les syndicats, etc.

NOTE DE L'ÉDITEUR

Nous prions le lecteur de ne pas oublier que ce livre a été écrit sous l'Empire.

PREMIÈRE PARTIE

I

L'OUVRIER VRAI

Généralement quand on parle d'un travailleur, on dit c'est un ouvrier; noble titre dans ce siècle où le travail commence à être honoré et considéré.

Mais, malheureusement, les bons étant confondus avec les mauvais, ils portent et partagent une partie de la déconsidération que se sont justement attiré ces derniers.

Il s'agit donc de bien spécifier ce qu'il faut être et faire pour mériter ce titre d'ouvrier.

Trois types nous ont paru nécessaires pour montrer les mérites différents qui caractérisent les bons.

L'ouvrier vrai est le type par excellence, il est le type d'honneur, voyons ce qui le constitue d'élite.

Le véritable ouvrier est le travailleur qui fait au moins trois cents jours de travail par année;

Qui ne fait jamais de dettes;

Qui a toujours une avance, soit chez lui, à la caisse d'épargne ou en valeur de bourse;

Qui aime et respecte sa femme et ses enfants, leur

consacre tout le temps libre que lui laisse le travail : pas de plaisirs sans sa famille;

Qui, s'il a chez lui, soit ses vieux parents, soit ceux de sa femme, les entoure de respect et d'attentions;

Qui concourt autant que son intelligence le lui permet à l'éducation de ses enfants;

Qui cherche à développer son intelligence par de bonnes et saines lectures que son bon sens lui dicte de choisir;

Qui, si un livre coûte trop cher, l'achette par souscription : cela paraît moins dur, et puis, il a une montre ou une pendule en plus;

Qui ne s'enivre jamais; se repose le dimanche et travaille le lundi; si vous ne lui demandez pas à travailler le dimanche, jamais il ne vous le demandera, c'est la fête de la famille.

Si un sublime dit que son patron est un exploiteur, il lui demande : Si tu étais à sa place comment ferais-tu? Si la maison ne te convient pas, va autre part.

Il a du raisonnement et du bon sens; il voudrait gagner davantage; mais il sait que la position est la même partout, que, du reste, il a plus de bénéfice à s'attacher à un patron consciencieux qui finira par l'apprécier et lui donnera sa confiance.

Dans le cas d'un travail pressé ou d'une réparation, l'ouvrier vrai travaillera la nuit où le dimanche aussi consciencieusement, que sous la surveillance de ses chefs.

Il ne fronde jamais, débat ses intérêts, accepte ou refuse sans se poser en tribun cherchant l'approbation de ses camarades.

Il se tient très-propre, d'une façon même recherchée.

Il raisonne et discute généralement bien, émet dans une discussion de bonnes et justes idées.

Si un malheur le frappe, — une blessure ou une maladie; — que ses économies ou ses avances aient disparu malgré les secours de la société, il ne se laisse pas abattre; c'est dans le travail qu'il trouve une consolation à l'amertume que sa situation a fait naître; ce n'est pas lui qui viendra faire étalage de son malheur; mais si vous connaissez sa situation, vous remarquez sa tristesse, et il vous passe un profond serrement de cœur.

Il ne prendra jamais l'initiative d'une cabale; si la démarche est juste, il en sera; mais s'il reconnaît la demande absurde, il se retire.

Il est toujours poli et ne prononce jamais de paroles obscènes. Sa machine, sa place, ses outils sont toujours en ordre, propres et en bon état.

Il change de cotte et de bourgeron tous les huit ou quinze jours au plus; s'il fait un travail sale, il retire sa chemise et prend une cotte de rechange.

Ces détails ne sont pas superflus, sur cinquante ouvriers dans un atelier, examinez-les le soir au départ, s'il y en a dix de proprement mis, vous pouvez être certain que ce sont dix ouvriers vrais.

L'ouvrier vrai tient ses comptes de marchandage ou de journées très-régulièrement; s'il y a une erreur, il ne crie pas, ne tempête pas à la paie, il vous dit : Ce n'est pas mon compte, nous vérifierons lundi; et il est très-rare que l'erreur soit de son fait.

Si le patron a un travail au dehors qui réclame un

homme de confiance, il s'adressera à l'ouvrier vrai et en aura toute satisfaction ; cette confiance de son patron le touche sincèrement, il se gardera bien de l'exploiter près des autres par une pose d'homme capable dont la protection a une certaine valeur.

S'il est dans une équipe, il fait les vilains travaux sans se plaindre, ne flatte pas son chef pour avoir telle ou telle pièce qui pose, il laisse cela aux *épateurs*.

Il est consciencieux dans son travail, il ne travaille pas par saccades, ce qu'on appelle des *coups de massage*, pour tirer une *loupe* après.

S'il n'est pas aussi capable que tel ou tel sublime (cas rare), il aura fait plus de besogne au bout de la journée ; s'il vous dit que tel travail sera fini à un temps donné, comptez sur lui, il réfléchira pour vous fixer ; mais il tiendra sa parole.

Si c'est un travail de nuit, une réparation, rien ne le retient : ni camarades, ni parents, ni amis ; il vous a promis, il est homme de parole ; si un cas grave le forçait de s'absenter, il vous ferait prévenir.

Très-soucieux de ses droits de citoyen, il demandera une demi-journée pour aller se faire inscrire ou vérifier son inscription sur la liste électorale ou des prud'-hommes.

S'il ne prend pas chez lui son repas du matin, il demande ou cherche chez le marchand de vin le journal et le lit attentivement, il suit la politique régulièrement, ses sympathies sont pour les hommes de la démocratie.

Il a chez lui *l'Histoire de la Grande Révolution*, *l'Histoire de Dix ans*, *les Girondins* de Lamartine, *l'Histoire du Deux-Décembre ;* on peut dire que l'histoire est sa lecture favorite.

Les questions d'épargne l'intéressent beaucoup, il achète ou demande les statuts ; il lit les comptes rendus des associations, il connaît le *Voyage en Icarie,* et dit la chose impossible.

S'il entre dans une association, il ne veut pas avec lui de tel ou tel *sublime :* « C'est un propre à rien, un fainéant, il faudrait travailler pour le nourrir. »

Si la discussion s'engage avec un fils de Dieu et qu'il demande où les réformateurs des réunions puisent les ressources nécessaires à leur existence, il est apostrophé d'importance : « Espèce de *roussin* (1), propre à rien, ce n'est pas toi qui les paie.

Dans ce cas il ne continue pas la discussion, car les *sublimes de Dieu* (2) ne sont pas parlementaires, nous vous les montrerons en leur temps.

Il ne discute généralement que les questions qu'il connaît bien, il n'admet pas la violence, elle ne prouve rien ; si son contradicteur répond à ses arguments par des invectives sur la personnalité de l'écrivain en discussion, il répond que ce qu'il dit est juste et que cela lui suffit.

Dans la mécanique, laissant de côté les indifférents, il y a au plus deux pour cent d'individus qui ne sont pas démocrates.

L'ouvrier vrai est le républicain par excellence, il prêche par l'exemple, l'esprit de parti ne l'aveugle pas,

(1) Mouchard, homme de police secrète.
(2) Sublimes de Dieu est une expression que nous employons pour désigner les deux derniers types de notre classification.

il raisonne ses opinions, il ricane quand il voit l'empereur déguisé en costume Louis XV sur un journal illustré, ou qu'il lit que l'impératrice a présidé le conseil des ministres, ou encore que le prince impérial a visité l'École polytechnique et a manifesté son contentement aux élèves; suivant attentivement la Chambre, il sourit amèrement en voyant la majorité tout approuver, il l'appelle dédaigneusement : la machine à voter.

L'ouvrier vrai est le citoyen dans la bonne acception du mot, il étudie, lit, s'instruit et par-dessus tout raisonne juste.

Les questions les plus élevées, il les connaît et nous avons souvent été surpris d'entendre traiter par des ouvriers vrais des questions sur lesquelles ils étaient très au courant et nous avons souvent puisé dans leur raisonnement une lumière qui nous manquait.

La vie politique tient une large part dans ses préoccupations; soyez persuadé que son vote sera réfléchi et que ce n'est pas tel ou tel tribun qui le fera changer par ses grandes phrases et ses grands gestes.

Les trois mots flamboyants : Liberté, égalité, fraternité, il ne les prend pas à la lettre, il les discute.

La liberté, il la veut pleine et entière, elle finit quand on nuit aux autres; le vandalisme des jours d'effervescence est flagellé par lui : commettre mille injustices pour en redresser une est pour lui la pire des erreurs.

L'égalité appliquée aux hommes est un mot creux : égalité des droits, voilà tout; passé cette limite, c'est le mensonge.

Comment, lui qui fait six jours par semaine, vit sobrement, économiquement, lui, l'égal du sublime qui fait
trois jours et se grise les trois autres! lui qui consacre
tous ses moments à sa femme, à l'éducation et à l'instruction de ses enfants, l'égal de ce sublime qui laisse
sa famille dans la misère, s'il ne prostitue pas ses filles!
jamais, non jamais. Tous les hommes sont *égaux en
droits*, oui, autrement, non.

La fraternité, c'est un beau rêve ; mais en présence de
l'égoïsme des hommes, ce n'est qu'un rêve; chaque individu a dans l'âme une part de ce grand sentiment,
mais dans l'état actuel, ce qu'il faut c'est justice.

Il n'enfourche pas des dadas à effet, il ne prend pas
un mot pour une vérité; l'ouvrier vrai est avant tout
pratique.

Si un fils de Dieu proclame la fraternité des ouvriers,
il lui répondra souvent par un exemple : « Comment se
fait-il que tu avais entrepris un marchandage avec
deux de tes camarades, et quand vous avez réglé, les
coups de poing ont marché? Tes deux associés prétendent que c'est toi qui les a coulés. » Le fraternel
sublime répond : « Ce sont des *mufes* (1) ; la fraternité
ne se proclame pas, citoyen, elle se pratique. »

S'il y a un ouvrier malade, qu'on fasse une souscription, il sera le premier à y mettre ; il n'accompagnera
pas son don d'une formule quelconque ; comme le

____

(1) *Mufe*, modification de mufle, expression très-employée dans
la classe laborieuse. Elle se prend surtout pour crétin, lâche et
pignouf. En sublimisme, dans les discussions politiques, celui qui
n'est pas de votre avis est un *mufe* ou un *roussin*.

sublime qui dira : « Les ouvriers doivent se soutenir, » afin que l'on remarque bien qu'il donne.

Le lendemain d'une élection, un lundi, le sublime chez le marchand de vin le voit passer, l'arrête, cause de l'emploi de son dimanche ; l'ouvrier vrai lui dit qu'il est allé voter : « *On t'a donc inscrit toi, t'as de la chance, c'est pas possible, t'es de la rousse* (1) *alors.* » Quant à lui, il n'est pas inscrit parce qu'il est ouvrier.

L'ouvrier vrai lui explique qu'il est allé se faire inscrire dans les délais légaux, qu'il se rappelle même lui avoir dit d'en faire autant : « *Tu m'as même répondu : Pas plan, je suis du quand est-ce* (2) *de la Truffe qui a été embauché* hier dans mon équipe. Ta, ta, ta, tu manigances quelque chose avec la rue de Jérusalem (3). Pour les sublimes, tout ouvrier qui leur est supérieur en conduite ou en tenue et qui ne suit pas leurs habitudes, du moment qu'il ne comprend pas qu'avec l'ordre on peut arriver à ce résultat, pour eux, l'individu de cette condition est un roussin.

Si vous êtes bien mis : roussin ;

Si vous avez toujours de l'argent : roussin ;

Si vous n'êtes pas de leur avis : roussin ;

Si c'est pour une question d'atelier : peloteur ;

Si vous ne passez pas vos jours de repos chez le

(1) Rousse, police secrète.

(2) Quand est-ce payes-tu ta bienvenue, ton embauchage ? s'est résumé par *quand est-ce ?* Depuis quelque temps on crie quand il y a un nouvel embauché : dix-neuf pour ne pas dire vingt (pour vin.)

(3) Bureau de police à la préfecture, entrée par la rue de Jérusalem.

marchand de vins : *Mufe, aristo* qui se croit plus que les autres.

S'ils vous racontent chaudement un fait politique et que vous ne répondiez pas, soit que vous trouviez le fait insignifiant, soit que vous soyez d'un avis contraire : *Roussin* par excellence, vous méditez la formule que vous emploierez pour les dénoncer. Aussi l'ouvrier vrai fréquente rarement ses collègues d'atelier, il a peu d'amis, se lie difficilement, et surtout n'introduit dans sa famille que ses intimes.

Il n'aime pas à demeurer près de l'atelier, il préfère en être éloigné; soyez persuadé qu'il sera plutôt à l'heure que ceux qui demeurent à la porte. Nous en avons connu plusieurs de ces derniers qui se levaient à la cloche et profitaient des cinq minutes de grâce pour arriver à moitié habillés : la propreté faisait souche.

Le dimanche, il va se promener avec sa femme et ses enfants dans les promenades publiques, visite les musées, les expositions, l'été plus spécialement, va à la campagne dans les environs de Paris, à dix heures il est rentré.

S'il ne porte pas un de ses enfants, il donne le bras à sa femme; ceci peut paraître puéril; pour nous ce détail a une certaine valeur, car nous n'avons jamais vu un sublime donner le bras à sa femme.

Quelquefois, pas autant qu'il le voudrait, le samedi ou le dimanche de paie, il conduit sa femme et ses enfants au théâtre, il choisit le drame de préférence; devant une scène pathétique et bien rendue, il pleure comme tous les siens.

S'il est célibataire, il va au Conservatoire des Arts et

Métiers, aux Français, aux cafés chantants, quelquefois au bal ; mais le plus souvent, les soirées des jours de semaine, il lit chez lui, dessine ou *bibelotte* une invention qui souvent réussit.

Le dimanche, il passe son après-midi chez les parents de sa *connaissance* (1) ; s'il fait beau, ils vont se promener ensemble ; sous peu il la demandera en mariage.

Il est excessivement rare de voir un ouvrier vrai s'*acoquiner* (2). Il sait qu'il n'est pas à la hauteur, mais il ne voudrait pas débaucher une jeune fille sage. Si un sublime des sublimes lui dit :

« Farceur, si ce n'est pas toi, ça sera un autre, profites-en donc.

— Non, j'aime mieux que ça soit un autre.

— Saint Antoine en personne! ricane le sublime des sublimes; j'oubliais que tu étais Abeilard.

— Pas plus que toi, mon cher, les *ambulantes* (3) sont là qui ne demandent pas mieux, et puis on n'a pas de remords.

— Entendu, monsieur le puritain, ne troublez pas votre conscience.

Voilà un envieux et méchant de plus qui ne manquera pas de saisir la moindre faiblesse, pour la lui renvoyer en pleine figure à un moment donné.

Il a quelques outils chez lui, il montre les premières

(1) Expression que le travailleur emploie pour désigner sa fiancée ou sa maîtresse.

(2) Vivre en concubinage. Les sublimes disent d'un individu dans cette position : il est collé.

(3) Malheureuses servant de pâture aux passions des hommes.

notions à son fils. Quand il sera grand, son fils sera son ami ; il serait désolé que son métier ne lui convînt pas, parce qu'au moins il pourrait le suivre ; il s'est chamaillé avec sa bourgeoise. « Ne voudrait-elle pas en faire un saute-ruisseau, parce que dans la mécanique on est noir ! »

« Tu sais, lui a-t-il dit, je tiens compte de tes observations ; franchement, tu n'es pas raisonnable, tu veux donc, quand il sera grand, qu'il crève de faim ; mais *chieur d'encre*, c'est le métier le plus misérable ; il faut un métier manuel, avec ça, on a toujours du pain au bout des bras. Mais, ah ça, tu ne m'as jamais dit que tu me trouvais trop noir ; hein, voyons, parlons-en voir ! Et dire qu'il y a des individus qui prétendent que la femme a autant de jugement que l'homme. Tiens, tu es une bonne femme, mais là-dessus tu n'y connais rien ; Henri sera mécanicien, que le diable me brûle si jamais il devient une marionnette à paperasses. »

Il y a beaucoup d'ouvriers vrais qui s'établissent, et nous pouvons citer, à notre connaissance, une vingtaine d'ouvriers vrais devenus contre-maîtres dans une grande maison, où nous l'avons été nous-mêmes, qui se sont établis et ont fondé de bons et même de grands ateliers dans un délai de quinze années au plus. L'individualisme a donc quelque chose de bon. Dans beaucoup d'industries où la mécanique n'a pas encore complétement opéré ses transformations économiques, le patron, qui généralement est plus négociant que praticien, confie la direction de ses machines à un ouvrier intelligent, appelé mécanicien ; s'il rencontre un ouvrier vrai, il est rare que beaucoup de solutions ne soient ac-

quises; mais s'il tombe sur un sublime, grand Dieu!
la caisse seule peut donner le résultat, et le patron doit
souvent faire bonne mine contre son indignation.

Remarquez qu'à côté des habitudes d'ordre, d'une
conduite d'honnête homme, du travailleur consciencieux, intelligent, droit, l'homme politique est toujours
debout; le citoyen n'abdique pas ses droits, il suit les
discussions, il est ferme, convaincu, démocrate, républicain; ce n'est pas l'homme d'action, c'est l'homme de
raison. Il n'est pas homme de parti, il est homme de
justice, d'entente, de lumière. Il veut bien quitter son
logement où il est serré, étouffé, pour en reprendre un
autre où il sera plus à l'aise; mais il veut auparavant,
pour ne pas se trouver sur le pavé, être sûr de l'avoir
à sa convenance : il veut étudier, s'éclairer avant tout.
Il se méfie des promesses, il veut des faits, des preuves;
il veut toucher, palper; il veut du certain. Une association qui prospère le convainc bien davantage que cinquante mille volumes rédigés pour en démontrer les
bienfaits.

Il a l'aspiration juste, légitime, de tous les travailleurs, la possession.

Il la veut, non à coups de décrets, mais par le groupement des deux forces indispensables à toute production : capital et travail (1).

S'il y a des apprentis dans l'atelier et qu'ils soient
placé à côté d'ouvriers vrais, soyez persuadé (à moins
de tomber sur ces natures rebelles à tout bien) qu'ils

_____

(1) Dans notre chapitre des associations, cette question est examinée.

deviendront de bons ouvriers, matériellement et moralement.

A notre sortie d'une école professionnelle, nous fûmes
placés dans un grand atelier de construction entre un
Rouennais et un Limousin, hommes consciencieux et
très-habiles. Nous pouvons dire que, grâce à ces deux
dignes ouvriers vrais, nous sommes devenu ouvrier
matériellement et homme moralement. Nous leur étions
spécialement recommandé, et ne croyez pas que nous
fussions gourmandé, non ; à nos gamineries, ils répon-
daient par ce qu'on appelle dans les ateliers la *blague*.
Au bout de quelque temps, le Rouennais nous prit en
affection. Quel homme de bon sens et de cœur (1), quel
jugement, quel esprit naturel! Fils d'ouvrier, ouvrier
depuis l'âge de treize ans, il avait lu Voltaire, Rousseau; il savait Corneille en entier ; il nous en citait et
commentait les plus beaux passages; il connaissait tous
les hommes politiques de l'époque, et quand nous nous
remémorons ses jugements, nous sommes frappé du
bon sens, de la perspicacité de ce brave compagnon dans
les questions politico-socialistes du moment. Nous nous
rappelons cette appréciation : « L'association des mécaniciens, nous disait-il, a reçu vingt-cinq mille francs
du gouvernement provisoire ; elle ne prospérera pas,
pourquoi ? parce qu'il y a trop de *fripouille* à côté de
quelques bons ouvriers. » Il connaissait le *sublimisme*
à fond, il reprenait : « Avant six mois ils *se mangeront
le nez.* »

Nous promenant, le 2 décembre 1851, il nous disait :

_____

(1) Il est mort il y a quelques années.

Voilà où nous a conduits la *fripouille*. Son silence nous disait assez la peine qu'il éprouvait.

Ce bon début nous préserva d'entraînements irréflé- chis auxquels la jeunesse est assez facilement entraînée. Nous passâmes dans l'équipe d'un *fils de Dieu*. A part quelques inconséquences, les bonnes bases acquises ne nous firent pas défaut.

Il est assez difficile de donner un portrait comprenant tous les types différents d'ouvriers vrais ; ce que nous tenions à mettre en évidence, ce sont les qualités essen- tielles qui le constituent d'élite et en font le travailleur le plus sensé et le plus honorable.

II

L'OUVRIER

Il résulte de notre examen de l'ouvrier vrai qu'il possède les qualités essentielles du travailleur et du citoyen. Malheureusement le nombre en est assez restreint, les types dominants sont ceux que nous désignons sous le titre d'ouvrier et d'ouvrier mixte.

L'ouvrier fait, comme l'ouvrier vrai, au moins trois cents jours de travail.

Il fait quelquefois des dettes, mais paie régulièrement ce qu'il a promis.

Assez souvent il se voit à la tête de trois ou quatre cents francs, mais il a rarement des sommes placées ; s'il fait un dépôt à la caisse d'épargne, il n'est pas de longue durée.

Il aime et respecte sa femme et ses enfants, mais n'apporte pas à l'éducation des siens les soins que réclame une pareille mission.

Il lit souvent ; comme généralement il a du bon sens, il vous dira qu'il a commencé un roman à grand orchestre que publie une *feuille de choux* à un sou, mais qu'il ne veut pas le continuer, parce qu'il ne parle que de bagne, de crime, de police ; ça l'ennuie, ça n'est pas même spirituel, il aime autant la *Gazette des Tribunaux*, au moins c'est vrai.

Il préfère lire la *Science pour tous*. Il a lu l'autre jour que la pomme de terre nourrissait beaucoup moins que le pain, qu'à boire de l'absinthe on devenait fou ; ce qu'il y a de plus fort, c'est qu'il a lu dans le dernier numéro que les brasseurs mettaient de la noix vomique dans la bière ; les empoisonneurs !...

Il a trouvé sur les quais une occasion, il a acheté le *Juif-Errant* pour dix sous : « Comme c'est ça, c't Agricol et la Mayeux ; malgré sa bosse, on l'aimerait c'te petite-là. Sa femme l'a lu aussi en veillant sa petite qu'était malade ; elle dit que c't escogriffe de Rodin a un pavé dans l'estomac.

Quand il fait beau le dimanche, à une heure, tout le monde en route, à Saint-Ouen, Joinville, Romainville ou Bondy ; on dîne au *Lapin Vengeur* (1), on rentre chargé de lilas ou de muguet, même de simples fleurs des champs ; à onze heures tout le monde dort. La dernière fois il a pris un pichet de trop, Madeleine lui a fait la moue ; il n'y comprend rien non plus, sa *pompe avait donné deux coups de trop* (2).

Sa mise est toujours propre, mais sans recherche ; il chante très-souvent pendant le travail. on voit qu'il aime la besogne. Il tient régulièrement ses comptes de

(1) Restaurant à la porte de Belleville. L'enseigne représente un lapin tuant d'un coup de pistolet un cuisinier.

(2) Dans une chaudière on introduit l'eau au moyen d'une pompe.

temps et de marchandage comme l'ouvrier vrai ; il paie
chez le marchand de vin au fur et à mesure de ses dépenses. Vous pouvez être assuré que tout ouvrier qui
ne fait pas de compte chez les débitants est un travailleur d'ordre.

Il est allé à l'enterrement d'un ouvrier de l'atelier ;
en sortant du Père-Lachaise, on a mangé le pain et
le fromage d'ordonnance (1), ils étaient quatorze, on
a chanté et pas mal bu ; le *Petit Zéphir* a chanté une
Noce à Montreuil ; Tapez-moi là-dessus. « Nous en
avons eu pour chacun cinquante-huit sous ; nous
n'étions que trois qui avions de l'argent, les autres
nous rembourseront à la paie. » Ce qui l'a le plus surpris, c'est de voir le *Moule-à-pastilles* (2), gros grêlé,
qui n'avait pas seulement dix sous dans sa poche, com-
mander des dix litres à la fois et faire le malin ; son
refrain était : « Qu'on monte la feuillette (3). » Ça ne
lui arrivera plus à la prochaine occasion, il se déguisera
en cerf (4), ça ne sera pas long.

Il sait bien qu'il aura des difficultés pour se faire
rembourser ; il en a assez, de cette vie-là ; puis, avec ça,
pendant qu'il dormait, sa femme a regardé dans son
porte-monnaie, elle a vu qu'il en manquait à l'appel,

(1) A Paris, il est dans les habitudes, après un enterrement, de
manger le pain et le fromage.
(2) Dans le temps on fabriquait les pastilles dans des plaques de
métal formées d'une infinité de petites cavités. La figure d'une personne qui a été atteinte de la petite vérole représente un moule à
pastilles.
(3) Dans notre chapitre le Chansonnier des Sublimes, on aura l'explication de ces mots dans le chant national des Sublimes.
(4) Se sauver.

elle s'est mise à pleurer, il en avait le cœur gros, elle était découragée. « Elle m'a dit : — Tu sais cependant bien que nous devons acheter des effets pour les enfants ; cela ne te fait donc rien de les voir déguenillés. La voilà qui se trouve malheureuse à présent. Y a pas à blaguer, quand on a cinq ou six mioches, il faut aller à la chasse avec un fusil de toile (1) et du zinc (2) pour le charger (3). »

Quand le torchon brûle (4) il est comme désorienté.

Ainsi, la quinzaine dernière, il est allé à la noce de Paul, son ami ; damc! il est si bon garçon ; et puis, il n'aurait plus fallu que ça qu'il *fasse sa Sophie* (5) ; il ne sait pas comment ça se fait, mais quand il est rentré à trois heures du matin, ses soupapes commençaient à *gueuler ;* ce qu'il sait, c'est qu'arrivé chez lui il s'est mis à chanter. Son maître (6) n'entend pas de cette oreille-là. Pendant huit jours la voie était fermée, il avait beau siffler au disque (7), rien. « Va donc, soulard, va donc avec tes pochards. Ah! tu pouvais bien dire que tu les méprisais, les sacs à vin, tu es pareil. » Il avait beau dire : « Mais tu sais bien que ça ne m'arrive pas souvent. » Rien ; toute la figure en colère. Il arrive à l'atelier, il ne savait plus ce qu'il faisait, il monte un support trois centimètres trop haut, l'*abattage* a marché.

(1) Sac.
(2) Argent.
(3) De pain.
(4) Quand le torchon brûle, il y a brouille dans le ménage.
(5) Faire sa tête.
(6) Sa femme.
(7) Terme de chemin de fer. Un mécanicien siffle au disque pour demander l'ouverture de la voie.

Le *singe* (1) lui a dit : « Comment, c'est vous, Auguste, qui faites un *lou* (2) aussi grossier? Je vous croyais sérieux. » Quand il est rentré, il a tout raconté à sa femme; elle s'est mise à pleurer en l'embrassant; elle lui a dit : « J'ai peur que tu ne deviennes ivrogne. — Sois tranquille, on ne m'y repincera plus avec ces *cheulards*-là (3). »

Il parle l'argot d'atelier ; du reste tous les travailleurs le parlent. Il est regrettable que ce langage vert prenne un si grand développement ; il est vrai que nos écrivains, nos dramaturges, donnent l'exemple, les masses copient.

L'argent du terme est le premier mis de côté, il s'y prépare d'avance; s'il fallait le prendre sur une seule paie, quel coup de massue! quelle brèche!

Le loyer pour le travailleur est souvent la cause du désordre dans le ménage, surtout avec l'élévation exorbitante de ces derniers temps. L'impossibilité de trouver un logement d'un prix possible, la rapacité et les prétentions de certains propriétaires, sont la cause souvent, très-souvent, de découragements incroyables, de haines implacables, et la base de misères effrayantes et d'avilissements honteux. Pour avoir son terme, l'ouvrière se prostitue, la femme mariée trompe son mari, la mère de famille se déshonore, le mari descend au sublimisme, découragé de ne savoir où le trouver, le

---

(1) Le patron.
(2) Lou, du verbe sublime *louler*, tuer une pièce, la rendre impropre pour sa destination.
(3) Ivrognes, soulards, soiffards, gourmands.

chômage et la maladie l'ayant mis dans l'impossibilité
d'y faire face.

Le terme est l'épée de Damoclès du travailleur, le fil
menace de se rompre tous les trois mois.

Combien n'avons-nous pas entendu des pères de
famille nous dire : Si mon logement m'était seulement
assuré, je serais sûr du reste; d'autres nous dire : J'ai
un terme de côté, me voilà tranquille pour six mois.

On peut dire que le loyer prend au salaire du travailleur 30 p. 100. L'ouvrier qui fait trois cents jours en
moyenne à 4 fr., soit 1,200 fr., pour peu qu'il ait un
ou deux enfants, ne sera guère à l'aise dans les logements de 3 à 400 fr. Le logement du travailleur ne
devrait pas varier entre 10 et 12 p. 100 de la moyenne
du salaire ci-dessus. Si le fardeau se trouvait ainsi diminué, nous trouverions qu'il serait encore assez lourd.

La vie est très-chère à Paris : les aliments, le vin, etc.
sont souvent, par leurs prix élevés, une cause de gêne,
mais le travailleur trouve encore le moyen de s'arranger : il prend les bas morceaux, de la viande de cheval,
il use de mille moyens; mais le terme ! il est là inexorable, il sonne avec une régularité mathématique : payer
la quittance, ou le congé. Si la famille a l'appétit de
manger 4 livres de pain, elle n'en mangera que 3, pour
le terme. On ne peut pas cependant se serrer le ventre.

Assainir une grande ville comme Paris, la doter de
grandes et larges voies, c'est une chose utile. Le faire
rapidement, c'est une faute; car forcément vous amenez
la spéculation sur les terrains. Toutes les fois que la
spéculation s'attellera à une affaire, la valeur de cette
affaire sera surfaite et faussée. C'est ce qui est arrivé

pour les terrains. On peut en citer qui valaient 50 fr. le mètre, et qu'on vous fait 4 à 500 fr. Puis vous voulez construire des logements à bon marché? C'est impossible. Vous ne pouvez faire que des logements somptueux.

Quelles sont les conséquences logiques? Il est difficile au travailleur de se loger, tout augmente, il ne peut pas vivre, il veut de l'augmentation, la question sociale lui sort impérieuse par tous les pores; voilà une première conséquence. La deuxième c'est que les spéculateurs y perdront, l'équilibre se fera, ce qui est gonflé se nivellera naturellement : désastres. S'il n'y avait que les spéculateurs d'atteints, le mal ne serait pas grand; mais avec eux, ils entraîneront les économies des confiants, le travail des entrepreneurs et les matériaux des fournisseurs.

L'élévation du prix des loyers a augmenté le malaise des travailleurs non compensé par l'augmentation des salaires.

Quand l'ouvrier sort le soir, il va flâner sur les boulevards devant les magasins; s'il y a une réunion publique, il s'y rend; comme il n'a pas étudié les questions qu'on y traite, il ne comprend pas bien les développements donnés par les orateurs; mais quand il entend dire que l'épargne est un vice social, il bondit, il quitte la salle; « du reste la claque qui se tient près de la tribune l'assomme. » Une autre fois il y est allé, il en a applaudi un qui disait que le travail à lui seul, sans capital, ne peut produire quoi que ce soit. Il a manqué de s'attraper, on l'a appelé mouchard, les *aboyeurs* ont empêché l'orateur de continuer. « Ce n'est cependant pas malin, supposez qu'il s'établisse sans le sou, il sera bientôt toisé. »

L'ouvrier vrai va rarement aux réunions publiques, il n'aime pas les utopies (1); il écoute attentivement; les phrases pompeuses et à effet ne l'enlèvent pas; calme, il réfléchit; quelquefois les trépignements de l'escorte l'indignent.

L'ouvrier s'y rend assez souvent; si l'orateur est tribun, il lâche facilement un applaudissement.

L'ouvrier mixte en manque rarement; devant les évolutions dramatiques et les grands coups de voix du tribun, les bravos marchent.

Le sublime simple y va quelquefois; il se place à côté d'un de ses amis, *fils de Dieu*, un qui s'y connaît en politique.

« Chaud-là! en triomphe l'orateur! *C'est-y envoyé ça! hein, si le gros tourneur qu'est de la Saint-Vincent de Paul était là, serait-il esbrouffé. Comment que tu l'appelles, ce lapin-là?*

— *C'est chose, un des chouettes, qu'a été à Genève, en Belgique.*

— *Quel grelot (2)!*

— Écoute donc. »

Le vrai sublime n'y va jamais, ce n'est pas son affaire, il n'y a ni *jaune ni blanche* (3). Les *sublimes descendus* et

_____

(1) Dans les premières réunions publiques les idées communistes ont été beaucoup discutées.

(2) Les sublimes disent d'un travailleur parlant bien : A-t-il un bon grelot? ou quel mirliton! et encore : Il n'y a pas moyen de lui fermer sa boîte (sa bouche).

(3) Eau-de-vie jaune et eau-de-vie blanche.

les *sublimes de Dieu*, voilà les vrais abonnés; mais n'anticipons pas.

L'ouvrier rentre de bonne heure, il ne veut pas donner des inquiétudes à sa femme, puis s'il mangeait la consigne, elle le sermonnerait. Elle ne dort pas tant qu'il n'est pas rentré, elle a besoin de repos, elle a bien assez de mal avec ses gamins; lui aussi en a besoin, il a à cogner le lendemain. S'il est avec des sublimes, il se lève pour rentrer; un malin lui dit : « Il n'est que neuf heures et demie. — Ça ne fait rien. — Ah! je n'y étais plus, tu boutonnes ton paletot avec des épingles (1). »

L'épigramme ne le touche pas, il part.

Il aime le théâtre, le drame surtout; le Cirque a de l'attrait pour lui, on rentre de bonne heure, c'est un plaisir qu'il se paie rarement, les finances ne sont pas toujours à flot.

Si sa fille est en apprentissage, il va la chercher le soir, il craint qu'elle ne rencontre des mauvais sujets.

Si on lui confie un apprenti, il lui montrera à travailler consciencieusement, il le gourmande s'il l'entend dire des saletés.

S'il est célibataire et qu'il tombe sur une bonne fille qui sache le prendre, il s'acoquinera; il donne facilement dans la blanchisseuse, la femme de chambre ou le *tablier blanc* (2). Un beau jour il lâche tout et se marie dans son pays.

Il y a beaucoup d'ouvriers vrais et d'ouvriers qui établissent leur femme crémière, épicière, marchande

(1) Ou encore : Sa femme porte la culotte, elle a retourné le Code civil.

(2) La bonne d'enfants.

de vins, blanchisseuse. Beaucoup, presque tous réussissent. La paie du compagnon vivifie le commerce, tandis que dans le cas du sublime son parasitisme le mine.

L'ouvrier est très-laborieux; il fait toujours quelque autre chose à côté de son état, afin d'augmenter son gain.

Il y en a qui sont concierges, la femme tient la loge; lui fait le gros ouvrage et toutes les choses qu'il peut faire avant ou après son travail.

Paris est la ville du monde où l'on travaille le plus; mais aussi, à de très-rares exceptions près, ceux qui, avec un peu d'intelligence et d'ordre piochent beaucoup, arrivent à percer.

Quand un travailleur de province arrive à Paris, il ne peut pas toujours y rester, il y a trop à masser (1) pour y arriver. Nous entendions un garçon de ferme se plaindre des travaux des champs : Ah ! disait-il, si vos Parisiens étaient obligés de tenir les cornes de la charrue pendant cinq heures par jour, il n'y en aurait pas pour longtemps. Ignorant! Il ne savait pas qu'à Paris, dans certain métier où le travail se fait aux pièces, au bout de vingt ans, le travailleur est déformé, usé, s'il n'est pas tué (2).

Comme on le voit, l'ouvrier est un honnête homme, avec un peu plus de négligence et moins d'intelligence que l'ouvrier vrai.

---

(1) Travailler. Un masseur est un ouvrier laborieux.

(2) A part l'époque des semailles et des récoltes, le travailleur de l'agriculture a beaucoup de bon temps, que n'a jamais le travailleur de l'industrie.

III

L'OUVRIER MIXTE

Plus nous avançons dans l'examen de nos différents types, plus les bonnes qualités disparaissent.

Dans les deux premiers types, nous trouvons un grand désir de faire face à ses affaires, de plus beaucoup de cœur, ce bon point d'appui; ce n'est pas que le type dont nous nous occupons en manque, loin de là, seulement, il n'a pas la clairvoyance, la fermeté des deux premiers; il a plus de faiblesse, les autres l'entraînent avec trop de facilité.

Il fait trois cents jours de travail dans une année, mais c'est le maximum.

Il fête de temps en temps saint lundi, le patron des fainéants. Du reste, il aurait très-bien pu travailler la demi-journée du soir comme celle du matin : « Mais il est venu un copin qui travaille à Vaugirard, ils ont passé l'après-midi ensemble. Il carotte sa ménagère sur le total de la paie, car ce n'est pas lui qui tient le sac.

Le samedi de paie il s'émeut très-bien avec les camarades, son émotion dépasse rarement l'allumette de campagne, il y a bien deux ans qu'il n'a pris son poteau télégraphique.

Voici une graduation faite par les mécaniciens de chemin de fer :

1º Attraper une petite allumette ronde : il est tout chose;

2º Avoir son allumette de marchand de vin : il est bavard, expansif;

3º Prendre son allumette de campagne, ce bois de chanvre soufré des deux bouts : il envoie des postillons et donne la chanson bachique;

4º Il a son poteau kilométrique : son aiguille est affolée, mais il retrouvera son chemin;

5º Enfin, le poteau télégraphique, le pinacle : soulo-graphie complète; ses roues patinent, pas moyen de démarrer. Le bourdonnement occasionné par le vent dans les faïences est la cause du choix.

D'autres emploient les pressions atmosphériques; je suis monté à cinq hier, ou bien l'aiguille de son mano-mètre (1) n'a pas bougé.

Si on ne se soule pas, on ne s'amuse pas; si avec ça le coup de tampon marche, la noce est complète.

Le dimanche il aide au ménage, cloue, raccommode quelque bahut, ou bien il fait des galoches pour toute la famille.

Il estime et craint sa femme; c'est un rude gendarme celle-là et à cheval sur la consigne; le samedi, quand on déballe la *menouille* (2) de la paie sur la table, elle

(1) Manomètre, instrument servant à mesurer la pression dans les chaudières à vapeur.

(2) Menouille : argent.

calcule en deux minutes, elle voit que le compte n'y est pas : « Joseph, il manque dix francs, tu n'as pas perdu de temps, il me les faut.

— Je ne t'avais donc pas dit que, lundi dernier, nous n'avions pas travaillé, le tuyau de la pompe alimentaire était crevé.

— Et le tien, l'est-il crevé?

— Tu me dis ça, parce que je sens le vin ; *Carambole*, le petit tourneur a voulu me régaler, il a payé une bouteille du cachet vert; nous avons pris chacun la nôtre, tu ne peux pas te plaindre.

— Avec tout ça, c'est pas mon compte, il manquerait encore six francs.

— J'oubliais de te dire qu'on a fait une souscription.

— Ta, ta, ta, nous verrons ça. »

Pendant son sommeil, elle dissèque les vêtements, une pièce de cinq francs en or est facile à cacher; quelquefois, elle la trouve dans la visière de sa casquette, elle ne dit mot. Le lendemain le voilà parti, aussitôt dans la rue, il cherche, il est consterné : il l'aura peut-être perdue; il met la visière en lambeaux; elle a peut-être glissé; rien, le voilà sevré pour toute la semaine.

Il aime bien ses enfants, mais c'est sa bourgeoise qui s'en occupe; il n'a pas le temps, et puis çà l'ennuie.

Cependant, pour la première communion de sa petite, il a demandé la permission, il a tout lâché : les luisants (1), le tuyau de poêle (2); il était heureux de

(1) Souliers vernis.
(2) Chapeau.

l'accompagner ; puis elle est si gentille c'te gamine-là.

Sa mise est propre, mais négligée.

S'il demeure près de l'atelier, sa femme lui donne pour sa goutte du matin et pour son tabac; s'il est éloigné, elle met dans son bidon *ad hoc* soupe et pitance, il achète le pain et le vin.

Il ne fait pas de compte chez le marchand de vins; le soir, après la journée, il ne *godaille* (1) pas avec les sublimes de l'atelier, il rentre chez lui.

Le dimanche, le dîner à la barrière est de rigueur, il prend son allumette de campagne, quelquefois un poteau kilométrique, mais rarement le poteau télégraphique. Avec l'allumette de campagne, si on traverse les champs ou les bois, il voit tout en rose, les tiraillements de la semaine sont oubliés, il se voit heureux, il est ému, les bons sentiments s'épanouissent, il pense à sa jeunesse, ça lui rappelle son village, son cœur déborde, il est joyeux et expansif. Aussi, le lendemain il vous dit : J'ai passé une bonne journée, ma femme était aussi contente que moi; un *petit grain* (2) de temps en temps, ça vous remet. C'est tout joyeux qu'il reprend sa besogne.

Nous comprenons très-bien qu'un compagnon qui a travaillé six jours de la semaine, en lutte avec les difficultés du travail, les ennuis du ménage, n'ait pas la figure radieuse; la corde sentimentale ne vibre que tristement pour lui ; aussi le dimanche, après le dîner, un ou deux pichets de plus, elle devient harmonieuse pour

(1) Godailler, flâner, traîner ses guêtres.
(2) Émotion produite par un extra de boisson.

lui; ses moyens ne lui permettent pas de la faire jouer autrement, il en use. Mais si ses *soupapes ont craché* (1) le dimanche, le lundi il a mal aux cheveux; si les autres sont là, on se *mouille* (2) un peu; une journée de perdue, et la valeur de deux de dépensée. Mais s'il peut arriver à l'atelier, le travail le remet, l'aplomb revient, le dessus est repris.

S'il pleut, qu'il y ait une exposition, il y va avec un camarade. Aussi, le dimanche, remarquez dans les groupes, devant un tableau sentimental ou historique, vous trouverez l'ouvrier; écoutez ses commentaires; ce n'est ni une question de lumière, de formes ou de couleur qu'il apprécie, c'est le sujet.

Un lundi, nous écoutions un ajusteur, racontant à trois ou quatre de ses copins l'impression que lui avait fait le tableau de Varsovie, 1861, de l'exposition de 1866, rien ne lui avait échappé; le fils mort, le père désespéré, la mère, la femme mourante, jusqu'aux moines étaient décrits d'une façon pathétique et très-émouvante, et comme conclusion, l'exécration des cosaques et moscovites massacreurs; le dimanche suivant, les quatre auditeurs étaient devant le tableau.

La peinture est l'art par excellence pour développer les bons sentiments de la classe laborieuse (3); pour elle, le sujet est tout ; regardez ces groupes, ils passent avec indifférence devant les Vénus endormies ou au

(1) C'est par les soupapes que s'échappe le trop plein de vapeur.

(2) Mouiller, boire à perdre la raison.

(3) Le peu d'histoire que connaît le sublime, il l'a apprise sur les estampes que mettent en montre les marchands, et autour desquels on voit des groupes de travailleurs.

bain; ils savent trouver ce qui leur plaît : une scène de
l'inquisition, une mère pleurant son enfant, une inondation, une famine. Que le tableau soit une croûte ou
non, si le travailleur a compris, soyez convaincu qu'il
est ému, et que pour lui cela vaut mieux que dix romans de bagne ou de forçats. Malheureusement, c'est
le petit nombre qui visite l'exposition.

Allons, messieurs les peintres, qu'un plus grand
nombre parmi vous se fassent peintres d'histoire, retra-
cez la grande épopée révolutionnaire, les actes de vandalisme et de patriotisme; que les travailleurs viennent
devant vos toiles trouver le frisson bienveillant qui rend
grand, et l'émotion instructive qui rend meilleur.
Allons, les artistes du peuple, grandissez-nous par vos
conceptions; il en restera toujours assez pour peindre
les Vénus, les Psyché, les saintes et les descentes de
croix (1).

La peinture, la musique et le théâtre, voilà trois
grandes ressources pour grandir et inspirer le travailleur. Nous savons bien que la période qui date du 2 décembre, cette digne époque des courses, des vélocipèdes
et des pièces à femmes n'est pas faite pour inspirer les
artistes et les écrivains; ils sont forcés de mettre une
détente à leurs inspirations, en présence de cet alambic
malsain qu'on nomme la censure. Aussi, qu'a-t-il produit, ce régime à part? Quelques pâles lueurs par-ci
par-là; l'avachissement, non, mieux que cela, il a éteint
l'inspiration.

_____

(1) Il faudrait supprimer le catalogue et indiquer le sujet sur une
plaque placée sur le cadre; ce procédé faciliterait aux travailleurs
l'étude des tableaux.

L'ouvrier mixte aime les fêtes de banlieue, il écoute le boniment de Paillasse; c'est lui qui frappe sur la *tête du turc*; à la parade, il demande un caleçon pour la *boule de neige*, un lutteur noir de médiocre apparence, il veut essayer avec celui-là, le *terrible Savoyard* est trop fort.

Le lendemain, il raconte qu'il a été roulé, son pied a glissé, ça ne fait rien, il *lui a donné du coton* (1). Le dimanche suivant, il se propose d'essayer avec le *Rempart de la Provence*, il a un petit *truc* (2) à lui.

Dans l'analyse de nos différents types, les capacités de travail ne sont pas comptées, il y a des sublimes qui sont très-intelligents et très-habiles, ce que nous voulons bien montrer, c'est le travailleur, c'est le citoyen avec qui on doit résoudre la question sociale.

Généralement, l'ouvrier mixte est bon ouvrier; si vous voulez lui confier la direction d'une équipe, il est rare qu'il accepte, il n'aurait pas assez d'énergie pour forcer les sublimes à travailler, et s'il devait leur donner des instructions, il se laisserait *esbrouffer*; l'ouvrier vrai et le fils de Dieu s'en acquittent bien; l'un pour justifier la confiance qu'on a en lui, l'autre pour poser.

Si l'ouvrier mixte se trouve dans une équipe d'ouvriers vrais, il est dans son élément; par contre, s'il se trouve avec un fils de Dieu, il se laisse aller, et si l'équipe est en bordée, il sait très-bien perdre son temps avec elle. Il est vrai que le lendemain il est vexé et *re-*

(1) Donné de la peine.
(2) Truc, moyen.

naude le reste de la semaine. Cette facilité à se laisser entraîner pourra le conduire fatalement au sublimisme; cela dépendra du milieu dans lequel il se trouvera. Il ne tient pas à avoir de responsabilité; il n'est pas *crâneur* comme le vrai sublime; mais *l'épate* du *fils de Dieu* lui fait de l'effet. Si vous discutez avec lui et que les arguments lui manquent il vous dit : Tenez, un tel, *sublime des sublimes*, vous l'expliquera bien.

L'ouvrier, l'ouvrier mixte et le sublime simple forment cette masse des réunions publiques que nos tribuns savent si bien enlever. Ainsi, dans une réunion nous avons vu applaudir le pour et le contre à trois quarts d'heure de distance; cela dépend de la manière de s'en servir : nous reconnaissons que parmi nos jeunes réformateurs il y en a qui savent parfaitement manœuvrer cette masse.

Elle est généreuse, son enthousiasme est chaud et fiévreux, mais elle est ignorante; où voulez-vous qu'elle se soit instruite? tout ignorant est soupçonneux et méfiant; de là ingratitude. Aussi, si un homme riche se dévoue en action pour les travailleurs, c'est un ambitieux qui veut se servir d'eux pour arriver; si c'est un des leurs, c'est un *feignant* qui veut qu'on le nourrisse, ou qui palpe des ressources quelque part; il est vrai qu'il y a eu des exemples. Aussi nous plaignons sincèrement, tout en les admirant, les âmes généreuses qui se dévouent et qui n'ont que l'ingratitude pour récompense.

L'ouvrier mixte lit peu : mais il choisit de préférence les ouvrages qui lui sont recommandés spécialement par le fils de Dieu. Cependant le soir il écoute sa petite fille qui lit à toute la famille un livre de voyages qu'elle a eu pour prix.

Quand il était jeune, il lisait davantage Alexandre Dumas; mais celui qu'il préférait c'était Eugène Trans-pire (1), il n'y a plus d'auteur comme ça.

S'il est célibataire, le soir il se promène sur les boulevards devant les marchands d'estampes, il fait galerie devant les marchands de *mort subite* (2), il est badaud, les hercules ont son admiration; il ne manquerait pas une grande revue, une illumination, une fête au Champ-de-Mars; il a du jarret, tout le trajet à pied, six heures debout, la fatigue ne compte pas, il veut voir. Le soir le bastringue est de rigueur, il chauffe une femme de chambre, un beau jour elle quitte sa place, elle vient chez lui parce qu'elle ne veut pas aller dans les bureaux : le collage est fait. Si sa maison l'envoie au dehors faire un travail, et que le *crampon* (3) ne soit pas trop tenace, il la quittera, mais si elle *le veut*, il fera une fin.

L'ouvrier mixte célibataire vit en garni; il y en a un certain nombre qui se mettent dans leurs meubles, ils achètent un mobilier à payer à tant par quinzaine; à la première débâcle, il vend tout. C'est le début ou l'entrée dans le sublimisme.

L'ouvrier mixte qui vient à Paris étant marié est plus à l'abri du fléau; l'éducation que sa femme et lui

(1) Eugène Sue.
(2) Charlatans.
(3) Il y a beaucoup d'individus qui vivent en concubinage. On dit de ceux qui ne peuvent se débarrasser de leur maîtresse, que le crampon est solide : Quel crampon! il ne se décramponnera pas.

ont reçue en province le sauve; puis par dessus tout
elle ne lui donne pas d'argent. S'il se marie avec une
gourgandine (1) parisienne, il est facile de prévoir la
conséquence logique de cette union; c'est le sublimisme.

Avec les tendances que l'on connaît à l'ouvrier mixte,
la femme est pour lui un soutien; si elle est honnête et
travailleuse, c'est une providence pour lui. Nous en
avons connu un, devenu veuf, descendre en quelques
mois au sublimisme le plus dégoûtant.

Comme on le voit, l'ouvrier mixte est une bonne nature mais faible qui se laisse facilement entraîner.

Si tous les travailleurs étaient comme ces trois types,
comme le progrès serait facile et rapide! comme l'instruction fructifierait avec de pareils individus! l'éducation politique et sociale serait alors assurée et les convulsions que nous fait pressentir l'avenir seraient évitées.

Avant et même après le grand lavage de 89, il y avait
des gentilshommes écussonnés, que leurs revenus laissaient dans la misère; ils se seraient cru déshonorés s'il
leur avait fallu travailler. Le travailleur à cette époque
était considéré comme un paria. Encore aujourd'hui,
allez dans une sous-préfecture sans industrie, vous y
rencontrerez les mêmes préjugés sur l'ouvrier; cette
opinion est la conséquence logique des anciennes
mœurs. Qu'honore-t-on? Le titre, la place, l'épaulette,

(1) A côté des cascadeuses, qui sont complétement dans le métier,
il y en a, soit qu'elles soient laides ou qu'elles pensent à l'avenir,
qui s'attellent après un individu pour se faire épouser, alors le pa-
villon couvre la marchandise et c'est plus commode.

l'habit. Puis vous voulez que ces bonnes gens de province se trouvent bien relevés d'introduire dans leur famille un ouvrier, quelque intelligent qu'il soit. Rien de plus absurde que la morgue des rentiers de nos petites villes. Raisonnez avec eux, démontrez-leur que le jeune homme est intelligent, très-capable, actif, travailleur rangé, la droiture en personne; qu'un garçon de cette trempe gagnera ce qui lui manque, bien-être et considération; vous êtes consterné d'entendre ce bon rentier vous répondre : Je ne peux pas lui donner ma fille; ce n'est qu'un ouvrier.....

Remarquez qu'il ne confond pas les ouvriers avec les sublimes, puisque les qualités essentielles qui constituent l'ouvrier d'élite lui sont prouvées.

Qui n'a pas lu dans les journaux qu'en Amérique il y avait des ingénieurs esclaves. Il n'y a pas un Français qui n'ait senti son cœur se soulever d'indignation devant un pareil fait.

Aujourd'hui, pour les trois quarts de la bourgeoisie, l'ouvrier est dans les mêmes conditions, un paria. Il faut en excepter Paris et les grands centres industriels, où souvent le premier ouvrier de la maison épouse la fille de son patron et prend la suite des affaires.

C'est qu'à Paris les préjugés sont meulés, et les industriels et les négociants savent bien que tant vaut l'homme, tant sera l'affaire.

Le jour où ce stupide préjugé aura disparu, quand le bourgeois tiendra plus à la conduite et aux capacités qu'aux titres et à l'argent, la question sociale sera simplifiée.

Puisque nous ne nous occupons que de la méca-

nique, prenons pour exemple les chefs monteurs : ce
sont presque tous des ouvriers vrais, connaissant bien
le dessin, beaucoup sont très-instruits; c'est la pépinière où l'on puise pour faire des contre-maîtres, des
chefs de chantiers au dehors. Eh bien ! la plupart tar-
dent indéfiniment à se marier, dans l'espérance de
devenir un jour directeurs d'une petite maison et de
trouver alors plus facilement un parti convenable ;
butés à cet espoir, dont la réalisation se fait attendre,
ils se laissent aller, s'acoquinent et perdent leur avenir
s'ils ne deviennent pas sublimes. Croyez-vous qu'ils
seraient arrivés à une pareille solution s'ils avaient
trouvé à se marier avec une jeune fille bien élevée, si
le stigmate ne les en avait pas éloignés; au lieu de les
voir se décourager, vous les auriez vu grandir.

Nous pourrions citer une centaine de garçons fort
intelligents, élevés dans le travail, des natures droites
(il faut bien que l'on sache qu'à côté des sublimes il y
a parmi les travailleurs des garçons distingués), qui se
sont annulés, enchaînés par le découragement, boulet
qu'ils croyaient toujours pouvoir dériver.

Dans les premiers temps de notre arrivée à Paris,
nous étions reçu chez un de nos compatriotes, employé
à la Caisse d'épargne. Il réunissait chez lui, tous les dimanches, quelques amis qui amenaient leurs femmes et
leurs enfants. Parmi ces derniers se trouvaient quelques
jeunes personnes avec lesquelles nous eûmes bientôt
noué des relations amicales. La femme de notre compatriote nous avait présenté comme *employé* (1) dans

_____

(1) Quel titre près des provinciaux !

ype maison de mécanique. Pour faire disparaître les
durillons produits par le maniement du marteau, nous
avions soin, chaque dimanche, de meuler nos mains, la
pierre ponce n'aurait pas été assez énergique. Placé un
jour à côté d'une maman et de sa fille (une jolie brune),
nous répondions sans malice aux questions qu'elle nous
adressait. « Que faites-vous dans cette maison de mécanique? nous demanda-t-elle. — Madame, nous mon-
tons une machine à vapeur de six chevaux, pour l'exposition de Londres. — Je sais, monsieur, que l'on fait
des machines à vapeur dans votre maison; ce que je
vous demande, c'est l'emploi que vous y occupez. —
Mais, madame, nous avons eu l'honneur de vous dire
que nous faisons une machine à vapeur. » (Nous étions
heureux de pouvoir affirmer la confiance que, jeune
encore, nous avions méritée de notre patron.) La jeune
personne nous dit d'un air ébahi : « Comment! vous
travaillez, vous êtes donc exposé à toutes les saletés que
comporte le métier ? » Un peu vexé nous répartîmes :
« Mais oui, mademoiselle, et nous osons croire qu'il
n'y paraît rien en ce moment. » La mère nous tourna
le dos et les yeux de notre belle voisine se portèrent sur
nos mains bien affûtées, qui ne nous trahirent pas, et
elle s'éloigna. Pour elle nous étions un pestiféré. Vous
dire l'effet que produisit cette marque de mépris sur
une nature aussi ardente que la nôtre serait difficile :
nous sentions comme des coups de bélier dans nos
veines, notre visage dut passer par toutes les couleurs
du prisme. Le lendemain soir, à la sortie, nous con-
tâmes le fait à notre ami le Rouennais, qui, malgré
sa philosophie, se trouva cependant touché.

« Quoi! vous êtes ému parce que deux sottes, gavées de préjugés, font fi d'un ouvrier; il n'y a que les fats et les idiots pour mépriser l'ouvrier. Un jour viendra où le travail sera honoré comme il le mérite; les durillons seront des quartiers de noblesse; le travail sera l'honneur, et l'oisiveté l'opprobre. »

L'indignation le rendait éloquent.

IV

LE SUBLIME SIMPLE

La description des types que nous allons donner est loin d'être, au point de vue moral, aussi satisfaisante que celle des trois précédents ; quelle que soit la répugnance qu'on ait à fouiller, à élucider un pareil sujet, on ne doit pas hésiter à entrer franchement dans cet examen, quand pendant de longues années on a vécu avec cette pensée, que l'étude du mal peut amener la guérison.

Nous commencerons par le sublime simple.

Le nombre de jours que font les travailleurs par année est un *criterium* presque certain pour leur classification.

Le sublime simple fait de deux cents à deux cent vingt-cinq jours de travail au plus par année, se soûle au moins une fois par quinzaine, s'émeut proportionnellement.

Il paie son terme difficilement, mais quand il peut

déménager à la *cloche de bois* (1) il use du procédé.

S'il est célibataire, il loge dans d'ignobles garnis ; il aime mieux ça, on ne lui fait pas de morale. « On ne peut donc pas être un peu ému, *y faudrait pus que ça, que le pipelet de sa turne lui fasse un sermon parce qu'il est paf* (2). »

S'il est marié, il paie son boulanger parce qu'il n'y a pas moyen de le lever ; son *mastroquet* (3), jamais.

Faire un *pouf* (4) est pour lui une gloire.

Couler (5) son patron, c'est plus qu'une habitude, c'est un devoir.

Carotter ses parents, ses amis, c'est du courant.

Pour lui, tous les ateliers sont des *boîtes*, les outils des *clous*, les patrons des *exploiteurs* et les contre-maîtres des *mufes*.

Mais lui, c'est un chouette, un rupin, un d'attaque (6) ; s'il a la *flemme* (7), c'est qu'il a *un poil dans la main* (8), *la loupe* (9) l'a mordu, *son araignée le travaille* (10).

_____

(1) Déménager sans bruit et sans payer.

(2) Que son portier lui fasse un sermon parce qu'il est ivre.

(3) Marchand de vin.

(4) Ne pas payer.

(5) Couler, faire perdre de l'argent.

(6) Être d'attaque, être capable : chouette et rupin, malin.

(7) Maladie chronique ou intermittente qui affecte spécialement les sublimes

(8) Rue François-Miron, il y a un marchand de vin qui a pour enseigne un chat qui coupe le poil des feignants.

(9) La loupe, insecte mystérieux qui donne la flemme par sa morsure.

(10) Le *Tintamarre* dit : « Avoir une écrevisse dans sa tourte (tête).

Quand il n'a plus d'argent, il est à bout de course : Allons, vite, patron, le voilà disposé, il veut faire des heures et travailler le dimanche, il n'a plus *le rond* (1).

Dépêchez-vous de lui donner de la besogne, beaucoup et de la bonne, sans cela il ne pourra pas continuer dans votre *boîte*, il n'y a rien à faire chez vous.

Si un accident arrive, soit à la chaudière, soit à la machine, s'il y a un ralentissement dans la marche, il crie : Hue donc, *le tourne-broche;* s'il y a un arrêt pour un jour au moins, il faut l'entendre : « *A la rue de Lappe, la seringue* (2), qu'il la change; c'est-y pas vexant d'envoyer comme ça les ouvriers *à la comédie* (3)? je ne ferai pas six jours dans ma quinzaine; qu'es'ça lui f... au *singe*, il a de quoi *béquiller* (4); mais de nous autres, il s'en moque pas mal. »

D'autres fois, il s'en prend au chauffeur : « Va donc, *postillon d'eau chaude* (5), chauffeur de four, machine à faire des heures, ta journée va toujours, à toi. » La riposte ne se fait pas attendre, comme bien vous le pensez.

Il fait de trois à cinq patrons différents par année.

S'il est embauché dans une nouvelle maison, un fils de Dieu vient lui *serrer les griffes* :

(1) Plus le sou.

(2) Aux ferrailleurs, la machine : la rue de Lappe est la rue de ces intelligents commerçants. Quand un individu travaille après une invention, le camarade lui dit : Tu travailles pour la rue de Lappe, c'est-à-dire que l'invention n'aboutira pas.

(3) Faire chômer, être à pied.

(4) Manger.

(5) Mécanicien de locomotive.

« Te voilà ici maintenant, je te croyais bien *aux amandiers* (1).

— Il n'y a que des *margoulins* (2), et puis on ne gagne pas sa vie là-dedans.

— Je vois ça d'ici, t'es toujours noceur, tu te seras fait *sacquer* (3).

— Tu sais, c'est fini maintenant, réglé comme un papier de musique.

— Tant mieux, parce qu'ici tu ne ferais pas long feu.

— Vraiment, mais dans le temps, tu disais qu'on *pouvait y prendre ses invalides*.

— Ma vieille, ça devient *boîte*, le *singe* a pris un contre-maître nouveau qui veut nous régler comme au couvent; le premier lundi que tu manqueras, tu seras prévenu; le deuxième, tu pourras passer au guichet.

— Oh bien! alors je tâcherai d'y faire deux quinzaines, parce que voici le terme. »

Pour que ces messieurs trouvent votre *boîte* passable, il faut que vous leur donniez de la besogne quand ils sont disposés à travailler; qu'elle soit payée largement, afin qu'ils puissent se rattraper des jours de noce, et que vous n'ayez pas d'accidents quand ils sont à l'ouvrage; sinon, votre boîte est une succursale de Cayenne ou de Toulon. Si la surveillance y est active et que la *loupe* soit surveillée, c'est un abattoir,

(1) Les ateliers sont souvent désignés par le nom de la rue ou même du quartier, ainsi la maison J. F. Cail et Cᶜ : c'est à Chaillot.

(2) Mauvais ouvrier.

(3) Renvoyer un travailleur, c'est le sacquer.

Cependant, dans *la dèche* (1), il fait de bonnes réflexions ; il convient qu'il est une *rosse*, que ça ne lui arrivera plus ; il cherche à expliquer la *bordée* (2) qui l'a mis à sec ; s'il a attrapé *un coup de sirop* (3), *c'est que le torchon brûlait* (4), sa bourgeoise lui avait fait des misères ; pour noyer son chagrin, il a bien été obligé de mettre le nez *dans le bleu* (5).

Le voilà tout à fait entrain, il déjeune avec un sou de pain, une botte de radis et de *la lance* (6); si seulement il pouvait se payer un demi-setier ; le *kirch de barbillon* (7) est si fadasse, mais pas de *pognon* (8), pas d'*œil* (9), c'est dur tout de même.

La paie arrive, il prend ses quatre litres avant de rentrer à *la tôle* (10,; comme il ne rapportait presque rien, il n'avait pas vu deux *mastroquets* à qui il devait, qui l'ont pincé ; il leur a donné un à-compte, sa femme l'a bousculé, ils se sont cognés, il *lui a fait chanter un Te Deum raboteux, que c'était ça* (11).

(1) Dèche, situation de l'individu qui n'a plus d'ouvrage et plus d'argent.

(2) Bordée, noce.

(3) Soûlographie.

(4) Le torchon brûle, quand on s'est battu ou disputé avec sa femme, on se boude.

(5) Le vin.

(6) L'eau.

(7) L'eau.

(8) Argent.

(9) Crédit.

(10) A la maison.

(11) Ils se sont battus, ou plutôt il a battu sa femme.

Le lendemain il en *était bleu* (1); quand il a vu la figure de sa femme, il s'est *vivement tiré les pieds* (2); il n'en a rien pu manger de la journée, les camarades l'ont bien vu. *Cadet-Cassis* le blaguait tout le temps. « On dirait que t'as mangé des *machefers* (3); allons, encore une tournée pour les faire passer. » A six heures, il avait son *poteau télégraphique;* il est rentré; il s'attendait à un *chabanais* (4) monstre; elle l'a déshabillé sans rien dire. Écoutons-le raconter lui-même sa mésaventure : Le lundi matin, à cinq heures, j'étais debout; je me dis : Pas de blague, faut cogner. J'arrive un quart d'heure avant la cloche; mon chef d'équipe arrive en même temps et me dit : « Viens, *Pois vert,* que je te régale. » J'aurais avalé quatre litres de sel, j'aurais pas été plus altéré. Il me dit : « T'as donc *chauffé le four* (5) hier? *Ton giffard* (6) *fonctionne rudement* bien, redoublons. — Ça va, que je lui dis. » Y a encore cinq minutes; la bande arrive, à la cloche j'étais *éméché* (7); on a joué le pain et le fromage, le vin, le café; j'ai fini mon après-midi dans la cour du *minzingo* (8); à six heures, j'avais plus de pression. Encore une quinzaine qui commence mal. »

Une des causes principales pour laquelle les travail-

(1) Être ahuri.
(2) Sauvé.
(3) Résidu de forge.
(4) Le tapage, la dispute.
(5) Chauffer le four, se griser.
(6) Alimentateur de l'ingénieur Giffard.
(7) Éméché, commencer à se soûler.
(8) Marchand de vin.

leurs font la noce le lundi au lieu du dimanche, c'est que le dimanche est le jour réservé pour faire les courses, les achats, les affaires du ménage. Si le sublime voulait se mettre en bordée, il ne trouverait pas ses amis, ils sont tous dispersés. Mais le lundi, il sait qu'ils viendront pour travailler ; ils sont sûrs de se rencontrer à la porte ; instinctivement ils se devinent. « Tu ne paies rien ? dépêchons-nous ; t'invites pas chose, machin, le *petit Pierre*, psit ! Hé, arrivez, vous, c'est *Riche en gueule* qui régale. » La bordée est commencée. Arrivés chez le marchand de vins, tous ont l'air de se presser.

Le petit Pierre avalant son verre : « Voilà la cloche, filons.

— Qu'est ce qui nous *enmoutarde* donc, celui-là, avec sa cloche ; si je *me casse un abatis aujourd'hui*, *ça sera pas dans la boîte* ; pas de blague, hé, là-bas. »

Un copin le prenant par les épaules : « Arrive, je te fais un saucisson en deux cent vingt et un au piquet. »

Ils entrent dans la salle, la séance commence.

Un quart d'heure après, le petit Pierre vexé : « Êtes-vous rosses tout de même, et moi qui avais si bien promis au patron de ne pas manquer ; il est capable de me f... mon sac demain, et ma femme qui me disait encore hier : Tâche de faire une bonne paie, elle veut aller voir son père.

— Ah ça, est-ce que tu veux nous faire pleurer avec tes rengaines ? Allons, bois un coup et regarde ton jeu ; t'as la *révolution* dedans (1). *Quinte mangeuse portant*

(1) Tu fais quatre-vingt-treize.

son point, dans l'herbe à la vache (1). Quinze et cinq,
vingt, *trois borgnes* (2), vingt-trois, *trois bœufs* (3),
vingt-six, *tierce major dans les vitriers* (4), vingt-neuf,
trois colombes (5), quatre-vingt-douze, et joue An un de
la République, quatre-vingt-treize..

— Mon pauvre Auguste, t'es passé au gabari. »

Ramené au jeu, femme et patron sont vite oubliés.

La pression monte insensiblement, on quitte les
cartes pour le billard ou bien on blague ; on passe en
revue tout l'atelier, le patron, les employés, les amis,
les *mufes*, les aristos, les mouchards de *la boîte ;* on fait
le compte du patron, on parle des commandes, s'il
gagne ou perd de l'argent, s'il est riche ou s'il est
gêné, tout y passe. On prend le journal, s'il y a un fils
de Dieu, les commentaires vont leur train ; s'il n'y a que
des sublimes simples, à dix heures ils *lèvent l'ancre ;*
les voilà partis à la sortie d'un atelier où il y a des amis.
La noce recommence de plus belle ; ils sont quatre de
plus, l'embauchage et le débauchage se fait :

« Es-tu bien au Rochouart (6) ?

— Non.

— Viens chez nous, le contre-maître m'a demandé si
je ne connaissais pas quelqu'un.

— Entendu.

— S'il veut m'enlever demain, je lui dirai que je suis
allé te trouver. »

(1) Quinte majeure portant son point en trèfle.
(2) Trois as.
(3) Trois rois.
(4) Tierce majeure en carreau.
(5) Trois dames.
(6) Pour Rochechouart.

Remarquez que ces changements, ce qu'ils appellent faire la navette, ne leur sont pas profitables, au contraire.

S'ils quittaient une maison pour aller dans une autre, afin d'y gagner davantage, cela se comprendrait ; mais les trois quarts du temps, c'est pour des motifs insignifiants. Non-seulement celui-là vous quitte, mais il y a toujours un ou deux intimes qu'il finira par faire venir dans la nouvelle maison.

Il n'est pas difficile de comprendre quel préjudice de pareils changements apportent dans le travail ; voilà un ouvrier qui a commencé et fait aux trois quarts, soit une pièce ou une machine, et qui laisse tout en plan ; celui qui la reprend tâtonne pendant quelques jours, afin de se mettre au courant, s'il ne fait pas des erreurs.

Il n'y a plus de procédés, le patron est un ennemi, on le traite comme un exploiteur ; en retour, le patron agit de même, mais dans des limites excessivement restreintes, il est l'esclave de ses intérêts. On peut dire aujourd'hui qu'il n'y a plus de sympathies entre le patron et le travailleur (1).

Une question majeure : pour que le travail soit productif, il faut qu'il soit organisé, et non à la merci des caprices de ceux qui l'ont entrepris. Question que nous examinerons.

Si le sublime simple est marié, avec des enfants, et que, le rencontrant le mercredi matin, vous lui demandiez s'il a été malade, qu'il n'a travaillé ni le lundi, ni le mardi, il s'épanche, il s'en veut, il se donne à lui-même les qualifications les plus sévères. Nous en avons

(1) Être bien avec le patron, c'est tout ce qu'il y a de plus mal porté en sublimisme.

connu un qui pleurait en nous racontant la scène lamentable qu'il venait d'avoir ; il ne savait pas comment sa femme s'en tirerait avec ses enfants, elle n'avait seulement pas de quoi acheter du lait pour son tout petit, et pas seulement un paletot à mettre au *clou* (1).

Si le sublime simple est célibataire, les réflexions sont moins amères, il examine sa situation : « Plus *un radis à la piole et rien dans le battant* (2), heureusement que le patron est un zig et qu'il lui donnera *son prêt* (3).

Pour sa blanchisseuse, il la paiera en même temps que son garni.

Il travaille quelquefois un mois sans déraper.

Il a acheté une conduite, il est des chouettes maintenant. La paie arrive, elle est bonne ; il recommence ; du reste, il y avait longtemps qu'il se promettait d'aller à Saint-Ouen, manger une friture ; pour sa petite santé, il a besoin d'un peu de campagne, il va au vert, il veut se purger ; il a tant massé pendant ces deux quinzaines, qu'il peut bien prendre un jour de repos.

Il ne comprend pas que l'on mette *son zinc* (4) dans une tire-lire, ça rouille.

On peut dire que tant qu'un sublime aura de l'argent, il ne travaillera pas ; il ne reprend sa besogne que quand il est à sec.

Les jours d'amertume et de découragement pour les

---

(1) Le clou, le mont de piété, cette institution où l'on rend service à si bon marché.

(2) Plus un sou à la maison et rien dans l'estomac.

(3) Avance. Le troupier reçoit son prêt.

(4) Zinc, argent, sa braise.

sublimes sont le samedi de paie et le jour où il reprend
son travail. Le samedi de paie, il est froid et réfléchi, il
arrive au bureau, il connaît son compte par à peu près,
l'argent dans la main, il devient blême, il touche les
deux tiers et souvent la moitié de ce qu'il aurait pu
toucher, s'il avait fait sa quinzaine complète; comment
voulez-vous qu'il fasse? il doit au marchand de vins,
il doit à quelques amis auxquels il a emprunté par-ci
par-là quelques petites sommes qu'il veut rendre,
les sentiments n'abdiquent pas, comment faire? Il ne
s'en prend pas à lui; quelle tempête dans ce cerveau!
que d'amertume dans ce cœur! il devient sombre,
crispé, les réflexions vont leur train : « Prosper a bien
raison de dire qu'on ne laisse gagner à l'ouvrier que
juste de quoi ne pas crever de faim; ah oui, nous
sommes un troupeau d'exploités, il a rudement raison,
je le comprends plus que jamais; aussi... » Une crispation lui coupe la parole, et il poursuit mentalement ses
amères réflexions. Un jeune sublime l'invite ; si sa
femme ou le marchand de vins ne sont pas là, il y aura
une noce de plus. Les réflexions du samedi sont socialistes; celles du lundi sont plus sentimentales et souvent
plus salutaires chez le sublime simple : « C'est vrai, si
j'avais fait ma quinzaine complète, j'aurais touché presque le double, aussi en voilà assez. » Il prend et exécute souvent cette bonne résolution.

Cette sensibilité, ce retour sur lui-même est ce qui le
distingue du vrai sublime.

Le sublime simple dans un atelier, est un dissolvant,
s'il y a des apprentis, il les protége, il les instruit à sa
guise. Quelles bonnes leçons! il leur fait chercher des

outils impossibles, tels que le marteau à trois pannes;
les fait battre et boire, les grise au besoin; leur apprend
la manière de tirer une *loupe*; du travail, il ne leur en
parle jamais. Au lieu de devenir ouvrier, l'enfant devient
sublime. Chacun sait combien les penchants se développent facilement chez de jeunes natures, qui ont souvent dans leur famille des exemples regrettables. Aussi
les résultats sont certains.

Sur cent apprentis, nous défions qu'on nous montre
dans la mécanique, à Paris, plus de vingt travailleurs qui
ne soient pas des sublimes de la plus belle espèce (1).
Question capitale que nous développerons.

Pour les personnes qui sont dans le travail, le sublime
est facile à reconnaître; pour celles qui ne connaissent
les travailleurs que par les livres, au premier coup
d'œil, il n'y a rien qui ressemble à un ouvrier comme
un sublime. Cependant dans Paris, il est facile d'en
reconnaître quelques types.

Ainsi : si vous voyez un garçon maçon, plein de plâtre, se frotter contre les passants, afin de les salir, sublime. Le trottoir n'est pas fait rien que pour vous.

Les Parisiens savent toutes les difficultés qu'ont les
piétons à se garer des voitures dans le tohu-bohu des
rues. Chacun doit y apporter du sien, afin d'éviter des
accidents. Si vous voyez un individu traverser une rue
ou un boulevard fréquentés, sans se presser, avec des
airs d'indifférence fanfaronne et dire : je voudrais bien
voir qu'il me touche, sublime.

Il y a réciprocité, c'est le sublime cocher ou charre-

(1) Il est bien entendu que nous parlons des apprentis faits dans
les ateliers de Paris.

tier qui marchera quand même. Il faut alors entendre les jolies choses, si ce ne sont les coups de fouet et les coups de poing, le poste et la fourrière qui terminent le conflit.

Dans les omnibus, wagons, voitures publiques, si vous voyez un individu qui se croit le droit d'être grossier, et qui répondra à vos timides observations : C'est parce que j'ai une blouse ou parce que je n'ai pas de gants, sublime.

· Nous n'en finirions pas, mais ces quelques exemples suffisent pour donner une idée des personnages.

Nous ne connaissons rien d'insupportable comme cette pose à l'indignation de la condition sociale, cet étalage de la blouse, qui doit couvrir les grossièretés, les sans-gêne, quelquefois les insultes de ces citoyens. Si vous lui faites une observation sur son laisser-aller qui vous fatigue, vite la théorie de la blouse en avant : « Il n'est pas aussi bête qu'il est mal habillé. » Ou c'est parce que vous êtes riche.

Toutes les fois que vous vous trouverez en face d'un crâneur, qui fera étalage de sa position ou qui se ravalera pour vous injurier, dites-vous : Voilà un sublime.

Comme homme politique, le sublime simple n'a pas d'opinions raisonnées, il se dit républicain, sans seulement savoir ce que c'est, il aboie sur le pouvoir sans rime ni raison, il est violent, énergique, non pas pour la revendication d'un droit légitime ; pour lui les tyrans qu'il connaît sont le patron et le propriétaire : des exploiteurs et des voleurs (1). Cet ignorant, qui ne lit

_____

(1) Quand les sublimes ont dit à un commerçant *rongeur* ou à un patron *exploiteur*, ils éprouvent un soulagement.

presque jamais, ne voit la cause du mal qui le ronge
que dans ces deux individualités : l'un qui ne lui en
donne pas assez, l'autre qui lui en prend trop.

Venez donc parler de la souveraineté du travail à de
pareilles intelligences.

Les sublimes de Dieu, penseurs, réformateurs et orateurs, vous apostropheront rarement sur votre mise;
ils brutaliseront, ils insulteront vos idées et vos actions;
mais le sublime brute, c'est à votre mise, à votre tenue,
à votre manière de parler qu'il s'attaquera. Aussi, quelques-uns des tribuns des réunions publiques usent du
procédé, ils viennent en blouse, au besoin les mains
sales; aussitôt qu'ils montent à la tribune, toutes les
sympathies des sublimes leur sont acquises : « C'est pas
un aristo, celui-là, c'est un compagnon, écoutons. »
C'est stupide, absurde, tout ce qu'on voudra; mais
cela existe. La pose à la blouse fait son effet. Nous ne
connaissons aucun point sur lequel les sublimes soient
aussi chatouilleux. Appelez-les fainéants, pochards
parasites, ils prendront ces injures avec indifférence;
mais si vous leur dites : Allez donc vous promener avec
votre blouse sale. Alors il faut les voir, les entendre,
ils vous dégobillent les insultes les mieux choisies.

V

LE SUBLIME FLÉTRI ET DESCENDU

Chacun sait que Paris est le *Refugium peccatorum*, le grand collecteur de la France ; les tarés de province abondent dans la capitale, les uns pour tâcher de se redresser, les autres pour pouvoir développer plus facilement les penchants malhonnêtes qui les ont forcés de quitter leur pays. Le travailleur, comme le citadin, prend le chemin de Paris.

Dans le chapitre qui nous occupe, nous examinerons les trois types qui sont mêlés au corps des travailleurs ; les uns par des saccades de travail, les autres constamment.

1° Le parasite proxénète :

2° Le flétri par la loi ;

3° Le descendu ou ayant occupé une position plus lucrative.

Quoiqu'il soit assez difficile d'en déterminer exactement le nombre, nous pensons qu'il est environ de sept pour cent dans les travailleurs. Car ces trois types se trouvent également et en grand nombre dans ce que l'on est convenu d'appeler le grand monde.

Tous les Parisiens connaissent le *proxénète* que l'on

qualifie depuis peu du nom de *brochet*, expression beaucoup plus significative que celle qu'on lui appliquait autrefois et qui appartenait également à un habitant des eaux.

Tout le monde connaît cet individu, qui, sans honte, vit sur le produit de la prostitution de malheureuses descendues moins bas que lui.

Cet individu a un livret, c'est un travailleur; étant jeune il fréquentait les aînés, insensiblement il est devenu comme eux; le samedi de paie, ils se trouvaient ensemble; on lui a fait faire une connaissance; *on babouine le zinc de la paie* (1), sa mère l'attend deux, trois jours et est quelquefois obligée d'aller le réclamer à la préfecture, quand il n'y est pas pour longtemps.

Il retourne à l'atelier, mais comme il n'a plus d'argent, il en reçoit de sa *cato* (2); cette vie-là continue quelquefois longtemps, suivant les exigences de sa *dame*. Puisqu'il travaille, il ne peut lui donner que ses soirées et le fameux *jour de sortie* (3). Les instances des parents, qui ignorent sa conduite, le maintiennent encore à la besogne.

Un beau jour, il envoie tout promener : elle gagne assez, puis elle s'embête pendant le jour : elle le lâcherait. Un travailleur de moins, un parasite de plus sur le chemin du bagne.

(1) Manger l'argent de la paie.

(2) Prostituée de bas étage.

(3) De par le règlement qui régit ces malheureuses estampillées, timbrées, elles ont un jour de sortie par semaine. Quand serons-nous libérés de cet ignoble casernement qui éteint jusqu'à la dernière trace de bons sentiments? La santé publique est dans un ordre de mesures plus élevé.

Ce type est excessivement dangereux ; pendant la période mixte de sa jolie existence il corrompt ses camarades d'atelier.

Nous connaissions quatre jeunes gens, ajusteurs très-intelligents et bons ouvriers, qui se laissèrent aller sur cette pente fangeuse, au contact d'un parasite ; aujourd'hui, ils sont des célèbres de la Courtille (1).

Mais, nous direz-vous, c'est une exception ? Exception énorme, considérable à Paris, une exception qui est un danger social ; c'est dans cette exception que se recrutent les voleurs et les assassins.

En présence de ce danger, on fait de tristes réflexions et on se demande s'il n'y a rien à faire. Les moyens ne manquent pas ; mais n'anticipons pas, nous en donnerons quelques-uns, et nous les croyons irréfutables.

Examinons le *flétri* par la loi ; ce type n'est pas canaille, à la façon du précédent, il travaille, mais par saccades, il fera quinze jours, un mois, sans bouger.

Il va aux *carreaux brouillés* (2), c'est son pain quotidien.

Il est peloteur, mais très-réservé, car il a le *taf* (3). Si les autres savaient qu'il a été à l'*ombre* (4), ils le feraient balancer. Il *grinche* (5) les outils des autres et

(1) Quartier de Belleville qui est le rendez-vous de ces victimes sociales et de leurs acolytes. Escorteurs du jour de sortie et brochets des jours de travail.

(2) De par les règlements les volets doivent être fermés, les carreaux dépolis, dans ces dépotoirs à gros numéros.

(3) Peur.

(4) En prison.

(5) Il vole.

ceux du patron, ça ne fait pas un pli ; il a dans la *bobine* (1) une invention, il travaille chez lui.

Par moment il tire une *bordée* de quatre ou cinq jours, on ne sait où.

Il est généralement adroit et intelligent.

Il flatte le contre-maître et son chef d'équipe ; quand il parle ou discute avec le patron, il le trouve toujours très-juste. Chez le marchand de vins, c'est lui qui approuve Auguste qui se plaint : « Il a raison, on nous exploite ; si j'étais à sa place, j'enverrais *dinguer le singe* (2). »

Si Auguste quitte, il demande et prend sa place ; sa machine était meilleure, puis, après tout, c'était un *mufe*.

Toujours patelin et peu vantard, il a peur ; il met le bourgeron de Baptiste, qui est malade, mais ne le rend jamais.

Un jour, il vous prévient qu'il est obligé de partir pour son pays, son père est à l'article de la mort ; il vous amène son *marchand de sommeil* (3), à qui il a donné l'autorisation de toucher sa paie et qui lui avance pour son voyage.

Deux ou trois jours après, vous êtes appelé chez le juge d'instruction pour affaires qui le concernent.

Un tel personnage dans un atelier est un mal, parce que les vols commis font planer des soupçons injustes sur les ouvriers et sublimes de l'atelier. Comme il est

(1) La tête.
(2) Promener le patron.
(3) Teneur de garnis, logeur à la nuit ou au mois.

liant, adroit, il recrute quelquefois des complices, en
parant les détournements de prétextes plus ou moins
adroits. On commence par les outils, on finit souvent
par l'effraction et ses conséquences.

Le travail est le plus grand moralisateur que nous
connaissions ; c'est dans le travail que le flétri peut
trouver les éléments nécessaires à son redressement.
Mais, pour les instincts rebelles, les natures éminemment perverses, le travail est insuffisant ; la société doit
se prémunir contre les incorrigibles, se mettre à l'abri
des violateurs de ses lois.

La liberté individuelle est le bien le plus sacré pour
l'homme, toute loi qui pourrait lui porter atteinte, est
une loi de terreur. Dans cette période d'indifférence,
en 1869, les fils des grands révolutionnaires sont restés
indifférents devant cette lettre de cachet déguisée sans
la signature du roi. On a pu impunément arrêter quatre
cents citoyens, sous l'inculpation mensongère de conspiration ; la France n'a pas frémi, et à part quelques
énergiques protestations, les citoyens sont restés calmes.

Nous pouvons donc, en toute assurance, exposer nos
réflexions, au sujet des flétris, sans attirer les colères
des puritains du droit, analysé dans ses conséquences
les plus subtiles.

Notre code pénal distribue les peines en raison des
fautes, des délits ou des crimes ; les antécédents, les
circonstances, la position de l'accusé, viennent souvent
en présence d'une première chute, atténuer la culpabi-
lité.

Il rentre dans la société à l'expiration de sa peine ; si
c'est une bonne nature, il se corrige ; la punition a été

salutaire, il se redresse, il arrivera à reconquérir une partie de l'honorabilité qu'il a perdue. Mais si les mauvais instincts triomphent, il commet une deuxième faute ; on lui inflige une deuxième punition, plus sévère, toute proportion gardée, que la ·précédente, à cause de la récidive.

Il est certain qu'un individu qui a subi trois ou quatre condamnations pour vol ne se corrigera pas. Et si la société le reçoit de nouveau dans son sein, à chaque échéance de ses punitions, il redevient un danger pour elle ; c'est trop évident.

Oui, la liberté individuelle est un droit que possèdent tous les citoyens honnêtes. Mais doit-il s'étendre à ces misérables incorrigibles, fléaux de la société, aux attaques desquels vous serez sans cesse exposés? La question vaut la peine d'être examinée.

Qui dit société, dit assemblage d'hommes, unis par la nature et les lois. La première des conditions d'existence de la société, c'est le respect des lois primordiales. Voici un de ses membres qui les viole, une, deux, trois et quatre fois, et la société le reçoit parmi elle, il fatigue la loi et la punition, et elle consent à le subir; si le mal que produit cet individu ne s'appliquait qu'à lui, nous comprendrions cette tolérance ; mais ceux qu'il corrompt, qu'il conseille, qu'il entraîne et qu'il pousse, la société doit les protéger ; sans parler des victimes qui ont bien droit à cette protection.

Une pareille résignation n'est pas de la justice, c'est de la faiblesse imprévoyante et coupable.

Toute société qui voudra grandir, s'améliorer et surtout se protéger, doit rejeter de son sein tous les mem-

bres reconnus incorrigibles qu'elle n'aura pu guérir.
La société, comme les individus, a l'instinct de la conservation.

Nous disons donc que tout individu qui aura subi
trois condamnations afflictives ou infamantes, doit être
exclu de la société.

Des pénitentiers seraient établis dans les colonies
les plus salubres, les condamnés trouveraient dans le
travail les consolations et le repentir des fautes com-
mises contre la société, dont ils se sont fait exclure.
Pas à tout jamais; il n'y a que l'enfer d'où l'on ne sortira jamais : le Dieu des curés a le droit d'être sévère ;
les hommes doivent être moins terribles, ils laisseront
la branche qui soutient, l'espérance.

Mais ce que vous proposez est monstrueux, nous
dira-t-on, la société ne demande pas une vengeance.
Non, elle veut la sécurité, voilà tout.

Couper le mal dans sa racine par l'instruction, l'éducation, la famille bien constituée, l'apprentissage organisé, le bien-être, c'est notre avis; mais les natures perverses, vous en aurez malheureusement toujours.

Que faire? les subir, c'est trop de résignation.

Ce que les honnêtes gens demandent à la loi, c'est
d'être protégés contre les malfaiteurs.

Le *sublime descendu* est beaucoup plus dissolvant. Il
connaît la comptabilité, son éducation a été soignée ;
il a eu des malheurs, des revers. Dans le temps, il avait
des ouvriers, une voiture, il a fait de grandes affaires.
Il était placé comme employé, il a perdu sa place, il a
été obligé d'entrer comme homme de peine dans un
atelier; il a fini par se mettre au courant, au bout de

six mois il était bon raboteur. L'administration d'une maison, il connaît ça, lui; il a été au collége avec monsieur un tel, un tel, etc... Son père était un grand négociant, il lui a succédé, la concurrence l'a tué, après sa troisième faillite il avait repris le dessus, c'est une canaille qui l'a filouté, il ne lui est plus rien resté que sa plume. Pensant à ses anciennes splendeurs, il dit que c'est vexant de conduire une *bécane* (1) : « Enfin, il ne travaillera pas toujours, il a une vieille tante qui lui laissera de quoi vivre, il pense qu'elle mourra bientôt. Quelle noce ! ce jour-là : du bordeaux comme ordinaire, du madère entre tous les plats, du bourgogne au fromage et le champagne au dessert. Comme ça sautera ! comme dans l'ancien temps. »

En attendant, s'il remarque un jeune sublime ou un ouvrier intelligent, il cause avec lui aux heures de repas, il le flatte, lui dit : Vous n'êtes pas à votre place, un garçon comme vous, intelligent et adroit, devrait être dans une belle position. Il lui insinue qu'il pourra le faire entrer dans telle ou telle administration, qu'il a été ami avec l'ingénieur en chef; que lui, s'il avait été de la partie, il y a longtemps que son affaire serait faite.

Le niais se laisse prendre, le régale, lui avance de l'argent, et en fin de compte il en est pour ses frais. Si un homme se blesse dans l'atelier, il lui recommande bien de ne rien accepter, qu'il y a une loi et qu'il lui fera avoir une bonne indemnité.

S'il est à l'hospice, le dimanche le descendu va le

(1) Machine.

voir; la femme croit ce qu'il dit, l'invite à manger; s'il peut lui soutirer quelque argent, il le fait.

Il provoque l'assistance judiciaire et lance le travailleur dans un procès. Au besoin, il fera une pétition au chef de l'État; s'il sent des économies, il ne lâchera pas.

Nous citons un exemple: Dans un grand établissement métallurgique, un ouvrier, par sa négligence, reçut une blessure terrible qui le privait à jamais de tout travail : il s'était brûlé les yeux. Le patron, devant un si grand malheur, s'engagea à servir au blessé une rente de deux francs par jour, sa vie durant. Sous l'influence d'un sublime descendu, le blessé attaqua son patron afin d'obtenir une rente de 1,200 francs. Il perdit en première instance comme en appel. Toutes les mesures dictées par la prudence avaient été prises, la victime avait elle-même retiré le masque métallique préservateur. Il mangea 3,000 francs d'économies qu'il avait péniblement amassés, et se trouva devant un avenir terrible. Le patron, homme digne, revint spontanément à sa première proposition et y ajouta même le logement. Cette conduite n'a pas besoin de commentaires.

Le descendu fait comme le sublime simple, deux cents à deux cent vingt-cinq jours de travail!

Il parle avec recherche, il étale des phrases, il parle politique sans conviction, seulement pour faire ressortir son savoir. Il aime les jeunes ouvriers, il les attire par des histoires de libertinage assaisonnées à sa manière; s'il peut les fréquenter, il ne manque pas l'occasion.

Dans les noces, il commande, il fait le connaisseur, il *esbrouffe*; si par hasard un fils de Dieu se trouve dans la société, son paquet est bientôt fait : « Fais donc pas le malin, espèce de banqueroutier. » Il sourit, il est la lâcheté personnifiée.

Si une association a le malheur d'admettre un descendu comme associé, pauvre gérant! il est à plaindre, le galeux saura bien le mettre en suspicion auprès des autres.

Pour les travailleurs, le descendu n'est pas seulement un méchant ambitieux, c'est un danger.

VI

LE VRAI SUBLIME

Nous sommes en présence du type par excellence, en un mot, le résumé de la dégradation, le sublimisme à son maximum de développement.

Nous comparons le sublimisme à une grande cuvette; dans le fond, le vrai sublime s'y vautre à son aise en compagnie des sublimes flétris et descendus; le sublime simple descend peu à peu par le marchand de vin, la paresse et l'ivrognerie lui donnent la main. Les sublimes de Dieu avancent par des théories décevantes et décourageantes. Ajoutez à cela cinquante à soixante mille déclassés, qui ne sont pas compris dans les travailleurs, vous aurez une idée de la cuvette parisienne, ce cabinet d'anatomie des moralistes, ce lieu de travail de nos magistrats.

Le vrai sublime fait au plus cent soixante-dix jours de travail par année, une moyenne de trois jours et demi par semaine. « Allons donc, il ne veut pas se faire crever, sa mère n'en fait plus comme ce p'tit-là. »

Il pousse la vanité du vice et de l'abjection jusqu'au cynisme le plus révoltant.

Il est presque constamment entre deux eaux-de-vie ; avec vingt centimes de *poivre d'assommoir* (1) il est gris.

Un vrai sublime qui reste quelques jours sans prendre sa *ration de vitriol*, éprouve des souffrances atroces, des tiraillements d'estomac effrayants ; il a la figure abrutie, il est comme fou. Avec un cinquième du fameux liquide, tout disparaît. Il sait bien que ça le tuera ; ça ne fait rien, ça le remet d'aplomb. Un mardi nous avons vu un vrai sublime en proie à une de ces convulsions, casser les *niveaux à alcool pur* de l'atelier et boire d'un trait le contenu. Un ouvrier sobre en serait peut-être mort ; lui, il grimaça un sourire le reste de la journée.

Un vrai sublime boit rarement du vin ; l'eau-de-vie, pour certains, est même fade. La servante d'un marchand de vin versa un jour, par erreur, un *poisson* (2) d'esprit de vin au lieu d'eau-de-vie à un vrai sublime. Celui-ci fut tellement satisfait, qu'il revint le lendemain avec les *camarades* pour goûter la délicieuse blanche. Sans le refus énergique du patron, qui reconnut l'erreur, ces messieurs auraient bu la bouteille en entier.

La figure du vrai sublime a deux teintes : suivant le tempérament, il est cramoisi ou livide.

Quand il commence dans un atelier, bien lesté du délicieux nectar, il est d'*attaque ;* si c'est un ajuteur

_____

(1) Poivre, eau-de-vie, celle servie dans les assommoirs est du... oui, vitriol. Il est incroyable que l'estomac puisse supporter ce liquide.

(2) Cinquième du litre. Du reste, il y a le grand et le petit poisson.

ou un tourneur, et que le travail demande beaucoup
d'exercice, il transpire d'une façon effrayante ; cette
sueur le sauve, elle le dégrise un peu, il produira encore
du travail. Mais, si c'est un forgeron, la chaleur lui
transporte le sang à la tête, il chancelle, sa tête se couvre
d'eau, il grelotte, ses pieds sont glacés, il est obligé de
s'en aller. Il va pren lre son *renard :* un bouillon et une
chopine de vin dedans ; l'estomac ne peut digérer que
des aliments mous, il est calciné.

Le vrai sublime se grise souvent en une demi-heure :
deux *tournées de quatre sous,* puis ses *soupapes crachent.*

Ceci s'explique. Il y a dans Paris une maison qui a
une cinquantaine de succursales et qui vend de l'eau-de-
vie à un franc le litre, une chopine en deux verres pour
dix sous. Puis vous voudriez que l'homme ne chancelle
pas ? Allons donc ! Les malheureux ! ils appellent ce
demi-setier de liquide, leur consolation, leur sœur de
charité !

Les conséquences de ces excès sont terribles ; nous
avons vu un vrai sublime qui, au mois de juillet, mettait les mains dans la condensation pour se réchauffer ;
un vrai sublime, le nommé G..., fondeur, a été trouvé
carbonisé dans l'étuve : il avait froid au mois de juin.

Un lundi, le sol était détrempé, plusiers sublimes
gisaient contre un mur ; un entre autres, qui avait le
cœur facile, ronflait dans sa bave, dont il était littéra-
lement couvert. Un bouvier conduisant des porcs vint
à passer ; en moins de cinq minutes notre sublime fut
mis à nu ; on le transporta chez un marchand de vin,
ce pharmacien par excellence des sublimes. Sa femme,
blanchisseuse et mère de cinq enfants, fut appelée,

mais elle ne voulut pas reconnaître son mari dans ce paquet boueux. Il fut mis sous un hangar, où il s'éveilla cinq heures après pour recevoir une pâtée conditionnée que sa bourgeoise lui réservait en présence de tous ses enfants. Quel exemple !

Tous ceux qui sont depuis un peu de temps dans la mécanique ont entendu parler de François la Bouteille (1), le célèbre et vrai sublime. François était un jour tellement ivre que les sublimes de son atelier lui scellèrent sa pipe dans la bouche avec du plâtre. Après cinq heures d'une pareille position, on eut mille peines, en le rasant, à le débarrasser de son scellement.

Voilà au moins une vraie noce, on en parle encore dans l'atelier : il ne faut pas que les bonnes traditions se perdent.

Généralement, le vrai sublime a été un excellent ouvrier, faisant bien et rapidement les travaux manuels. Ce succès est une des principales causes de sa dégradation. On arrosait tant de fois ses capacités, ses réussites, qu'il a fini par prendre goût au travail du comptoir ; mais celui-ci fait perdre habituellement le goût du travail de l'atelier.

Il y a dans la classe laborieuse des aphorismes desquels il est difficile de sortir. Nous tenons à en citer quelques-uns.

(1) François la Bouteille était le vrai sublime qui faisait le mieux le signe de la croix des pochards. Sur la tête il prononçait Montpernasse, sur l'épaule droite Ménilmonte, sur la gauche la Courtille, sur le ventre Bagnolet, et sur le creux de l'estomac trois fois Lapin sauté. Les quatre premières invocations étaient dites d'un air béat, les trois coups de Lapin sauté étaient accentués vigoureusement. En sublimisme, on dit : la croix de Jésus du pochard.

Plus les sublimes savent qu'il y a du travail dans l'atelier, plus ils se croient le droit de faire la noce et de s'absenter. « Il n'y a pas de danger que le singe le renvoie, il n'oserait pas lui f... son sac ; il a de la besogne par dessus les yeux, nous ne sommes pas si pressés, nous autres. »

Si le patron n'a pas de commandes et qu'il fasse de l'avance pour ne pas renvoyer ses hommes, tout le monde sera là.

Plus un sublime se croit capable, plus il se regarde comme indispensable et plus il se croit avoir le droit de s'absenter.

« Il n'y a pas de danger qu'on le renvoie, lui, le *preu* (1) des tourneurs de la capitale, le patron lui fera encore des politesses. Il n'y a que des *sabourins dans son échoppe* (2), pas un capable. Lui, à la bonne heure, il mettrait en pointe aussi bien une aiguille que la colonne Vendôme (3). Des hommes comme ce cadet-là, quand on les a, on les garde. Lui, du reste, on l'appelle *Trente kilos sans griffe*, parce que, quand il tournait des tampons, il faisait sauter trente kilos de copeaux, et, ce qu'il y a de plus épatant, sans griffes ; on n'en fait plus d'abattis comme ça, c'est tout nerf. »

Quand il se présente pour s'embaucher, il frappe sur le bras gauche et vous dit : En voilà un de quatre livres dix, et frappant sur le droit : En voici un de cinq livres quinze. Lequel voulez-vous, patron ?

(1) Le premier.
(2) Maladroits dans son atelier.
(3) Un tourneur met sa pièce en pointe.

Un fait assez bizarre est arrivé à deux sublimes. L'un fut embauché huit jours avant le premier. Après la première huitaine, il se mit en bordée; le deuxième prit place à côté des outils du noceur. Chose incroyable mais des plus historiques, les circonstances aidant, ils ne se rencontrèrent qu'au bout de huit mois (1). Il fallait voir les poignées de main et les accolades des deux voisins le jour de la rencontre; ils furent deux amis jusqu'à la mort. Le patron était un homme faible qui croyait être bon pour ses ouvriers par cette tolérance.

Le vrai sublime est vantard en diable, crâneur comme pas un. Devant le comptoir il dit qu'il ne bouderait pas devant un coup de tampon. « Ah! si on l'embête, il cassera les reins à toute la *boîte*. » Pure crânerie, dite tout simplement pour épater son auditoire, et surtout les jeunes; nous tenons même qu'il est très-lâche, mais pas méchant: il est, comme disent les autres, *gueulard* et *esbrouffeur*, voilà tout.

Dans un atelier, s'il a travaillé à une machine, n'y aurait-il mis qu'une goupille, c'est lui qui l'a faite. Écoutez-le raconter ses hauts faits, c'est d'un grotesque à faire pouffer de rire:

« C'est lui qui montait les presses chez Saulnier de la Monnaie, c'est lui qui a monté la colonne de Juillet: si Julien ne l'avait pas eu, il y a longtemps qu'elle serait en bas.

(1) Pendant que l'un travaillait l'autre noçait; chacun disait: « Je ne verrai donc jamais mon voisin. » Le jour de la rencontre fut splendide.

« C'est lui qui a monté le pont des Saints-Pères ; Polonceau l'aimait bien.

« C'est lui qui a forgé la mèche pour le puits de Grenelle, son patron en a été décoré.

« A la pompe à feu de Chaillot, ça n'allait pas ; on est venu le chercher, il était chez *Chose* ; en deux heures il a trouvé le joint ; ça marche encore comme il l'a arrangée.

« M. Lebas allait faire un *lou*, il a été le trouver, il lui a expliqué son *truc*, il a compris et s'en est servi, sans cela l'obélisque n'aurait pas bougé : il a bien droit à un petit bout de son ruban. »

Quand il parle de l'atelier où il travaille : « Quelle turne, quelle boîte à lou ; quand il est entré là-dedans, on ne savait rien faire, ça commence à venir, on les a mis à la *coule*; est-ce qu'on savait seulement couper du fer. Avec ça tu crois que le singe vous en tient compte, il devrait me *baiser les pattes*, eh bien, non ; l'autre jour, sais-tu ce qu'il m'a dit? Dites donc, vous, si vous voulez continuer à commencer votre semaine le jeudi, je vous *balancerai* (1). Fêles-toi donc la *Sorbonne* (2) pour des *mufes* pareils. » Lui, il connaît le plan à fond, il lit sur un dessin comme dans un livre. Toute sa conversation, chez le marchand de vins, roule sur le travail qu'il a fait et même qu'il n'a pas fait. Il parle *manique* (3) du matin au soir. Il y en a qui ne manquent pas un enterrement de camarades. Si c'est du ami, ils pratiquent

(1) Renverrai.
(2) Tête.
(3) Manique, métier.

les adieux à leur façon. Écoutez les derniers mots d'un sénateur sur la tombe d'une célébrité : Toute-fois-et-quant il est mort; ça ne fait pas de rien, ami, va, marche toujours, les camarades sont là !… Quel malheur! nous n'en boirons donc plus, de ces chopines! »

Le plus beau type du vrai sublime est mort, il y a quelques années, nous devons quelques mots à ce génie transcendant.

Il se nommait *Ar…in*, homme ayant été très-intelligent et très-adroit. Bon dessinateur, ancien horloger, il s'était lancé dans la mécanique ; une partie des modèles du Conservatoire ont été exécutés par lui. Ses capacités lui firent gagner la couronne des pochards; après avoir descendu et avoir passé par toutes les dégradations humaines, il fut proclamé empereur des pochards et roi des cochons. Son couronnement a eu lieu, au *Là, s'il vous plaît* (1), chez Boulanger, traiteur, à la barrière des Vertus. Ce qui avait provoqué ce brillant honneur, c'est qu'Ar…in avait mangé une salade de hannetons vivants et mordu dans un chat crevé.

Qui, dans la mécanique, n'a pas connu Ar…in, l'empereur des pochards?

Nous, nous le proclamons grand-maître des sublimes.

Ar…in, qui avalait une souris vivante pour un litre;

Ar…in, qui dessinait le portrait d'Henri IV dans un millimètre carré avec une pointe à tracer;

(1) Enseigne du marchand de vin. Quand un forgeron est prêt à donner une chaude, il crie dans l'atelier : *Là, s'il vous plaît,* pour appeler les camarades qui doivent frapper sur la pièce. Le marchand de vin était probablement un ancien forgeron.

Ar...in, qui, en deux heures, tapissait de dessins les murs d'un traiteur;

Ar...in, qui enlevait dans ses bras un camarade, comme une nourrice un *gosse* (1).

Ar...in avait du prestige; maintenant les sublimes se vouent à *la jaune et à la blanche*, il n'y a que la plèbe pour se jeter sur le *vitriol*. Lui, le grand Ar...in, il ne sortait pas du *saladier* (2), ça vous retapait un homme (3).

Nous n'avons plus que des roitelets; le grand règne est passé; mais, si nous n'avons plus la qualité, nous avons la quantité, ça compense, hélas!!!

Le vrai sublime se reconnaît facilement à son linge dégoûtant, à ses souliers éculés et percés, à sa voix caverneuse, enrouée ou râleuse, à son haleine de trois-six. Quand vous lui demandez où il a travaillé, il vous toise en ayant l'air de vous dire : Comment, vous ne me connaissez pas, c'est moi qui... c'est moi que... et il finit par vous dire avec un geste impossible : C'est moi qu'on appelle *Bec salé*, dit *Boit sans soif*, ou la *Chopine en bois;* ça doit vous suffire.

Si vous l'embauchez, après la première demi-journée il lui faut de la *braise*, il n'est pas Rothschild, s'il avait vingt sous dans sa poche, il ne serait pas là.

(1) Enfant.

(2) Vin dit à la française, c'est-à-dire sucré.

(3) Ar...in travaillant chez M. Pauwel, à La Chapelle, ne pouvant sortir, se fit emballer dans une caisse, le camionneur le décloua une fois dehors. Pour qu'il terminât un piston, les chefs furent obligés de lui faire un lit dans l'atelier et de le nourrir, sans cela rien. Celui qui écrirait la biographie d'Ar...in montrerait le véritable produit du sublimisme développé.

Il y a une dizaine d'années, les célèbres passaient rarement l'eau; ils se tenaient généralement dans les quartiers de Popincourt, Belleville et Ménilmontant; ils n'aiment pas les grandes *boîtes*, parce qu'ils détestent le couvent.

Quand ils ont assez de *c'te boîte*, et s'ils savent le patron poli et bienveillant, ils répondent à ses observations par les grossièretés et les insultes. Voici un exemple qui nous a été affirmé par plusieurs personnes dignes de foi : Un mécanicien parisien surprit un jour deux vrais sublimes en train de tirer une loupe derrière une machine. Il leur dit avec bonté : « Eh bien, les amis, vous voulez donc couler l'atelier, vous voulez m'envoyer à Rouen (1)? » Vexés d'être surpris, le plus *crâneur* répondit avec cet air dédaigneux et ce ton sonore tout particulier aux vrais sublimes : « Qué que ça nous f... à nous? vous n'avez qu'un atelier, vous; nous, nous en avons plus de deux cents sur le pavé de la capitale. Puis, nous en avons assez comme ça de votre abattoir de compagnons. F...-nous notre sac et notre compte, et que ça finisse. On a mangé du pain avant d'être chez vous, on en mangera encore après.

Ces arguments justificatifs sont assez curieux et font réfléchir. Et que penser de cette autre réponse d'un célèbre à un patron, notre voisin. Chagriné de voir son patron constamment dans son *atelier*, à la deuxième demi-journée il vint le trouver et lui dit : « Est-ce que vous avez l'habitude d'être toujours derrière vos hom-

---

(1) La Seine coule de Paris à Rouen; un patron qui se ruine va à Rouen.

mes? —Mais certainement, répondit le patron surpris. — Eh bien, alors faites-moi mon compte, je ne suis pas au bagne.

Paresse, pose et soûlographie sont bien le bagage des sublimes.

Le vrai sublime parle peu politique, lit rarement; quelquefois le journal, les faits divers; mais, en revanche, il écoute attentivement la lecture et surtout les commentaires de son vieux de la vieille, un ancien *dévorant* (1), fils de Dieu.

Il sait qu'on est sur le point de se f... *un coup de torchon* (2); ça le connaît, cette besogne-là; on s'en chargeait en 48, avec les mobiles.

Les sublimes en masse produiraient des héros aussi bien que des Vandales.

Isolé, il est plat, lâche, stupide et même odieux.

Un exemple : A Lyon, lors de la dernière inondation qui envahit les Brotteaux, une famille composée du père, de la mère et de trois ou quatre enfants, fut recueillie par une dame charitable qui les installa dans son salon et fit de son mieux pour apporter du soulagement à cette misère. Peu satisfaits sans doute de ces bienfaits, avant de quitter leur bienfaitrice, ils barbouillèrent les poignées des portes et des fenêtres avec

(1) Dévorant, terme du compagnonnage, qui nous a légué une petite ménagerie assez intéressante : il y avait le singe, le lapin, le renard de liberté, le loup, etc...; c'est assez logique d'avoir le dévorant. Les enfants de maître Jacques et Soubise disent *devoirants du devoir*; les enfants de Salomon prétendent que *dévorant* vient de *dévorer*, parce qu'ils préféraient *dévorer* les autres que de l'être eux-mêmes.

(2) Une lutte individuelle ou collective.

le produit qui sert à faire la poudrette. En sublimisme, voilà comme on remercie son monde.

S'il est marié, sa femme, pour lui ce n'est rien. Si c'est une *rosse*, une *carne*, c'est pas ça qui l'occupe. Quand il est obligé de sortir avec elle, il dit, le lendemain : J'ai promené ma scie, hier. Le vrai sublime ne déménage pas à la cloche de bois ; il fait mieux, il s'arrange de façon que son propriétaire lui donne de l'argent pour s'en aller.

Pour les vrais sublimes, pères de famille, si la femme les tolère, c'est pour les enfants. Ceux qui sont veufs, célibataires, ou que les femmes ont quittés, ceux-là *s'accoquinent* avec de *vieux débris*, de *vieilles rouchies*, *invalides de la prostitution*, qui n'ont pas su se faire épouser par un fils de Dieu ou un sublime des sublimes, quand elles étaient jeunes. Elles retombent sur le vrai sublime, comme ils sont dignes les uns des autres ! A part les **Te Deum raboteux**, tout va bien.

Nous en connaissons un qui a quarante-huit ans, qui est très-valide et qui vit sur le travail de son fils ; c'est vraiment pénible de l'entendre dire : « C'est chouette d'avoir un garçon, on n'a plus besoin de travailler, il nourrit son petit papa. »

Nous ne pouvons terminer ce chapitre sans dire quelques mots du prestige que quelques vrais sublimes conservent auprès des autres. Le prestige des anciennes capacités a bientôt disparu quand on les voit travailler. Mais cette stupide gloriole que les travailleurs accordent aux forts à bras, et surtout cette admiration hébétée qu'ils professent pour les gros mangeurs et forts buveurs, fait jubiler les célébrités. Ainsi, le *Verre à cha-*

pine doit sa célébrité à un estomac énorme, dans lequel il peut introduire à chaque tournée une chopine de vin.

Ceux qui ont entendu parler des *Rince-pintes* (1) et raconter leurs prouesses, ont dû être péniblement affectés du récit de leurs hauts faits.

Pour être un *rince-pintes*, il fallait boire à la régalade une pinte ou deux litres en deux minutes. On nous a assuré que la *Chopine en bois* buvait un broc de cinq litres dans le même temps ; de là son nom.

Quand les *rince-pintes* étaient réunis, on proposait des aspirants. On devine facilement les conséquences de ces fameux examens.

Voici une manière de devenir célèbre dans la mécanique :

Un sublime, chauffeur dans une compagnie de chemins de fer, fut un jour dîner avec son mécanicien, à table d'hôte, dans une petite ville où se trouvait le dépôt. Dans les petites villes éloignées de Paris, pour deux francs on mangeait à gogo (c'était à Laval). Notre sublime et son compagnon arrivèrent à la fin du dîner. On rapporta les plats, il y avait pour donner à dîner au moins à dix personnes. Ils furent absorbés avec une telle rapidité que quand ils passèrent au comptoir pour solder l'hôtelier, celui-ci regardait dans leurs poches pour s'assurer s'ils n'y avaient pas enfoui des provisions. Le mécanicien était confus, lui qui mangeait peu.

Le lendemain, étant sur la machine, dans une petite gare, ils virent des porcs en chargement ; notre *dévo-*

---

(1) Association sans statuts écrits, dont les assemblées générales étaient très-suivies, et dont le but était l'antipode de la tempérance.

rant dit à son mécanicien : « Si nous tenions seulement ce petit'là, je le ferais rôtir et avant d'arriver au dépôt il n'en resterait plus. » Le mécanicien raconta aux autres que son chauffeur avait le *ver solitaire* et que son met favori était le porc. Un loustic lui proposa un pari qui fut tenu. Le lendemain, il mangea quatorze livres de lard et trois ou quatre livres de choucroûte, du pain à l'avenant, et but trois litres de vin. Quand il eut fini, il alla à la cuisine, vit un poulet à la broche et proposa de le manger, si quelqu'un voulait le payer ; personne ne soutint la proposition. Huit jours après, le plus infime graisseur connaissait le *Ver solitaire ;* sur toute la ligne on se le montrait. Il fallait voir comme il se rengorgeait, c'était à qui lui offrirait quelque chose pour l'entendre dire tout ce qu'il mangeait. Il était arrivé à de telles proportions pantagruéliques que personne ne voulait parier. Il n'avait plus qu'à se draper dans sa célébrité.

Voilà les occupations des sublimes. Triste, bien triste.

Et encore, quand ils ne font que cela, ce n'est que triste. Mais oui, mais...

Les vrais sublimes sont de fâcheuses individualités qui compliquent la question sociale ; la maladie qui les domine est incurable.

VII

LE FILS DE DIEU

Le poëte a dit dans son admirable refrain :

Enfants de Dieu, créateur de la terre.....

Enfants, c'est paternel; mais le sublime a trouvé la distance trop grande, les théories l'ont grandi, il s'en croit, il n'est plus enfant, il est fils de Dieu, c'est plus près, très-bien, saluez *le fils de Dieu*.

Le qualificatif sublime employé pour désigner les trois types que nous venons d'analyser signifie abrutissement, dégradation; peu ou point de vie intellectuelle.

Les deux derniers types que nous donnons sous le nom de *sublimes de Dieu*, au contraire, brillent par le côté théorique; ce qui n'empêche rien au discours, c'est que le sublime de Dieu descend souvent aussi bas que le vrai sublime, seulement d'une autre façon.

Dans ce genre de sublimisme, nous avons certaines

apparences, la base principale, théorie, éloquence, en un mot, solution des problèmes sociaux.

Le fils de Dieu fait de deux cent soixante à deux cent soixante-dix jours de travail par année, se tient généralement propre, endosse le paletot.

A de très-rares exceptions près, il est très-bon ouvrier et chargé de la direction d'un travail; c'est le pendant, à l'atelier, de l'ouvrier vrai.

Il lit le journal tous les jours et commente les faits politiques.

Il est presque toujours orateur.

Il n'a pas la vantardise du *vrai sublime*, ce n'est pas ce genre de pose qu'il lui faut, un air profond, méditatif, inspiré, voilà la sienne. Les autres l'écoutent comme un oracle quand il parle politique; il a toujours l'air de rêver la solution des problèmes sociaux.

Le matin, il prend le vin blanc, quelquefois la soupe au fromage.

Il ne mange pas toujours dans la salle avec les autres, il va dans le cabinet avec les sublimes des sublimes. Il ne se soûle pas devant le comptoir, c'est à table qu'on se fiche *un coup de figure* (1).

C'est lui qui dit au sublime que s'il *se pique le nez, il se le pique proprement* (2); il est moins ivrogne que les sublimes, il ne travaille pas sur le comptoir comme eux; il s'occupe plus de politique que de manique.

Il est sincère dans ses convictions; bonne chose dans

(1) Coup de figure, coup de fourchette, balthazar, repas fortement sablé.

(2) Se piquer le nez, se soûler.

ce siècle de caoutchouc; il a une foi inébranlable dans ses moyens régénérateurs.

Il y a de l'étoffe du martyr dans le fils de Dieu; il ne reculerait devant rien pour appuyer sa foi politique, il paierait de sa personne.

C'est vraiment superbe, ce grand sentiment, ce courage, cette bravoure puisée dans ses convictions; c'est le fait d'un bon citoyen. Mais alors, pourquoi classer les fils de Dieu dans les sublimes?

Il y a dans les trois types d'ouvriers, de ces natures énergiques, de ces hommes à profondes convictions à grand dévouement, qui ont cherché dans leur conscience, dans le raisonnement, les bases de cette foi et qui exécutent, en un mot, qui mettent en pratique leur théorie.

Le fils de Dieu, au contraire, ne prêche jamais par l'exemple, ce n'est pas un philosophe, c'est tout simplement un homme de parti et d'action; toute sa théorie est un appel à la force et au changement. Il ne comprend pas que l'on fasse une tranchée avec la pelle, la pioche et la brouette; c'est avec la mine qu'il faut travailler.

Laissez-nous vous raconter ce que nous avons éprouvé et vous jugerez. Rien n'est concluant comme les exemples.

En 185..., nous avions vingt ans, nous travaillions en compagnie de deux de nos camarades dans un atelier de Paris. Dans une équipe voisine de la nôtre, il y avait un fils de Dieu comme chef monteur; un homme superbe, une tête remarquablement belle, cheveux noirs bouclés, grande barbe de même couleur;

grand, fort, bien taillé, il pouvait avoir de trente-
quatre à trente-six ans, la voix un peu forte, l'élocution
facile. Joignez à cela une conviction puisée dans les
événements qui venaient d'avoir lieu plutôt que dans
l'étude : homme de parti et d'action par excellence.

Un camarade de l'atelier vint à mourir, nous l'assis-
tâmes au cimetière ; après le pain et le fromage nous
descendîmes sur le boulevard. Chemin faisant, notre
orateur nous assaisonnait de théories et de paraboles
évangéliques, avec un ton déclamatoire ; il nous racon-
tait tous les événements, les dévouements, les trahisons
des hommes politiques de l'époque, les dangers qu'ils
avaient courus, il enfourchait la théorie de la fraternité,
il avait une mémoire prodigieuse, il nous citait des
pages entières des philosophes, et les discours des
hommes de 93. Nous pouvons affirmer que ses choix
étaient bien faits. Nous l'écoutions religieusement,
dans ces moments, nous le considérions comme un
apôtre.

Arrivés à la Bastille, l'un de nous propose d'aller
dans un café où nous pourrions rencontrer des connaissances. Le fils de Dieu, redevenant mondain, nous dit
qu'il y avait laissé une queue d'une trentaine de francs,
que ça serait une histoire. Il proposa d'aller dans une
autre maison qu'il avait fréquentée dans le temps,
même qu'il avait fait un enfant à la bonne. Nous lui
demandâmes ce qu'il avait fait de cet enfant.

« Je ne sais, je crois qu'elle l'a mis au *clou* (1). »

_____

(1) Enfants trouvés.

Dire l'effet que nous firent ces deux révélations, à nous, jeunes, ardents, généreux, serait difficile.

Plus d'apôtre, plus de prestige; nous qui croyions voir le Christ en personne, nous ne voyions plus qu'un sublimé; le voile était tombé, cette belle figure nous parut odieuse.

Les jeunes convictions n'admettent pas de tache.

Le fils de Dieu fait de temps en temps des *poufs*, il cherche à pallier ses fautes par des théories à lui :

« La classe ouvrière n'est pas rémunérée suivant les services qu'elle rend.

« C'est dégoûtant, on ne travaille à présent que pour son propriétaire; lui, il tire toujours *le diable par la queue.*

« Dire qu'il a tant enrichi de patrons; il en connaît qui portent des bas de soie, qui lui doivent bien le fil. »

Voilà ce qui autorise à ne pas payer ce qu'on doit.

Lisez la correspondance trop historique d'un fils de Dieu à un de ses amis. Il était contre-maître dans une fabrique des environs de Paris; le patron ne connaissant pas la mécanique, avait toute confiance en lui :

« Mon vieux de la vieille,

« J'ai appris ton adresse par l'ami *Double-tent*. Tu sauras que je suis garde champêtre à V........., Je suis en train de couler mon patron. Je t'écris pour que tu viennes m'aider. Je compte sur toi, prends le chemin de fer du Nord; je t'attends lundi. nous écornerons le *quand est-ce.*

« A toi à moi la paille de fer, les gueules noires ont toujours des amis.

« Émile D....... »

7

Nous pouvons vous assurer qu'ils s'en acquittèrent dignement et la confiance fut justifiée. Plus tard, il devint patron et termina son existence en laissant une faillite de quatre cent mille francs après avoir avili les prix de la partie qui ne s'en relèvera peut-être jamais. Que pensez-vous de l'administration de la richesse publique dans de pareilles mains?

Il est goailleur et éreinteur; il mène bien la blague contre le gouvernement. Quand une batterie d'artillerie passe, il dit aux autres : Hé! François, Théophile, voilà l'outillage à *Badingue*, les machines agricoles du môssieu. Les Saint-Cyriens sont de l'acier en barre (1), les Cent-Gardes sont des pointes à tracer.

Il lit les ouvrages politiques, *les Châtiments, les Martyrs de la liberté* par Esquiros, *la Révolution* par Louis Blanc, *l'Icarie* de Cabet, *Napoléon le Petit*. Il ne comprend rien au système de Proudhon, « c'est peut-être bon, mais il ne l'aime pas, il éreinte ses amis. »

Il lui faut des livres qui excitent, plutôt que des livres qui instruisent, il lui faut du poivre moral qui monte. Quelle différence entre cette conviction et celle d'un ouvrier qui a lu ou s'est fait expliquer le jeu des associations, des sociétés coopératives, de secours mutuels, d'assurance en cas de maladies, d'accidents, ou sur la vie! l'un comprend, l'autre s'exalte.

Remarquez qu'il est très-dangereux pour ses amis mêmes; quand il s'agit d'organiser quelque chose de durable, il n'entend rien, il voit des ambitieux et des traîtres partout; il faut les démolir; il est le démolis-

(1) On fait des outils avec de l'acier.

seur par excellence; dans une association, par exemple,
le gérant est toujours un filou et un *faignant*, il faut le
balancer; et cette audace énergique devient très-redou-
table. Les deux ennemis les plus dangereux des associations sont les fils de Dieu et les descendus. Les
associations qui ont prospéré ont été forcées de les
éliminer.

Il ne connaît qu'une question, la question politique;
il ne s'occupe guère de la question sociale. S'il est un
danger parmi les ouvriers, il en est un non moins
grand pour les réunions publiques ou comités démocratiques quelconques.

Si vous différez en quelques points de ses idées, soi-
disant très-avancées, les invectives audacieuses vont
leur train; et, si ses sorties farouches sont appuyées
par quelques amis, il tente de vous faire passer pour
un traître.

Son air lugubre et l'étalage de biceps formidables
vous font comprendre que la raison et la discussion ne
sont plus en question.

Il lit le journal et surtout très-ardemment les articles
et brochures venant des exilés.

Le fils de Dieu jeune est généralement célibataire,
la famille est une chaîne qui le gênerait; mais en
revanche, un grand nombre pratiquent le concubinage.

Ils se fréquentent entre eux, rient volontiers des
farces et de la dégradation de certains vrais sublimes.

Quand ils sont réunis, le fond de la conversation est

toujours la politique; ils sont plus expéditifs que le conseil d'État.

On décrète toujours et pour tout, on fait des lois ; les lois, voilà le moyen.

On refait la carte d'Europe, on proclame la fraternité universelle, les peuples sont pour nous des frères. Boum !...

Le fils de Dieu a une grande influence sur les autres ; c'est, pour ainsi dire, l'âme d'un atelier, les admirateurs sont là pour appuyer.

Il a une énergie farouche pour tout ce qui touche aux droits.

Si l'on convient de prendre une mesure vis-à-vis d'un patron, et qu'un ouvrier vrai fasse de modestes observations, « c'est un *mufe*, un *peloteur* : c'est vexant de se sacrifier pour des propres à rien pareils. » Dans la classe laborieuse les muscles posent autant que les capacités. Dans les discussions, la menace sert de conclusion.

Il aime les jeunes, — ils ne le contredisent jamais, — et il les protége, il leur dit : « Allons, républicains en coquille, vous êtes l'avenir du peuple. »

Ils ont des droits, ils les veulent ; des devoirs, on n'en parle jamais.

Il aime les grandes phrases, pratique la parabole ; il a sans cesse à la bouche des mots dont il abuse : solidaire, égalitaire, paupérisme, salariat, collectivisme, prolétariat, humanitaire, etc., il fait surtout grand étalage de Liberté, Égalité et Fraternité, et du fameux « peuple souverain. »

Il bat des mains à outrance quand il entend un

orateur terminant son discours, s'envelopper dans les glorieux plis du drapeau du peuple.

Quand il discute, il prend le ton déclamatoire, sonore : et en avant les phrases et les mots : « L'avenir est dans les préceptes, les grands principes. — Les dépositaires de la puissance exécutive ne sont pas les maîtres du peuple. — Les prolétaires sont courbés sous le joug, les inutiles vivent de leurs sueurs. — La solidarité des nations doit amener la paix universelle et rendre l'exploitation de l'homme par l'homme impossible. — Par la suppression du sabre, les peuples affranchis se confondront dans un embrassement fraternel et se reposeront dans l'harmonie. »

Il parle du droit au travail (1), aussi sacré que celui de vivre.

Il veut que tous se corrigent de leurs vices : quand on aura tout ce qu'il demande, il fabriquera les mœurs comme il aurait fait les lois, à coups de décrets. Si vous lui faites observer que ça n'est pas aussi facile :

« Ça ne fait rien, voilà ce qu'il veut ; démolissons, nous verrons ensuite. »

Son fort c'est la loi, le décret, la force en un mot. Les géants de 93 ont fait comme ça, voilà tout.

Le fils de Dieu a l'air si profond, si convaincu, qu'il doit être dans le vrai, les sublimes l'admirent, il a du prestige et une influence énorme sur eux.

Voici un exemple qui en dira suffisamment :

Lors du crime de décembre 1851, le soir, à la barrière Poissonnière, nous étions réunis six ou sept

_____

(1) Il ne sait pas au juste ce que c'est.

cents; une grande voiture de transports de décors vint
à passer; la jeter en travers fut l'affaire d'un instant;
le charretier se mit à pleurer, disant qu'il serait obligé
de payer. La générosité saisit la foule, on releva la voiture. Nous vîmes là pour la première fois la puissance
du flot humain.

Pendant que le charretier attelait, survint un superbe
fils de Dieu escorté de trois ou quatre sublimes et ouvriers, ses admirateurs. D'une voix sonore et d'un ton
menaçant, il demanda qu'on lui fît voir le roussin qui
avait eu l'audace de faire relever la voiture. On lui dé-
signa un individu. Sans commentaire aucun, d'un formidable coup de poing qui fit jaillir le sang, il renversa
le soi-disant mouchard; puis se retournant brusque-
ment et d'un ton de commandement, il ordonna au
charretier de dételer ses chevaux. On culbuta de nouveau la voiture; les six cents spectateurs obéirent sans
dire mot. Cet exemple donne la mesure de la puissance
du fils de Dieu.

Il n'aime pas la contradiction et il met fin à la discussion s'il vous sait d'un avis contraire, et surtout si
vous débarrassez son discours des phrases pompeuses,
pour le tenir sur le terrain des choses possibles. Mais
si vous enfourchez un dada à effet et que vous poussiez
à la phrase prophétique, il vous écoute religieusement,
après il vous écrase les doigts de contentement : « Il
ne vous savait pas ainsi, il vous demande pardon de
vous avoir méconnu; à la bonne heure, vous êtes un
bon. »

On rirait presque si on ne savait que tout cela a un
fond excessivement sérieux.

Le fils de Dieu ne marche pas en hercule comme le vrai sublime, il a toujours l'air sombre et préoccupé; il ne fera pas le crâneur en paroles, mais il cognera dur.

Dans la semaine il aime, dans la mécanique, le costume complet en velours, la grosse chaîne en or est de mode. Le dimanche, il se met bien, ne fait pas étalage du titre d'ouvrier. Si un sublime le rencontre dans cette tenue, le fils de Dieu feint de ne pas le voir et passe sans le saluer. Le lendemain, le sublime lui dit : « T'es rudement fier, toi, tu ne m'as pas salué parce que j'avais une blouse, des démocs comme ça il en pleut, et à verse. » Il est excessivement sensible à ce reproche : « Il ne l'a pas vu, sans cela il sait bien que ses amis sont toujours ses amis plutôt en bourgeron qu'en paletot, »

Comme il gagne plus d'argent que les sublimes, il fume le cigare, prend son gloria, fait la partie de piquet et le carambolage (1).

Le dimanche soir il va au bal *aux Barreaux verts*, à *la Réunion*, à *l'Élysée* ou chez *Dourlans*, chez *Constant* ou *au Bourdon*. Il a pour maîtresse la *Malle des Indes*, une blanchisseuse de Chaillot. Il y a une grande affinité entre le mécanicien et la blanchisseuse.

Il a baptisé toutes ses maîtresses de noms de mécaniques, machines ou autres : il a eu le *wagon à bestiaux*, la *Diligence de Lyon*, la *Bonbonnière Domange*,

----

(1) Il y a vingt ans, le travailleur se rendait à la guinguette, il jouait aux boules, maintenant on a quitté le pichenet pour le gloria et le bock, les boules pour le billard; le café a remplacé le marchand de vins. C'est du progrès bonapartiste.

le *Hanneton ravageur*, la *Tulipe orageuse*, la *Puce qui renifle*. Il chauffe depuis quelque temps la *Poule perdue*, une belle brune qui est la maîtresse d'un *peintre en tire-lignes* de l'atelier. Il l'aura, seulement, voici le terme : « Il faut laisser financer le *père Douillard* (1), un tailleur en retraite qui l'a mise dans ses meubles, ça ne l'inquiète pas, elle *le gobe* (2), elle veut balancer le *dessinandier* (3). Il pose pour le don Juan, il est encore jeune, dans quelques années, vous le rencontrerez avec un vieux *débris* qui l'aura maté.

Pour lui le mariage est une tyrannie sans le divorce. Il aime mieux le genre des Mormons, les enfants sont les enfants de la patrie.

Cependant là-dessus il n'est pas bien convaincu, c'est une théorie appropriée pour excuser sa conduite.

Il a toujours des dettes, paie quand il ne peut pas faire autrement, sait très-bien entortiller un marchand de vins pour avoir crédit. Si après deux quinzaines le marchand de vins lui réclame son dû en lui manifestant un besoin d'argent, il lui répondra : « Si tu as besoin d'argent, fais comme moi, *faignant*, travaille. »

Si ses fournisseurs le harcellent, il les apostrophe, de suite, le coup de poing en avant. Si avec eux il menace plus qu'il n'exécute, il n'en est pas de même avec les ouvriers de l'atelier; s'il apprend qu'un ouvrier a pris un travail qu'il a refusé ou qu'un de ses amis n'a pas

(1) L'entreteneur-payeur, la douille, c'est l'argent.
(2) Gober, avoir un béguin, signifie de la part d'une femme qu'elle a un caprice pour l'individu.

voulu faire, à la sortie le coup de tampon marche, et c'est au nom de la liberté qu'on éreinte le soi-disant *mufe*. Il y en a qui vont jusqu'à se faire embaucher dans un atelier pour avoir l'occasion de tamponner le contre-maître qui, d'après les autres, est une canaille.

Nous en connaissons qui sont allés dans un établissement pour *moucher le singe;* mais le patron, homme énergique, et prévenu, les obligea à respecter ses règlements et à suivre la loi de l'atelier, prêt contre toute attaque à découronner ces sublimes défenseurs du droit. Ils se retirèrent bafoués par les autres devant lesquels ils avaient fait la pose à la justice.

N'est-il pas pénible d'entendre constamment dans la bouche de ces individus les mots de liberté et fraternité? N'est-on pas révolté quand on songe aux DIZAINES, cette société farouche qui se chargeait dans les ateliers de faire tout le mal possible aux ouvriers soi-disant aristos? Ils étaient dix par atelier, et il fallait que le travailleur voué à leur haine disparût. Si celui-ci quittait un atelier et qu'un des membres sût qu'il était entré dans une autre maison, vite le mot d'ordre aux amis; s'il n'y en avait pas, ils allaient jusqu'au patron le dénoncer comme mouchard, incapable et même canaille. Et c'est au nom de la fraternité qu'ils pratiquaient cette démocratie pacifique à coups de tampon et de délation.

Ne vous monte-t-il pas des nausées quand vous entendez ces régénérateurs de la société glorifier le sublime qui aura mis de l'émeri dans le *presse-étoupes* (1)

(1) Le presse-étoupes est l'organe qui empêche la vapeur de sortir.

de la machine à vapeur, ou féliciter le chauffeur qui, en quittant, aura mis un chiffon dans le tuyau de la pompe alimentaire? Et cette mise à l'index de telle ou telle maison parce que le patron a de l'ordre et que son travail est organisé? N'est-ce pas triste de subir de pareils égarements?

Quelle éducation les travailleurs ont à faire pour comprendre que le coup de poing n'est pas une solution, et que pour avoir raison et justice, il faut autre chose que de bons biceps. Quels magnifiques résultats produirait cette influence, si elle était employée non à approuver les infamies et les lâchetés, mais à stigmatiser toutes les turpitudes des paresseux, des ivrognes et des lâches.

Les fils de Dieu sont les assidus des réunions publiques et électorales; cet emploi de leur temps est très-bon assurément, mais à une condition, c'est qu'ils s'y instruiront.

Généralement ce n'est pas ce désir qui l'entraîne, c'est la passion, la passion exaltée.

Si un orateur parlant contre une théorie sociale émise dans le sens du bien-être instantané, est interrompu par une apostrophe brutale, grossière, où la personnalité est mise en jeu, soyez sûr qu'elle viendra d'un fils de Dieu. Si, au contraire, un orateur réformateur expose des théories qui ne vous paraissent pas réalisables, et que vous l'interrompiez pour mettre en doute le système, aussitôt une figure crispée vous lance des éclairs et des injures qui se terminent toujours par le compliment d'usage : A la porte le mouchard.

Depuis une soixantaine d'années la police a fait de la politique sa principale occupation, et elle a déployé dans ce rôle un savoir-faire exceptionnel qu'on aimerait voir appliqué aux malfaiteurs.

Les travailleurs principalement ont été victimes de la trahison de la part de leurs camarades. De là une méfiance exagérée; pour eux, un sergent de ville est un mouchard; tous les employés de la préfecture sont des mouchards, les commissaires de police ne sont plus considérés comme magistrats, mais comme des mouchards, surtout depuis le 2 décembre, où un si grand nombre se sont prêtés avec passion à la perpétration du coup d'État.

Aussi la plus terrible accusation qu'on puisse lancer contre un ouvrier, c'est de le faire passer pour un mouchard.

Celui sur qui plane un tel soupçon est honni dans tous les ateliers.

Nous entendions un jour un fils de Dieu nous dire : Vous savez : sur la place du Carrousel, il y a deux ronds, eh bien! quand nous aurons la république, on érigera deux obélisques, l'un au 18 brumaire, l'autre au 2 décembre; on inscrira en lettres de deuil ceux qui les ont faits, puis les noms de tous les mouchards qui ont trahi leurs camarades.

Pour lui le dernier point était le plus essentiel.

Quoique très-méfiant, le fils de Dieu est simple, il voit des mouchards dans ceux qui le contredisent, et il fait un triomphe à ceux qui exagèrent ses idées et le poussent en avant dans l'action.

Il n'a pas encore compris ce jeu intelligent.

Pour lui le contradicteur est un ennemi, l'*exagéreur* ou le lanceur est un ami.

Là où la passion domine, la raison et la vérité ne peuvent se faire jour. C'est triste! bien triste!!!

VIII

LE SUBLIME DES SUBLIMES

Ce dernier type est le type d'élite. Le fils de Dieu marche à coups de décrets, le gouvernement est transformé en machine à décréter, à jet continu. Le sublime des sublimes, plus réfléchi, est l'homme de principes, il enfante des théories : théories politiques, économiques, sociales. Il les expose avec emphase, les défend avec conviction; dans la mécanique, il est généralement dans les bureaux.

Ils sont les grands-maîtres des travailleurs, touchent aux hommes politiques, aux influents.

Quelques-uns sont prud'hommes; on en présente à la députation. Un des côtés les plus curieux des sublimes des sublimes, c'est qu'ils se croient tous des législateurs consommés, capables de faire des lois; les questions les plus difficiles ne les épouvantent pas. Le sublime des sublimes a beaucoup lu, il croit ce bagage suffisant pour faire un orateur, légiférer et voter; il n'étudie aucune question à fond, il discute toujours des points généreux; si vous lui dites que pour être représentant, il faut être instruit, avoir une grande expé-

rience des affaires, des besoins du pays : « Voilà bien
une grande difficulté, il fera comme les autres. »

Nous sommes convaincu que sur cent sublimes des
sublimes, quatre-vingt-dix-neuf accepteraient la députation. Doutez donc de l'avenir.

Le sublime des sublimes n'a guère de relations
qu'avec le fils de Dieu; mais il est plus coulant, plus
instruit, plus parlementaire et moins violent que ce
dernier; il raisonne mieux, il apporte dans ses discussions plus de sang-froid, moins d'enthousiasme; ses
conclusions sont moins accentuées, ses convictions, plus
élastiques; c'est le prophète, le savant, le législateur
des problèmes sociaux; le fils de Dieu est l'exécutif. Il
est bien au courant de la politique intérieure et extérieure; pour l'intérieur, les solutions ne manquent pas;
pour l'extérieur, il est encore moins embarrassé. D'a-
bord on reconstitue la Pologne et on crée un grand
État scandinave pour museler le despote moscovite; on
fait de la Prusse et de toute l'Allemagne une république
allemande; on réunit sous le nom de république hon-
groise la Hongrie et toutes les provinces danubiennes,
on renvoie les musulmans à La Mecque et le pape à
Jérusalem (1). Quant à l'Angleterre, si elle bouge, on
débarque cent mille hommes dans l'Inde et on en fait
un État indépendant; ils seront les camionneurs du
monde. L'Amérique sera le grand marché universel.

D'autres, plus radicaux, parlent de la fraternité des
peuples, de la république universelle, ou de la fédération des républiques européennes. C'est un bon senti-

(1) Ou au diable.

ment qui leur dicte tout cela; mais malheureusement
ils ne reculeraient pas devant un bouleversement de
toute l'Europe pour y arriver.

Quant à la politique intérieure, son radicalisme n'est
pas moins accentué : « Toutes les lois sont à refaire,
si on les viole, c'est parce qu'elles sont mauvaises. »
— Si vous lui dites qu'on ne respecterait pas plus celles
qu'il ferait; il vous répond avec un imperturbable sang-
froid : « Et Cayenne? » — Si vous l'émoustillez avec
un ton un peu vert, il s'anime : « Le travailleur n'est
pas seulement autant que les citoyens; il est plus, il est
le premier, les autres des frelons. — Nous sommes sous
une tyrannie tibérienne. — Tant que nous n'aurons pas
la liberté de la presse, le droit de réunion, l'organisation du travail, l'égalité des salaires, la répartition des
bénéfices, la suppression du militarisme, la fraternité
des peuples, l'abolition des priviléges, des titres et des
monopoles, et le divorce, nous serons sur un volcan et
le peuple pourrira de misère. »

Le sublime des sublimes ne paiera pas de sa personne, à moins qu'il ne soit pris entre sa vanité et sa
lâcheté; c'est bon pour des imbéciles d'aller se faire
pincer ou démolir; ses armes sont la médisance, souvent la calomnie et toujours l'éreintement.

La question sociale fait également l'objet de ses préoccupations habituelles. Il y a trois lèpres sociales qui
rongent la société; elles sont capitales : le sabre, la
soutane et la toge. Il les explique avec exemples à
l'appui.

Il étudie la commune sociale, les syndicats d'ouvriers,
mais conclut toujours à l'éreintement du gouvernement.

Certes, le gouvernement actuel a bien mérité toutes ses
colères, mais ce que nous tenons à montrer, c'est l'éreinteur quand même.

Si le gouvernement de la République arrivait, il l'at-
taquerait de même, à moins qu'il n'eût obtenu de lui
des satisfactions; et encore il les lui faudrait pleines et
entières, et comme il les entend. Mais il ne le fait pas à
la façon du fils de Dieu. C'est lui qui vous racontera la
mort d'Orfila, le duel de Saint-Arnaud, les scandales
financiers, les turpitudes d'alcôve, les histoires d'expro-
priation, les achats de conscience; le tout brodé avec
une imagination fiévreuse et arrangé de manière qu'il
en reste toujours une mauvaise impression. Tout ce
qu'il avance, il le tient, dit-il, d'une personne bien
placée pour le savoir. Il raconte tout cela aux fils de
Dieu, qui le communiquent avec la rapidité de l'étin-
celle électrique. Les ouvriers et sublimes se font une
opinion sur nos gouvernants avec ces histoires. Passe
encore quand elles sont vraies; mais quand elles sont
mensongères, fausses!... N'a-t-on pas dit que Lamartine
avait rempli ses poches? Il a fallu vingt ans aux travailleurs pour s'apercevoir de la calomnie.

Les sublimes des sublimes et les fils de Dieu sont
des autoritaires par excellence, si vous faites mine de
ne pas vouloir vous soumettre à leurs conceptions mises
en action.

Pauvre liberté, comme elle est malmenée! les moyens
expéditifs sont bientôt en jeu. Si par hasard un sergent
de ville lui a enjoint, peut-être brutalement, de ne pas
invectiver les cochers qui marchaient pendant la grève,
que d'imprécations, quelle tempête dans cette tête, les

mots ne sortent pas assez vite, le droit est violé dans sa personne. Non, beau citoyen ; vous n'avez pas le droit, au nom de la sainte liberté que vous chantez, de huer et de cribler de pierres les cochers qui n'ont pas voulu se mettre en grève. S'il y a un violateur de la liberté, c'est vous.

Du moment que vous ne l'approuvez pas, vous êtes un repu, un satisfait, un tyran en paletot et en bottes vernies. Il n'y a que lui qui est démocrate pur et sincère ; il invoque le « Notre Père » et le « Pardonnez-nous nos offenses. » Si vous lui rappelez son « Et Cayenne ? » Dame ! on ne peut pas faire d'omelette sans casser d'œufs.

Il est l'apôtre des réunions publiques et électorales. Il y a dans ces assemblées des ouvriers qui parlent très-bien, exposent même très-clairement leur système ; mais lui, malheureusement, il mène toujours de front l'argument qui instruit et l'éreintement qui démoralise.

Nous avons assisté à beaucoup de réunions de ce genre ; sur dix orateurs, neuf au moins ont eu les triomphes de la salle, pour avoir éreinté non pas le gouvernement, ce qui se serait compris, mais des démocrates. Un esprit simple et droit sortait de là avec le mépris le plus profond pour tous les hommes de la démocratie indistinctement, même pour ceux qui se sont dévoués à la cause républicaine depuis quarante ans.

Les sublimes des sublimes se croient et se proclament les seuls purs, les seuls dévoués ; eux seuls sont les amis du peuple.

Les réunions publiques sont un des moyens les plus actifs pour éclairer les travailleurs ; débarrassez la loi

de toutes ses entraves, laissez la liberté pleine et entière;
qu'il s'en tienne à Paris mille tous les jours, dans six
mois on dira de bonnes et instructives choses. Les sublimes ne lisant pas, ils écouteront. La tribune deviendra
moralisante; on a toujours parlé des droits, on parlera
aussi beaucoup des devoirs. Les bons bourgeois (1) qui
s'effraient quand ils lisent les comptes rendus, souvent
tronqués, devraient assister à ces réunions; ils verraient
qu'elles ne sont pas aussi dangereuses que les encenseurs de la presse officielle veulent bien le dire, malgré
le peu d'habitude de ceux qui les fréquentent. Nous,
les tyrans en paletots et en bottes vernies, nous voulons
une tribune qui instruise, qui moralise; qui, au lieu de
faire l'apologie des sublimes, les ramène au travail et à
la tempérance; une tribune où l'on démontre tous les
avantages, les bénéfices des associations, des coopérations, des syndicats, des sociétés de secours, d'assurance; une tribune où l'on prêche l'entente, l'union;
une tribune où l'on puisse clouer au pilori ce sublime
des sublimes qui n'a plus de respect pour la vertu; une
tribune enfin que l'auditoire fera respecter. Alors on
n'entendra plus de sottises de ce genre. Un vrai sublime
a la parole :

« Citoyens! voilà déjà bien longtemps qu'on f...
vingt-cinq francs aux représentants, quinze mille francs
aux archevêques, douze cents francs aux sergents de
ville, et à nous on ne nous f... rien.

« Je demande... *(Vive interruption.)*

_____

(1) La petite ploutocratie est peureuse; néanmoins, ses sentiments
sont démocratiques. La grande ploutocratie est féroce et implacable :
au seul mot de république elle entre en fureur.

« Un Aristo. — Je demande qu'on f... le citoyen orateur à la porte. *(Hilarité générale.)* »

Et cet éreintement plus récent :

Un sublime des sublimes est à la tribune.

« Citoyens! à cette tribune, le citoyen Gambetta, votre idole d'il y a six mois, était rouge, il est devenu blanc à Marseille, et nous, nous en avons été tous bleus. Vouons-le au mépris de la grande démocratie française. *(Tonnerre d'applaudissements.)*

Plus de tribune de l'éreintement, où le citoyen A..., collectiviste, abîmera le citoyen B..., démocrate, et où le citoyen A..., à son tour, sera démoli par le citoyen C..., hébertiste, qui tous ensemble seront appelés mouchards par un fils de Dieu. Nous la repoussons, cette tribune malsaine qui prêche la haine, la dissension; et sincèrement on se demande où veulent en venir ces pitres de l'ambition avec cette démolition mutuelle.

Le jour où les travailleurs sauront écouter et faire respecter la tribune, ce jour-là, un des plus grands leviers sera acquis pour la solution du problème tant réclamé. La parole a une chaleur qui manque à l'écrit.

Continuons l'examen de notre type.

Le sublime des sublimes est généralement convenable dans sa mise et dans ses conversations.

S'il ne vit pas en concubinage avec une *ex-irrégulière de Breda-street* (1), il est le *dessennuyeur* (2) d'une de ces effrontées du même quartier, gourgandines pour lesquelles vous voyez tant d'imbéciles prodiguer des

---

(1) Rue Bréda, ce quartier est plus spécialement habité par les marchandes de plaisirs en soie et dentelles

(2) Dessennuyeur, pour ne pas dire autre chose.

attentions, des politesses et de l'argent, de quoi désespérer une jeune fille honnête de ne pas s'être jetée dans cette prostitution gantée.

Le sublime des sublimes ne brille pas par la délicatesse ; n'avez-vous pas envie de vomir quand vous l'entendez vous dire qu'il est l'amant de cœur d'une jolie *rouchie* (1) des grands quartiers, qui paie sa pension : un soir, il était chez elle ; *le béquillard* (2) étant arrivé, il avait passé la nuit dans une alcôve ; mais le matin il avait repris ses droits ; afin de lui témoigner sa reconnaissance, elle lui avait donné la chaîne d'or qu'il porte.

Ce personnage est connu, direz-vous, c'est le *souteneur de filles, en bottes vernies?* Non, pas du tout ; beaucoup de ces individus sont dans le travail, ils sont bureaucrates, calicots, dessinateurs, chapeliers, coiffeurs, cordonniers, peintres en décors ou autres ; ce qui n'est pas la même chose. Et remarquez que ceux qui sont dans ce cas, se font les puritains acharnés de la dignité et du sentiment.

De vingt à trente ans, le sublime des sublimes est don Juan, avec ou sans argent ; il fréquente les grands bals : *Mabille, Asnières,* le *Casino,* etc. Il est bien mis, danse et valse à ravir ; aussi les célébrités le recherchent, il aide à leur triomphe. Écoutez-le vous dire que *Faurelle, Souris, Alix la Provençale,* même *Rigolboche* (3), oui, la grande *Rigolboche* sont venues le solli-

---

(1) Rouchies, ponifs, en sublimisme savant, cocottes, grues ; pieuvres, en journalisme.

(2) L'entreteneur généralement âgé, éclopé, ayant béquilles.

(3) Célébrités qui ont occupé l'esprit des Parisiens pendant la période du silence.

citer pour danser; puis d'un air vainqueur, il ajoute qu'elle l'a reçu chez elle un jour de chômage. Aux bals de l'Opéra, il est du premier coup d'archet; il faut le voir en Chicard ou autre; il faut l'entendre en compagnie de deux ou trois amis pratiquer l'*analyse logique*; la gauloise marche, et souvent de l'esprit. Les gros dominos sont des guérites; une puissante Suissesse et son débardeur, c'est l'Agriculture et son étalier (1); les amateurs en habit ne sont pas épargnés : « On voit bien que mossieur est dans la denrée coloniale, il a de la mélasse dans les oreilles. » L'analyse dure deux heures, c'est son grand triomphe. A cinq heures, il se fouille, il s'aperçoit que la *guelle* (2) tire à la fin, il voulait cependant se payer un *linge convenable* (3). C'est dégoûtant, l'or ne leur suffit plus, il leur faut du *papier* (4) maintenant et *quelque chose dans les jarretières* (5). Il va faire un somme; le soir il viendra voir le défilé du *banc de Terre-Neuve* (6); il trouvera là son affaire dans les prix doux.

De trente à quarante ans, cette vie-là ne lui va plus,

---

(1) Les puissantes mamelles y sont.

(2) Boni accordé aux employés qui sont assez intelligents pour faire acheter un article qui n'est plus de mode.

(3) Une femme marchandise.

(4) Le plus petit papier de banque était de cent francs; les coupures de cinquante ont diminué les bénéfices de cinquante pour cent.

(5) Pourboire supplémentaire au prix convenu.

(6) Le Banc de Terre-Neuve est la partie des boulevards comprise entre la porte Saint-Denis et la Madeleine; la pêche a lieu plus spécialement de quatre heures du soir à une heure du matin. Il y a certaine partie du bitume où le gibier est très-abondant. Quand on s'ennuie dans sa brasserie, on dit : Viens-tu au Banc faire un tour ?

ça l'ennuie, il pense au mariage, il commence à devenir *roublard*, le matin il a des pituites monstres, il *crache des médailles*, la digestion est difficile, il a des insomnies et des cauchemars abrutissants.

Dans cette période, s'il se mariait avec une honnête fille, nous croyons sincèrement qu'il ferait un bon père de famille ; mais l'habitude, la paresse lui ôtent tout courage pour secouer franchement le libertin des premières années ; comme il les a passées en noces et festins, il n'a aucunes relations. Combien il regrette cet isolement qui est la cause majeure de la régularisation de ses concubinages honteux. Si vous lui conseillez de prendre une honnête fille d'ouvrier ; allons donc, est-ce qu'elle le comprendrait ? et puis elle n'a rien ; si : la beauté du diable ; du reste, ça ne coûte pas plus d'en épouser une riche qu'une pauvre. Il vous confesse qu'il en connaît bien une dans son pays ; mais la mère, une vieille ambitieuse ne veut pas de lui, elle rêve pour sa fille, qui aura vingt mille francs de dot, un substitut, un attaché d'ambassade ou un auditeur au conseil d'État. Il y en a d'autres qui assurent le bonheur bien plus sûrement que l'argent ; il en convient bien, mais comment voulez-vous qu'il se marie avec la fille d'un ouvrier.

Si vous prenez le ton ironique et que vous lui parliez de sa théorie sur l'égalité et surtout du système de bascule (1) que l'on professe dans les petites villes de province et qu'il avait lui-même quelques instants auparavant, quand il avait des vues plus élevées, il vous répond

_____

(1) Le procédé est connu de chacun : peu importe que les parents du jeune homme d'en haut soient riches, c'est assez qu'ils soient de la jeune fille.

qu'il ne peut pas se condamner au bagne à perpétuité;
il sait ce qu'il lui faut. Ah! par exemple! est-ce que
vous croyez que parce que les chiffonniers et les vidan-
geurs sont honnêtes, il faut qu'il en fasse sa société! »

Le démocrate disparaît, et l'individu imbu des mœurs
de la société reparaît.

Combien il regrettera plus tard ce dévouement, cette
honnêteté qu'il repousse aujourd'hui qu'il est rempli
d'espérances aussi fausses que celles de la mère que
nous citions plus haut.

Le *basiringue* (1) ne lui va plus; la brasserie le remplace; il ne se sent plus le courage de faire un nouveau
levage, et puis ça l'embête de faire le ramage sentimental à des *gadous* (2) qui sont aussi vénales que des cochers ou des laquais. Un soir qu'il s'ennuie, il se rappelle une petite fleuriste, il avait promis d'y retourner,
comme elle le *gobe*, il est bien reçu, deux jours après il
y retourne; elle est bonne fille, elle lui a raccommodé
sa chemise. Le dimanche, ils ont passé la journée ensemble et la nuit chez lui; il doit y aller mardi, mais
comme il chiffonne sa chemise, elle a emporté sa fla-
nelle; insensiblement il ne couche plus chez lui; le
terme arrive, elle lui persuade que son *michet* (2) l'a
quittée à cause de lui, et que les meubles ne sont pas
en son nom, on va la renvoyer; le *pipelet* intervient et

(1) Le bal.
(2) En bonne humeur ce sont des ponifs; en colère ce sont des gadous, des fumiers.
(3) Michet, entreteneur; il y a le michet sérieux, celui qui donne
beaucoup, devant celui-là elles se mettent à plat ventre, en lui lèche
es pieds.

le ravale. Il paie et emmène les loques et la fleuriste chez lui. Ce n'est pas la peine de payer deux loyers. Il est acoquiné.

Vous le rencontrez cinq ou six mois après, il vous présente madame Anatole ; seulement à l'écart il vous dit : « Tu sais, c'est ma *seringue*. » Un an après, vous le trouvez seul, vous parlez d'elle, il prend sa défense : « C'est une bonne fille, bien dévouée, qui travaille comme une fée ; elle l'a bien soigné quand il a eu la fièvre typhoïde. »

Il est maté, elle le tient. Dans quelque temps vous lirez dans les annonces du mariage : monsieur un tel avec mademoiselle une telle, même maison.

Le martyre commence, car il ne faut pas oublier qu'il y a au plus cinq de ces femmes (1) sur mille, qui s'amendent sincèrement. La gourgandine revient ou plutôt se continue, avec l'arrogance en plus, sans compter les impérieuses exigences. La *marmite* écume de colère et de mépris, nous pensons qu'il n'y a pas d'enfer comparable à celui qu'éprouve un sublime des sublimes dans ces conditions, surtout s'il lui reste un peu de dignité.

Écoutez les théories d'individus depuis quelques années dans cette position, elles sont révoltantes. Si vous connaissez le dur calvaire qu'ils gravissent, l'émotion fait place à l'indignation, on ne voit plus que leur pénible et profonde souffrance. Le châtiment dépasse toujours la faute.

(1) Il faudrait un rude limier pour trouver le rembucher d'une dame aux camélias ; on n'a pas besoin de faire le bois pour lancer une fille de marbre ou de plâtre. Avis aux chasseurs.

D'autres sont assez énergiques ou trop égoïstes pour s'acoquiner. Ne vous inquiétez pas, vous ne perdrez rien pour attendre, le sublime des sublimes fera une fin de quarante à soixante ans avec une cuisinière ou madame Jérôme qui tient son ménage.

Vous le rencontrez quelques mois après. Il a déjà eu le temps de faire sur sa nouvelle position des réflexions sérieuses. Ses épanchements sont pleins d'amertume : « Il devine les saintes joies de la famille, mais il ne les éprouve pas ; l'affection vraie lui fait défaut; il ne peut avoir d'épanchements sincères avec personne; il n'a à faire qu'à des mercenaires rapaces. Relégué dans l'isolement, ses généreux et affectueux sentiments s'atrophient; il s'en veut de ne pas s'être marié quand il était jeune. » Vous croyez qu'il s'en prendra à lui, non, c'est la société, voire même le gouvernement, qui sont la cause de cet état.

Alors la théorie marche et tient lieu de tout ; il s'y lance à corps perdu, qu'elle soit sensée ou absurde.

Quand le sublime des sublimes parle de ses amis qui ont réussi, c'est qu'ils ont eu de la chance. Qu'ils soient intelligents, piocheurs, persévérants, ils sont *veinards*. S'il ne vous trouve pas ganache, vous n'êtes pas plus malin que les autres. Il croit qu'en vous ravalant il se grandit.

Il renchérit sur le langage déjà fortement coloré du sublime simple. Ainsi le chef de l'établissement n'est plus le singe, c'est le *pacha*, le *sultan*, la machine à condenser les appointements ou à tamiser les gratifications. Le directeur ou le fils du patron est le padichah; le bureau ou l'atelier, le bagne ; on va reprendre sa chaîne.

Les travailleurs sont des nègres. Les femmes, du moins celles qu'il connaît, sont des *ponifs*, des *crevettes à filets* (1), des *morues*, son patron une nullité, heureux d'être le fils de son papa.

Dans les premiers jours du mois, le soir, au café, il fait sa partie de dominos ; le loustic marche ; il est gai, il est en fonds ; s'il a plein la main de gros dés, il fait la traite des blancs de Saint-Domingue, il pose *Toussaint-Louverture* (2), Soulouque (3), Géffrard (4), tous les nègres célèbres y passent. Alexandre Dumas (5), Victor Séjour, etc., ont leur tour ; on voit bien qu'il aime les brunes, pas un albinos (6). S'il gagne, sa conversation est imagée. Au piquet, s'il n'a pas d'as, c'est que *son cierge est éteint à Saint-Jean-Baptiste de Belleville* (7). Il a quatorze de *chaînes d'oignons* (8), mais il n'a pas un *bœuf* (9) ; c'est vexant, il a tous les sept et les huit du département. Il apostrophe son adversaire : « Vous êtes galant, vous, les *crinolines* (10) ne vous quittent pas. » Quant à lui, il donne dans le *larbin savonné* (11) ;

(1) Par analogie aux filets que les femmes emploient pour tenir leurs cheveux.

(2) Le double-six.

(3) Le cinq-six.

(4) Le double-cinq.

(5) Monsieur Six-Blancs. Le père Dumas est très-aimé des travailleurs.

(6) Pas de blanc.

(7) Pour avoir des as il faut faire brûler un cierge à saint Jean-Baptiste.

(8) Quatorze de dix.

(9) Roi.

(10) Les dames.

(11) Le valet.

dans toute la partie il n'a pas fait une *quinte mangeuse*, mais la *tierce à l'égout* (1) il l'a tout le temps. Ce coup-ci, il a le *double attelage*, la *charrue complète* (2), un jeu superbe. Ricanant son joueur : Vous pouvez vous fouiller, je vais vous *débarbouiller à la potasse*.

Au billard, s'il est sous la bande, il est protégé par les *fortifications*; s'il laisse un coup facile, une *oculaire astronomique* (3); faut-il être ganache pour laisser des coups pareils, il joue comme *une paire de savates*. Chaque coup, chaque demi-douzaine, il en laisse des paniers à la fois; c'est rudement malin de le gagner; lui, il est toujours au milieu. Si un contre donne un carambolage à son adversaire, il en retient de la graine. S'il joue avec plus fort que lui et qu'il gagne, voilà le *gabarit* (4) des malins, il n'a pas un jeu brillant, mais il est bien affûté, c'est un jeu qui gagne. Il triomphe, le ricanement marche et le latin de cuisine aussi : *Netoya-tibus gentes comminium bon train* (5). Si vous demandez la traduction, il vous dit en se rengorgeant : Voilà comme on nettoie les gens à grande vitesse.

Certains font des comparaisons mécaniques avec les troupiers; ainsi, le ministre de la guerre, c'est le mo-

(1) Tierce au neuf.
(2) Quatre bœufs, quatorze de rois.
(3) Lunette.
(4) Calibre, mesure à laquelle on soumet les pièces que l'on a à façonner.
(5) Si un malin affecte la citation latine devant les sublimes, il le blague par un latin de jardinier. *Geranium, fluxia volubis*, a dit Horace. Nous la connaissons, celle-là. Parlez français, citoyen, nous avons déjà assez de peine pour vous comprendre.

teur; les généraux, des *transmissions*; les colonels, les *roues de commande*, etc.

Il n'aime pas les curés, mais il les préfère aux soldats. Au moins, ceux-là se tiennent, ils ne sont pas constamment à la parade, ils ne font pas sonner leur ferraille et ne posent pas pour le *lovelace casseur, bousculeur de pékins*. Il ne leur veut pas de mal : il n'y en a pas assez, au contraire, il voudrait qu'on les coupe en deux pour en faire le double.

C'est le sublime des sublimes qui fait la réputation des *prima dona de l'égout* (1). Ils sont là attablés aux cafés chantants : la célébrité paraît, une salve bien appuyée lui fait sentir qu'elle a des admirateurs ; après le premier couplet, des bravos frénétiques le mettent en bonne humeur, à la fin il trépigne, il se démène comme un forcené. Le lendemain, il vous fredonne : *Rien n'est sacré pour un sapeur* ou *C'est dans le nez que ça me chatouille*. Si vous l'appelez protecteur des arts, d'un ton moqueur, l'apostrophe en avant : « Est-ce que vous comprenez ça, vous ? il vous faut du plain-chant, de la musique sacrée ; allez donc au lutrin, vous êtes un croquemort du plaisir. » Si, traitant de la politique, vous parlez des députés démocrates avec un sentiment d'estime : « Les voilà bien là ces bourgeois à l'eau de rose ; lui, préfère les mollusques de la droite à tous ces républicains autoritaires et à antichambres. Il faut mieux que ça, des hommes plus avancés ; ils ne sont plus à la hauteur, il n'y a plus qu'à les éreinter. »

(1) Les chanteuses de saletés, si en honneur sous ce bienfaisant régime de la culotte courte et de l'épine dorsale à charnières.

Remarquez qu'il est tout ce qu'il y a de plus autoritaire.

Le sublime des sublimes est moins nombreux dans les ateliers que chez les ouvriers travaillant chez eux Les parties qui en fournissent le plus sont : la chapellerie, la cordonnerie, les coiffeurs, les commis de nouveautés, les peintres en décors et en bâtiment, etc.

Dans le bronze, le meuble et la mécanique, le type dominant est le fils de Dieu.

Nous ne pouvons terminer ce chapitre sans parler de la tendance de ces dernières années.

L'ouvrier vrai et l'ouvrier diminuent, l'ouvrier mixte croît, le sublime simple prend du développement, le fils de Dieu tend à disparaître ; mais, en revanche, le sublime des sublimes se développe. Tous ont une honte qui les mine et une haine dans le cœur.

Voilà les huit types, peut-être incomplets, qui composent la masse des travailleurs avec laquelle il s'agit de résoudre le problème social.

D'autres questions restent à examiner avant d'entrer dans l'examen de ce qu'il y a de pratique et de pressant à faire pour rendre cette masse morale et suffisamment instruite pour mettre la solution sur la voie.

Voilà soixante ans que nous avons des discours, des mots et des phrases.

Il ne suffit pas d'avoir de la pantomime et du pathos; et de dire cinquante fois « le peuple » en une demi-heure à la tribune, pour être un ami du peuple, il faut des faits, des propositions pratiques et étudiées; il faut que le travailleur, le lendemain qu'il aura écouté, passe vos idées à son jugement; soyez persuadé qu'il les trouvera bonnes. Mais si vous lui avez prêché la haine, la déconsidération des hommes qu'il croyait dévoués à sa cause, prenez garde, il vous pèsera dans sa balance, il y apportera la même passion que vous, il se demandera qui vous êtes et ce que vous cherchez.

IX

LE PATRON SUBLIME

Nous allons examiner les autres questions qui se rattachent à notre sujet.

Depuis plus de vingt ans que nous vivons au milieu de la classe laborieuse, nous avons remarqué que tous les ouvriers qui se sont établis sont arrivés à un bon résultat; tous les sublimes qui ont monté un atelier ont croulé.

Cependant, quelques fils de Dieu et sublimes des sublimes ont réussi. Ces derniers ont constitué deux genres de patrons. Les premiers y ont apporté des convictions et l'application des théories qu'on prônait tant; mais quand ils ont vu que l'ingratitude était à l'ordre du jour, que leur dévouement, leur bon vouloir, leurs obligeances ne servaient à rien, qu'on en abusait, que du moment qu'ils étaient patrons, ils étaient considérés comme les autres, une réaction profonde s'opéra en eux, ils se trouvèrent en face d'une réalité poignante et d'autant plus pénible qu'ils étaient plus sincères. Ils comprennent tout maintenant; ils voient, ils se rendent compte pourquoi, lorsqu'ils étaient chez les autres, ils trouvaient leur patron un tyran, un exploiteur, un buveur de sueur. Leurs hommes doivent les trouver de même; cependant, que leur demandent-ils qui ne soit juste ? Les ouvriers leur demandent du travail, eux, ne demandent pas mieux de les payer largement. La large paie est toujours la bienvenue; quant au travail : « Il fait soif, ils verront demain. »

« Mais, leur dit le patron, j'ai des commissions avec engagements à livrer à des époques déterminées.

— Est-ce que ça les regarde, ils sont libres; puis quand ils ne *mossent* pas, vous ne les payez pas.

— Mais le travail, pour être rémunérateur, ne peut pas être assujetti à des séries de caprices.

— Quand vous n'avez rien à faire, vous ne vous gênez pas pour nous *balancer* (1).

— Certes, il est toujours pénible, peut-être plus pour un patron que pour l'ouvrier, de voir son travail diminuer. Le chômage est la calamité la plus profonde du travail. Aussi n'en accusez pas ceux qui en sont les premières victimes et travaillons avec ardeur quand on a de la besogne.

— Allons donc; nous allons peut-être vous demander de nous fixer le jour que nous devons prendre pour faire la noce.

— Mais mon moteur fonctionne pour le quart ou le tiers de mon outillage.

— Nous allons peut-être vous payer le charbon. »

Ils ont aussi une machine à faire fonctionner; c'est la *machine à soûler*.

Le patron sublime voit alors que son rêve est doublé d'une écœurante déception. Ah! oui, il comprend que les sublimes se chargent de guérir l'homme le plus dévoué à la classe laborieuse. Petit à petit, cette déception se transforme en haine; grand Dieu! que de malédictions! « Les ouvriers, c'est tout de la *canaille*, des *crève-de-faim*, de la *viande à canon;* » en un mot, il tombe dans une exagération farouche, stupide et très-nuisible.

Allons, ancien fils de Dieu, ayons du calme; ce n'est pas une petite affaire que d'être patron juste et consciencieux; rappelez-vous le Christ que vous aimiez tant à invoquer; il a dit : Si l'on vous donne un soufflet sur la joue droite, tendez la gauche. C'est pour les patrons qu'il a dit cela, et vous voyez qu'on est obligé de se faire souffleter souvent.

Nous appellerons ce type PATRON FÉROCE.

L'autre genre de patron sublime est pour les travailleurs, non pas un mal, mais une calamité par les conséquences désastreuses et les perturbations qu'il apporte dans le corps des travailleurs.

Il occupe généralement peu de monde; cependant, nous en connaissons qui ont une trentaine d'ouvriers par moment.

Il est ancien sublime de droit, il est adroit, capable dans la manière de faire manuellement.

Il tient avant tout aux malins, aux hommes capables, ce sont des *pochards*, des *gouapeurs*, ça ne fait rien, ils en font plus en trois jours que les autres en six; il les

raison de lui f..... un abattage, il fait amende honorable. Le patron sublime se rengorge : « Bien, n'en parlons plus, tu recommenceras après déjeuner. »

Si vous lui témoignez de la surprise de cette façon de conduire son atelier : « Que voulez-vous? il ne peut pas faire autrement, il est très-pressé, il faut qu'il livre une machine samedi, pour toucher son zinc; c'est *sainte touche;* et puis, il ne peut pas le balancer, il lui redoit de l'argent qu'il a avancé à sa femme pour son terme; et puis, s'il ne travaille pas souvent, ce qu'il fait, il le fait bien, c'est un *sac à vin,* mais c'est pas un mauvais garçon, seulement quand il a un *verre de pichenet dans le fusil,* il n'y est plus; puis il changerait celui-là, les autres ne valent pas mieux. »

S'il reçoit une fourniture de matières lourdes : « Ho donc ! toute la *boîte* au déchargement. » Le *singe* commande en chef, ça ronfle, on l'entend à un kilomètre. Si c'est la livraison d'une machine, les *attentions* fonctionnent. Après, tout le monde a chaud : « Quel coup de collier, patron, il y a de quoi se faire crever, vous devriez bien payer un litre, ça ne sera pas long, allons-y. »

Le plus fainéant criant : « Vivement, père Baptiste, une *chopine en bois* (1) en sept verres, c'est le patron qui *danse,* faut bien l'arroser c'te bécane, sans ça elle ne marcherait pas.

— Tout de même, ça fait du bien où ça passe. »

Deux sublimes à voix basse : « Le patron va la livrer; la paie ratera pas ce soir, tu sais je me *tire les*

_____

(1) Broc en bois employé par les débitants.

pieds s'il ne me donne pas mes soixante-cinq centimes de l'heure. »

Si dans ses courses le patron sublime rencontre un de ses anciens, vite chez le marchand de vins, les tournées vont leur train.

« Eh bien, qué que tu fais à présent?

— Ne m'en parle pas, voilà bientôt quinze jours que je suis *à la comédie*. J'arrive de l'enterrement, ce pauvre *Bec-Salé* s'est laissé glisser ; c'était un bon celui-là, il n'en restera bientôt plus, ma foi, je n'en vois plus guère de capables. — J'avais commencé avant-hier chez chose, mais c'est *une botte*, je ne m'y plaisais pas ; puis c'est un *mufe*, je lui avais demandé de me faire avoir *de l'œil chez un marchand de coco* (1), il a refusé ; je lui ai demandé cent sous d'à-compte, il m'a dit que c'est la paie tous les samedis, qu'il avait, du reste, perdu la clef de sa caisse. Vois-tu, André, là-dedans, c'est pas comme chez toi, il est toujours sur votre dos, il faut trop cogner, si j'y étais resté, j'en serais crevé. Mais toi, est-ce que tu n'embauches pas? on m'a dit que t'avais une belle commande pour un inventeur, qu'a de la *menouille*. »

Le patron sublime satisfait : «'Oui, mon vieux, j'en ai pour une trentaine de mille *balles* (2) pour commencer ; tu peux passer demain sur les sept heures, je crois que j'ai un étau pour toi. »

Le patron sublime tutoie tous ses sublimes et se

(1) A crédit chez un marchand de vin.
(2) Trentaine de mille francs.

trouve par eux renseigné sur ce qui se fait chez les autres, il ne perd jamais de vue les célébrités.

En revanche tous les sublimes de sa boutique savent ses affaires : le billet en retour, le *papier à douleur* (1), l'emprunt, le prix de ses ventes, de ses achats, les délais, etc.

A la première mouche qui piquera, il recevra ça en pleine figure. Si la paie rate, il faut voir comme il se laisse ravaler. Écoutez-le raconter qu'il vient de voir un client pour une commande ; parler de son concurrent ; « il n'y comprend rien ; pas seulement de l'eau à boire ; ceux qui font à ces prix-là, c'est tout des bons à rien ; comme c'est *choufliqué, saboté* (2), c'est pas possible, il prend ses ouvriers à la *grève* (3) ce gache-métier là. »

Tous les sublimes approuvent et crient après l'autre patron sublime, qui travaille à si bon compte.

Dans quinze jours, ils seront chez lui, et donneront la réciproque ; ce qu'il y a de plus curieux, c'est que tous les patrons sublimes travaillent à vil prix et déblatèrent contre leurs concurrents. Il est vrai qu'ils se coulent tous à un moment donné, cela se comprend aisément. Ce qui ne l'empêche pas de vous dire d'un air satisfait : « Vous comprenez, moi j'ai pas de frais, pas de commis, pas de contre-maîtres, pas de *dessinandiers* (4), ces *mange-bénefs* (5). — Il pourrait ajouter : pas d'ordre. — C'est lui qui fait tout, il a commencé

(1) Le protêt, papier timbré.
(2) Mal fait, mal monté.
(3) Prendre le premier venu.
(4) Dessinateur, peintre en tire-ligne.
(5) Mange bénéfices.

avec rien, sa femme tournait la roue ou tirait le soufflet, puis le voilà. »

S'il retourne travailler chez les autres, les sublimes
l'attrapent :

« Encore un exploiteur de coulé : — Tu ne brilles
plus, hein, gros casseur, t'as été vivement centré, tu
tournes rond à présent. » Alors il devient un fils de
Dieu terrible.

Si un ouvrier est embauché dans un atelier de patrons sublimes, pour faire comme les autres, il prend
insensiblement le chemin du marchand de vins; au
bout de peu de temps, il est sublime. « Il n'a pas pu
travailler, les autres se sont mis en noce. » S'il est
assez énergique pour résister, et qu'il refuse d'aller
boire, un célèbre lui dira : « Voyons, arrivez, mademoiselle, on vous fera servir une groseille, quelque
chose de doux, le pichenet lui fait mal au cœur à
c't enfant-là. »

Un autre lui dira : « Notre société ne lui va pas *à
c't aristo-là.* »

Les *blagues*, les misères, les *baluchons* le font quitter,
tant mieux. Malheureusement tous ne font pas comme
lui, beaucoup suivent la pente fatale.

On peut dire sans crainte que l'atelier d'un patron
sublime est une manufacture de sublimes.

Si un sublime vous demande de l'ouvrage, que vous
discutiez avec lui le prix de la journée, et que vous lui
fassiez observer que chez un tel patron sublime il
gagnait cinq francs par jour, par exemple, il vous
répondra qu'il aime mieux gagner cinq francs chez lui
que six chez vous. « D'abord chez lui on ne se la foule

pas, puis c'est un *zig* qui comprend l'ouvrier (lisez sublime), on peut commencer à toute heure de la journée. Puis il aime la liberté, il n'y a pas de cloche, c'est bon pour des esclaves; puis si un ami vient vous voir et qu'il veuille vous régaler, chez lui, on peut aller prendre le canon de l'amitié. »

Vous voyez, tout cela vaut plus de vingt sous par jour.

Il est inutile de faire aucune réflexion, elles seraient superflues, pour démontrer les fâcheuses conséquences d'une pareille organisation du travail.

Il nous reste à parler d'un autre type, que nous appellerons *patron égoïste* (1). Si vous rencontrez ce personnage dont le genre est très-nombreux, vous lui faites part de vos peines en présence de grèves fréquentes et considérables; il vous répond : moi, en fait de politique et de question sociale, je suis fabricant de marmites ou de casseroles.

— Mais vous ne sentez donc pas le gâchis qui approche, si tous les intéressés ne veulent pas se donner la peine de diriger ce grand mouvement qui peut tous nous noyer.

— Qu'on en *chassepote* donc la moitié et qu'on envole l'autre à Cayenne, ça sera fini une bonne fois.

Vous croyez cela, bons citoyens? Mais myopes féroces et insensés, comme l'hydre ils renaîtront de leurs pertes fécondes; votre procédé inqualifiable nous conduirait à un cataclysme épouvantable.

— Enfin, que demandent-ils? Des travaux, il y en a,

(1) Le patron égoïste est un des plus beaux types de la ventrocratie farouche.

à moins qu'ils ne veuillent partager. Vous ne nierez pas qu'il y en a quelques-uns.

Oui, homme de douceur, de dévouement et de lumière, il y a quelques intrigants qui prêchent le communisme ; mais ce que veut la grande masse, elle veut qu'on ne la repousse pas impitoyablement quand elle demande un peu plus de bien-être ; elle veut que les patrons fassent comme les entrepreneurs de peinture de Marseille, qui, d'accord avec les ouvriers, ont augmenté le salaire dans une proportion possible ; comme la mesure est générale pour la ville, personne ne se trouve lésé. Elle désire rencontrer des chefs d'établissements comme tous les industriels du Havre, qui ont admis la diminution d'une heure et établi la journée de dix heures au lieu de onze. Oui, voilà ce qu'ils veulent, et nous le déclarons hautement, ces patrons ont fait acte de bons citoyens ; nous les appelons, nous, hommes de progrès et d'ordre. Les révolutionnaires et les hommes de désordre sont les implacables dans leur égoïsme.

Nous savons bien que toutes les demandes ne sont pas justes. Au lieu de cette résistance qui repousse les bonnes et les mauvaises, si on acceptait les premières dans des limites possibles, croyez-vous que cette conduite ne mènerait pas à l'apaisement, à l'entente et à l'union, si nécessaires dans le travail.

Notre travail est un appel sincère à cet examen sérieux. Les chapitres de notre dernière partie donneront les arguments nécessaires ; puissent-ils secouer l'apathie des patrons égoïstes ?

Nous pourrions nous laisser entraîner au-delà des limites que nous nous sommes tracées, si nous voulions analyser tous les types de patrons. On pourrait faire un beau chapitre du patron ignorant. Celui du patron in-différent aurait bien sa valeur, ainsi que celui du patron homme public. Un volume ne suffirait pas pour juger ce patron multiple qu'on nomme compagnie. A d'autres à se charger de cette délicate besogne (1). Nous nous bornons à leur demander que, s'ils veulent éviter les convulsions, ils examinent sérieusement la question sociale, et qu'ils y apportent ce sentiment de justice qui ne fait jamais défaut chez les hommes de cœur.

(1) Nous renvoyons le lecteur à un article du *Gaulois*, placé à la fin du volume, et intitulé : *Tous Sublimes.*

X

LES GROSSES CULOTTES

Avant la révolution de 1848, les machines jouaient un rôle très-modeste dans le façonnement des pièces ; l'ouvrier était obligé d'apporter dans le travail plus de savoir faire proprement dit qu'il n'en faut avec l'outillage perfectionné et développé actuel. Il se produisait, dans les diverses parties, de ces natures adroites et fortes qui faisaient beaucoup de travail. Cette habileté les constituait aux yeux des patrons comme sujets hors ligne et d'élite : supériorité méritée. Ils jouissaient donc près du patron et du contre-maître d'une confiance que leurs capacités leur donnaient de droit. Ils étaient chargés de l'embauchage; par contre, tout individu embauché par d'autres était sujet à une infinité de misères et même d'insultes, à un tel point que les contre-maîtres et les patrons avaient abandonné ce droit.

Ces compagnons d'élite étaient appelés et sont encore désignés aujourd'hui sous le nom de *grosses culottes*. Actuellement, le nombre en est moins considérable qu'il y a une vingtaine d'années. Leur influence se réduit le plus souvent à une pose chez le marchand de vins.

Les machines, sans qu'on s'en doute, ont tué ce superbe type. Si le patron avait besoin d'un ouvrier, il s'adressait à la grosse culotte de la partie ; il avait votre affaire ; un homme capable qu'il connaissait bien. Remarquez que souvent il n'avait personne, ou que, si on lui avait parlé de quelqu'un, il ne l'avait jamais vu. Il constituait, dans l'atelier, une dictature redoutable, un patron n'aurait pas osé renvoyer une grosse culotte sans bouleverser tout son atelier, il fallait prendre des biais pour s'en débarrasser. Heureusement que ce beau temps de coterie a presque disparu.

Il y a une vingtaine d'années, un constructeur avait une machine de six chevaux en construction, une grosse culotte s'était adjugé la bielle ; c'était la plus belle pièce de la machine, et surtout celle qui pose le mieux. Après l'avoir commencée, il se mit en bordée. Comme le patron était pressé, et qu'il ne voyait plus son *malin*, il pria un autre compagnon de la terminer. Celui-ci refusa, objectant qu'il ne pouvait pas reprendre le travail d'un autre, qu'il préférait s'en aller. Après deux ou trois tentatives auprès d'autres ouvriers, il essuya le même refus. Tous les soirs, un compte fidèle était rendu à notre homme des démarches du patron ; celui qui aurait eu l'audace de toucher à sa *bielle*, aurait été bien exposé ; le cas aurait été véritablement grave pour lui. Que fit le patron? Il fit forger une deuxième bielle, la fit terminer ; l'autre restant toujours dans l'étau du sublime grosse culotte. Il livra sa machine. Quand le célèbre le sut, il rugit, repris son travail, balbutia au patron une excuse banale, une maladie par exemple. Le patron ne fit semblant de rien, lui donna d'autres travaux, se gardant bien de le renvoyer ; son atelier eût été désorganisé le lendemain.

Nous pourrions citer d'autres exemples ; nous pensons que celui-là suffira. Nous livrons ce fait aux méditations des organisateurs du travail.

On ne s'embauchait dans l'atelier que par camaraderie ; malheur au pauvre diable qui ne connaissait personne ou qui n'avait pas d'argent pour régaler les grosses culottes ; à moins de coup de main, il s'embauchait difficilement. Si le compagnonnage nous a valu ces mauvaises et nuisibles habitudes, il nous en a donné de bonnes qui malheureusement disparaissent tous les jours.

Le débitant qui a l'honneur de servir les grosses culottes, sait souvent à ses dépens ce que cela lui coûte.

Le matin, ils se rendent avec leur escorte de sublimes, ses admirateurs ; ceux qui veulent se faire embaucher se trouvent là et pour deux ou trois tournées, l'affaire est faite.

Le lendemain de l'embauchage, le fameux *quand est-ce* marche, tout le monde y prend son allumette. Triste habitude que ce *quand est-ce* inventé par les grosses culottes ; il est souvent, pour les bons, le premier maillon de cette chaîne que nous appelons le sublimisme.

Voyez-vous un atelier de douze individus, où l'on embauche dans une semaine trois sublimes ou ouvriers nouveaux, à quelques jours d'intervalle, trois *quand est-ce à jauger* (1), trois *cuites* (2) à prendre, trois *profondes à vider* (3), trois familles sans pain, sans parler du lendemain.

Le *quand est-ce* est le condensateur des économies ; dans un atelier où l'on a l'habitude du *quand est-ce*, il faut y passer ou gare à vous. Quand vous vous exécutez bien, alors vous êtes des bons, vous n'*êtes pas rat*, vous *êtes chouette* et à la *couleur*. Dans la mécanique, la forge est la partie qui le pratique le plus. Comme nous le disions plus haut, ça tombe, le marteau-pilon les a emboutis. C'est qu'il cogne dur, ce petit ami-là. Pour nous, il n'y a rien de moralisateur comme une machine.

On rencontre encore des grosses culottes dans les grandes administrations, mais ils ne sont plus que l'ombre d'eux-mêmes, le *poivre* les a minés ; puis on peut se passer d'eux. Ils forment le vrai sublime par excellence, ils aiment à raconter leurs anciennes prouesses.

Quand on pense à toutes les difficultés que rencontraient les patrons de la part de ces messieurs, on s'explique facilement la lenteur du progrès dans une partie.

Les jeunes ouvriers paraissent tout surpris, quand on leur raconte ces hauts faits ; ils ne savent pas jusqu'à quel point ces autocrates d'atelier poussaient leur vaniteuse et méchante tyrannie.

(1) A jauger, à régler.
(2) La cuite, la soûlographie.
(3) La profonde, la poche.

XI

GALERIE DES CÉLÉBRITÉS DE LA MÉCANIQUE

À tout seigneur, tout honneur.

Ar....d, empereur des pochards et roi des cochons.
De....e voleur d'amour.
Pinson-Blanc, la mère d'or.
Les Côtes-en-Long, ou la femme.
P...rial Mal-d'aplomb (il boitait).
Bec-Salé, 1, 2, 3 les trois frères M....DL?
La Chopine-en-Bois.
Antoine le Sauveur du monde.
Trente-Kilos, sans griffe.
Mes-Bottes.
Rubis, le Nez-de-Travers.
Mançot la Chique, président du Sénat en 1860.
La Tête-de-Hareng.
Constant le Borne.
Picard la Perruque.
Paul de la Monnaie.
Le Grand Louis.
Chambéry la Tête de Mort.
Remy le Curé.

Chauve le Terrible.

Le Régulateur de la machine à soûler.

Le Robinet de vidange.

Bernard la Balafre.

Le gros A...in.

Fo...foin, l'Encoleur de longerons.

Le Petit Zéphir.

D.....au, la Machine-à-Raboter.

Le Bombé.

La Tête-d'Acier et la Gueule-d'Acier (deux frères).

La Châsse à parer.

Tom-Pouce.

L'Angevin le Prisonnier.

François la Bouteille.

Tourangeau la Belle-Poitrine.

Poil-Bleu.

Pied-de-Céleri (il avait une jambe de bois.)

Cochin le Ver à queue ou l'asticot.

Br...tais la Belle-Prestance (et ses sept frappeurs.)

Ra.....eau l'Insurgé.

Mal-Fondu.

La Jambe-de-Laine.

Ro..in le Beau-Chanteur.

Le Verre à Chopine ou Kalmouck.

Bourguignon, les Beaux-Yeux.

Ri....d la Chenille.

Simon la Bécasse (un des beaux orateurs.)

Le Rat-Huppé.

L'Ami-du-Trait, ou Tout-Brut.

Nez-d'Amour.

Le Moule-à-Pastilles.

La Branche-d'Or.

B.....n l'Affreux.

La Gueule-d'Or.

Fil de Graisse.

Mahomet.

Pierre-le-Dur.

Mistigris.

Bibi, la Grillade.

Le Ver-Solitaire.

Tire-Bouchons.

Frappe-d'abord.

Cette petite collection suffira pour indiquer les plus célèbres et les vouer à l'admiration des jeunes générations.

Remarquez que tous ont une célébrité pour des hauts faits, soit d'atelier, soit de marchand de vins.

XII

LE MARCHAND DE VINS ET LE MARCHAND DE SOMMEIL.

Le marchand de vins est l'atelier où l'on façonne le sublime; nous voulons seulement parler des maisons fréquentées par les travailleurs.

Tous vous diront que s'il n'existait pas, il faudrait le créer.

Les marchands de vins sont pour les sublimes le médecin, le pharmacien; ses salles sont leurs réunions publiques, le cabinet, le laboratoire des réformes sociales ou de l'éreintement. Nous devons donc l'examiner.

Les sublimes en distinguent de deux espèces :

Le distillateur, débitant de liquide, ou assommoir, ainsi nommé à cause de l'excellence de ses produits qui vous assomment rapidement un individu. Pour les distinguer, ils ont des désignations drôles, ou le nom de la rue et même du débitant. Le *Sénat* de la barrière Poissonnière, celui de la *Planche-Mibray*, le *Mur de terre*, au *Fusil à aiguille*, chez V...in, faubourg du Temple, chez Jean, ou bien à la *Mine à poivre*, tout simplement, ou à la *Machine à soûler*, à la *Tête de çochon*. Il y avait la *Chambre des députés*, chaussée Clignancourt; quatre ou cinq *Camps de la loupe*, qui sont tombés un peu dans l'oubli depuis que les marchands de vins-cafetiers leur ont fait la concurrence.

Dans les assommoirs, les sublimes ont rarement à crédit, *l'œil est crevé*; c'est le rendez-vous certain où vous trouverez toujours les abonnés.

Presque tous ces industriels (je dis industriels, parce qu'ils fabriquent en partie eux-mêmes) font fortune. Ils sont du reste patients, persévérants et très-tolérants; si les biceps leur font défaut, ils prennent un garçon athlétique; on discute quelquefois avec le coup de torchon; il faut toujours être le maître chez soi. Ils se laissent volontiers appeler empoisonneurs; du reste, ils maquillent bien le *pichenet* (1), encore mieux le *vitriol* (2). Chez lui, on en donne de vrais verres : « C'est pas le sublime qui se laisserait tromper par ces verres épais qui en tiennent comme une coquille de noix; il n'a pas l'habitude de boire dans des dés à coudre. » Les sublimes, qui fréquentent les assommoirs ne s'y prennent jamais à deux fois pour vider leur verre : « Elle s'éventerait; et puis, à la prochaine tournée, il ne lui en donnerait pas plus qu'aux autres. » Certains patrons d'assommoirs mettaient une boule de gomme dans le verre, pour compter les tournées; ils ont abandonné ce système, les sublimes avalaient tout.

Que font les sublimes dans ces sentines? Ils attendent

(1) Le vin.
(2) L'eau-de-vie,

qu'on vienne les embaucher, ou plutôt un ami qui ré-
galera ; il peut bien leur payer quelque chose, il a fait
sa semaine complète.

Ils restent quatre ou cinq heures devant le grand
comptoir, assis sur un banc, placé en face. Ils sont les
travailleurs du coup de main ; la *menouille* en poche, on
revient au rendez-vous. Là, ils racontent le mal qu'ils
ont eu, et l'appréciation de la boîte est faite de suite.

Une visite à la *mine à poivre* vous en dira suffisamment.

Le deuxième genre est le marchand de soupes, celui
qui donne à manger. Le débitant de ce genre entre
plus intimement dans l'existence des travailleurs. On
est bien là-dedans ; on vous en donne, pour six sous,
une grande assiettée, et le *bleu* n'est pas mauvais. Il est
bien avec la bourgeoise du *cassin* (1), il a *l'œil* là-dedans.
« Quand elle me voit arriver, elle me dit :

« Un entrelardé aux choux, monsieur Joseph ?

— Vous êtes toujours gentille, madame Alexandre.
Oui, un entrelardé aux choux ; beaucoup de maigre, pas
mal de gras et des choux en masse. Si le père Alexandre
casse sa pipe, je vous demande en mariage. »

Le marchand de soupe connaît ses clients sur le bout
du doigt. Il est abonné au *Siècle*, il trouve seulement
qu'il y a trop d'annonces.

Il y en a qui ont deux salles et un cabinet ; dans la
première, il n'y a pas de nappes, on sert du bleu à
douze, on trempe la soupe ; c'est la salle des vrais sublimes.

(1) De l'établissement.

Dans la seconde, il y a des nappes, on ne sert pas de bleu à douze, mais à quatorze et au-dessus; à moins d'être connu, on ne trempe pas l'ordinaire. C'est la salle des ouvriers, sublimes simples et de certains fils de Dieu.

Les sublimes des sublimes et quelques fils de Dieu occupent le cabinet.

Voyons comment on lit le journal.

Dans la première salle, on laisse le journal de la veille; celui du jour est disputé par les deux autres, à moins que le marchand de vins ne l'ait caché pour le remettre à un sublime des sublimes.

Dans la première salle, on lit les faits divers, les tribunaux.

Si un sublime tient le journal, un autre l'interpelle.

« Qu'est-ce qu'elle dit ta gazette?

— Écoute ça, ma vieille :

« M. D..., négociant, rentrant chez lui fort tard, a été attaqué par trois malfaiteurs qui avaient commencé à le dévaliser; mais doué d'une force peu commune, muni de sa canne, il s'est défendu courageusement; après en avoir assommé un et fait sauter un œil au second, il a saisi le troisième, qu'il a remis entre les mains des sergents de ville. »

— C'est épatant; en voilà un chouette, c'est pire que Rocambole. »

Chacun dit son mot et on admire le négociant. On continue.

« On écrit de province : Les époux H..., sexagénaires, ont été massacrés à coups de hache par leur fils, parce que le père lui refusait de l'argent pour continuer sa vie de paresse et de débauche. »

Tous ensemble : « Oh ! la *crapule*, quelle *canaille*, en voilà un qui ne l'aura pas volé si on le *raccourcit*. »

Les sublimes appliqueraient la loi de Lynch.

Le lecteur ayant fini mentalement l'article Tribunaux, s'adresse à son voisin : « On vient de guillotiner Avinain, tu sais, ce boucher qui avait coupé le marchand de paille par morceaux, qu'on a retrouvé une jambe à Saint-Ouen.

— Oui, oui, je me rappelle c'te canaille-là ; il croyait qu'il étalait un mouton. Ah ! on lui a fait son affaire hier ? Qu'est-ce qu'il a dit ?

— Y paraît qu'il a parlé du môme de vingt ans ; tu sais bien celui qu'on a rogné y a quéque temps, qui disait qu'il avait manqué la plus belle pièce, son père.

— Ah ! oui, j'y suis, oui, Chose y est allé le voir exécuter. »

On examine le crime ; les uns ne sont pas surpris, les bouchers sont toujours dans le sang, ils croient que les hommes sont des bêtes ; les autres disent qu'il ne faudrait plus condamner au bagne, *rogner toute la fripouille* (1).

Les sublimes ne sont pas partisans de l'abolition de la peine de mort ; ce sentiment, puisé dans leur légitime indignation, ils le manifestent instantanément, et cette terrible représaille qu'ils demandent est due à leur manque d'instruction.

Dans la salle aux nappes, l'ouvrier lit les articles de

(1) Guillotiner.

fond; il discute avec l'ouvrier vrai ou même avec le sublime simple. Le fait divers s'apprécie aussi; mais ce qu'il affecte de lire haut, ce sont les faits et gestes du grand monde; s'il a un journal de cancans, il dit à son voisin : « Tiens, toi qui aimes les nouvelles, écoute-moi ça :

« M. le duc de R... est revenu depuis quelques jours de son château de T..., dans le Berri, avec Mme la duchesse; on dit qu'il prépare une série de soirées brillantes, qui seront fréquentées par tout ce que Paris compte d'illustre et de distingué. On sait que M. le duc est fils du duc de R..., grand chambellan de Napoléon Ier, et que Mme la duchesse est la fille du marquis de V..., dont les ancêtres sont de la plus ancienne noblesse, alliée du côté de sa mère aux plus grandes et aux plus anciennes maisons de France. »

« Eh bien, qu'est-ce que tu dis de ça, toi?

— Eh bien, moi, je dis que je m'en f.... pas mal; et toi?

— Eh bien, moi aussi; ils nous font ressortir avec leurs nobles; mais je croyais qu'il n'y en avait plus.

— T'es joliment en retard, alors; y a quéque temps, l'empereur en a encore fabriqué trois ou quatre.

— Qu'est-ce que ça signifie?

— Ça signifie rien du tout; farceur, tu vois pas que c'est un tas de poseurs qui voudraient nous faire croire qu'ils sont plus que les autres, parce qu'ils se poussent du *de?* C'est pas malin; tu peux m'appeler le marquis de la Bourse-Plate, que j'en serai pas plus fier pour ça; toi, Félix, comme t'es bel homme, tu te feras nommer prince de *Courtes-Rentes.*

— Mais b..... d'animal, on en a toujours assez pour t'arroser la *tronche* et *te laver la dalle* (1). Allons, puisque tu n'aimes pas les nobles, on va te lire autre chose.

« M. D..., curé de la Madeleine, prêchera dimanche à Saint-Jean-Baptiste de Belleville; Mgr de Paris donnera l'absoute... »

— Oh! assez d'absoute comme ça, hein; ousque t'as acheté ce journal-là?

— T'aimes pas les curés non plus, alors passons plus loin.

« Le général A... vient d'être nommé... »

— Trop nommé; mais, ah ça, qu'est-ce que c'est donc que ce papier à chandelle? Comment que tu l'appelles, ce marchand de nouvelles-là?

— C'est l'*anderlique* (2) du grand monde.

— Ah! ça ne m'étonne pas, il fait son *rachevage* (3). »

Le lecteur reprenant : « Ah! voici ton affaire : « On nous écrit de la Haye : Le citoyen Barbès... »

— Ah! ah!

« Ce héros de l'émeute et ancien chef de sociétés secrètes, ce violateur de la loi, et... »

— Eh bien, qu'est-ce qu'il a à dire de Barbès, ce vendu, ce baveux-là; tiens, lâche-moi, donne-moi-le, ton journal, je m'en servirai tout à l'heure, et puis la cloche va sonner, il faut défiler. »

(1) Le bec, la tronche, la bouche, laver l'estomac.
(2) Anderlique, petit tonneau employé en vidange pour recevoir les résidus de la fosse.
(3) Ramasser ces résidus, c'est faire le rachevage, c'est-à-dire ce qui n'a pu passer par les tuyaux de la pompe à soufflet.

Dans le cabinet c'est une autre affaire. On ne prend pas le temps de manger ; une bouchée, une phrase, une bouchée, une phrase ; les autres interpellent celui qui le tient.

« Y paraît que ça a chauffé hier, Jules Favre leur a envoyé ça.

— Je tiens Baroche en ce moment.

— Dépêchons-nous, tu nous liras le discours de Jules Favre. »

Un Fils de Dieu parlant de Baroche : « En voilà encore un qui a crié vive la république ; c'est la république qui l'a fait ce qu'il est, ce président de la haute cour de Bourges. »

Continuant à lire mentalement et en mangeant : « Tiens, voilà Rouher qui appelle Garibaldi individualité sans mandat... »

Un fils de Dieu interrompant : « Il en a un beau de mandat, lui. »

Un sublime des sublimes : « Certes, il défend une mauvaise cause ; mais il a rudement du talent. »

Le fils de Dieu frappant sur la table : « Vous appelez ça du talent, vous ! vous n'êtes pas fort, ah ! si vous aviez entendu Ledru Rollin, à la bonne heure ; moi, qui vous parle, je l'ai entendu ; il fallait voir ça.

— On ne peut pas discuter avec vous.

— Si, mais seulement, ce qui me fait mal, c'est de vous entendre ; ainsi, voilà Amédée qui s'enthousiasme de son Jules Favre, cet académicien qui vient nous parler de Dieu, un démocrate de carton, comme ça ; qu'il parle donc des travailleurs, en a-t-il dit seulement un mot ? vous pouvez mettre la gauche et la droite dans le même tonneau, je les regretterai pas. Ils sont là qui ont l'air de prendre des mitaines pour leur parler; avec leur « messieurs, » ils me font suer. Regardez donc s'il n'y a pas un compte rendu des réunions publiques, j'aime mieux cela. »

Un sublime des sublimes examinant le journal: » Non, il n'y en a pas; mais je suis allé hier au Pré-aux-Clercs, le citoyen B... disait que la république ne serait possible que lorsque la propriété aura disparu et sera remplacée par la possession de l'instrument de travail, et la liberté de posséder son produit.

— A la bonne heure, je comprends ça; je suis sûr qu'il ne disait pas, messieurs, » celui-là. »

Une discussion s'engage, les uns admettent la phrase du citoyen B..., les autres ont mieux que ça. Le temps passe, l'heure arrive, on rentre.

Le marchand de vins choye le fils de Dieu; quand il a des recours, avec lui ça marque; celui qu'il préfère, c'est l'ouvrier mixte et le sublime simple : ça paiera toujours, c'est pas encore canaille; puis il ira à la paie, il les harcellera; avec eux, il y a toujours du rattrapage. Le vrai sublime ne fait pas son affaire.

Il ouvre de très-bonne heure, et comme il reçoit le journal, beaucoup se pressent de le lire. Il discute avec le fils de Dieu, bonne paie; il fait une légère opposition pour attiser la conversation, les autres écoutent. Le lundi de paie, s'il sent de l'argent à un simple sublime, il paiera sa tournée, provoquera le pain et le fromage; si l'ouvrier mixte dit : « Mais il faut que j'aille masser.

—.Comment, vous, monsieur Louis, vous laisseriez votre ami qui ne vous a pas vu depuis trois semaines, je ne vous reconnais plus! Vous êtes bien bon de vous tourmenter pour un *nase de patron* comme le vôtre; je lui garde un chien de ma chienne à votre *entortillé de singe*; l'autre jour, voilà t'y pas que je lui porte la note de *Mal-d'aplomb* : y me dit : f......moi le camp, vous êtes aussi canaille que lui ; il me la paiera celle-là. »

Les sublimes appellent les marchands de vins des voleurs, des filous, des *faignants*, des roussins, ils sont tous de la bande à Vidocq.

Sans être aussi affirmatif, nous pensons qu'il y en a au moins la bonne moitié qui ne vaut pas mieux que les sublimes, si ce n'est pire que les vrais sublimes.

Écoutez un sublime qui règle avec lui : « Vous êtes un voleur, vous marquez à la fourchette ; nous sommes cependant pas à Bondy. »

Il tient sa comptabilité à la barre et la barre est bientôt faite. Que voulez-vous? qui est-ce qui ne se trompe pas? Il connaît bien ceux qui tiennent leurs comptes, il s'en méfie. Pour les négligents, les barres marchent, ainsi que le compte d'apothicaire, qu'il fait toujours accepter.

Les débitants nouveaux dans le métier, et de bonne foi, il n'y en a pas pour longtemps à les nettoyer ; une fois fermés ou en faillite, les sublimes disent : Encore un de passé en lunette.

Dans ces laboratoires de sublimisme, les patrons entrent pour un bon quart dans les causes de noces et de démoralisation. Le vin nouveau à goûter et le crédit douteux les encouragent à quitter la besogne.

Pourquoi les travailleurs ont-ils abandonné l'association du manger ou, plus brièvement, *la Sociale* qui a fonctionné en 48 et même longtemps après?

Ils étaient groupés une soixantaine, le délégué de semaine veillait aux achats et réglait sa semaine ou sa quinzaine ; la femme de l'un d'eux faisait la *popote* (1). Ils avaient une nourriture saine et copieuse, un bon vin non frelaté, et les repas revenaient à 30 p. c. meilleur marché. Aussitôt arrivé, l'un prenait le journal et le lisait, le premier qui avait fini le livrait à son voisin. Nous y avons mangé en 52. Les extras étaient comptés en plus et vendus un bon prix, les bénéfices revenaient à *la sociale*. Ce qu'il y avait de moralisant est considérable ; c'était très-rare que tous ne retournassent pas au travail ; les *poufs* étaient impossibles ; les autres intéressés forçaient le mauvais payeur à s'exécuter.

Savez-vous pourquoi l'on n'a pas continué ? Parce qu'il y avait trop de sublimes ; la raison est suffisante.

Il faudra y revenir.

Quelquefois le marchand de vins tient un garni, il est aussi marchand de sommeil ; le sublime qui est généralement comme le limaçon, s'en moque pas mal, il n'a rien. Si, deux ou trois kilos de hardes. Il faut que le marchand de sommeil fasse des prodiges d'habileté pour se faire payer.

Il se passe des scènes curieuses dans ces taudis. Un samedi de paie, le sublime rentre tard, il s'est payé un *torchon* (2), on lui refuse l'entrée ; alors il donne un

_____

(1) La cuisine.

(2) Les sublimes savants se paient un linge ; les autres se paient un torchon, une éponge ou un paillasson.

à-compte. Le marchand de sommeil qui veut encore de l'argent, use d'un stratagème : le matin de bonne heure il frappe et entre dans la chambre, il enlève ses effets et ceux de la rouchie : il faut payer ou plutôt donner le reste de la paie. La taupe l'apostrophe, elle est refaite, elle comptait sur cent sous, maintenant plus rien, sa *journée* est perdue.

Le chez lui, pour un sublime, ne compte pas, il va du marchand de vins à l'atelier, de l'atelier au marchand de vins, voilà son existence ; et vous voulez que ces individus-là aiment la famille ! Allons donc ! c'est absurde. Ils atrophient leurs sentiments comme ils calcinent leur estomac. Puis, c'est avec ces gens-là que vous pensez résoudre la question sociale, c'est le boulet qui l'empêche d'avancer.

XIII

UNE SÉANCE AU SÉNAT

Certes, voilà un titre insolite, mais rassurez-vous, il est officiellement reconnu ; au Conservatoire des arts et métiers, quand on prend un ouvrier, on porte : une journée de sénateur... tant (1).

Nous vous avons montré comment on lit le journal chez le marchand de vins ; nous voulons vous montrer ce que font et disent les sublimes devant le comptoir ; une visite au *Sénat* et une visite à la *Mine à poivre* vous montreront où les mœurs détestables s'élaborent, où les ouvriers se corrompent.

Depuis longtemps, les travailleurs appellent les marchands de vins où ils se réunissent par spécialités, des sénats. Un des plus célèbres vient d'être démoli, le sénat de la Planche-Mibray.

Le sénat de la mécanique se tenait sur le boulevard des Poissonniers, au coin de la rue de la Nouvelle-France ; on le démolit actuellement. Il a été longtemps

_____

(1) Dans le temps les tourneurs de roues étaient nommés *sénateurs*, le mot s'est généralisé depuis.

10

tenu par le père Michel, *soiffart* de forte taille, estomac
à trois cuvées, sac à vin de premier rang. L'ordre de la
mère Michel, digne femme, ramenait l'ordre dans les
finances. Depuis la mort du père Michel, le successeur
avait clos les séances. Nous croyons qu'il est un peu
plus loin sur le même boulevard. Mançot-la-Chique, le
président actuel, avait voulu essayer à Ramponneau,
la tentative a échoué.

Prenons-le au moment du père Michel et à l'époque
où nous y assistions pour la première fois, en 1851.

En ce temps-là, le sénateur (lisez grosse culotte ou
vrai sublime) brillait encore d'un certain éclat; on don
nait le nom de président du sénat à l'habitué qui tenait
le plus le *crachoir*, le premier grelot de la réunion, en
un mot une blague d'acier.

Le personnage qui présidait, au moment de notre
visite, était un nommé F......n, grosse culotte, forgeron; le sénat recevait plus spécialement les forgerons;
les ajusteurs, les tourneurs préféraient la *Machine à
soûler*, établissement voisin.

Il ne faut pas confondre le sénat avec les assommoirs.

Il y a peu de sénats, tandis qu'il a peut-être plus
de deux cents assommoirs. Le sénat est spécial à une
seule partie; en bien examinant, le sénat est un dimi-
nutif de la mère des compagnons; chaque partie avait
une mère chez laquelle on buvait, mangeait et logeait.
Les ouvriers du fer ayant abandonné le compagnonnage
formèrent des sénats.

F......n avait sur son livret toutes les signatures des
grandes maisons et une grande partie des petites de la

capitale (1). Il avait la gloire d'avoir le premier encolé
un longeron de locomotive, travail qui posait un homme
à cette époque où le marteau-pilon était pygmée. De là
son nom d'Encoleur de longerons. Il porte une grande
barbe, un chapeau démoc, un tablier presque toujours neuf roulé sous le bras et que dans leur langage
pittoresque ils appellent le matelas parce qu'il sert
d'appui pour cuver *une cuite* (2) ; le bourgeron et la
cotte bleue traditionnelle, quelquefois une blouse blanche, curieuse anomalie, les taches de graisse y paraissent mieux.

Il est bien taillé ; une voix caverneuse, une mobilité
d'œil surprenante le constituaient d'avance pour la pose
et l'effet. Comme le Marseillais, il possédait la pantomime et le geste ; par instants, il cherchait les notes les
plus basses, ses yeux et l'ensemble de sa figure télé-
graphiaient ses impressions ; en un mot F......n avait
tout ce qu'il faut pour parler aux masses et les impres-
sionner.

Quand il travaillait devant le comptoir, il était à la
besogne, il ne fallait pas gêner ses mouvements. Le
matelas servait de pièce, le bras remplaçait le marteau,
une table ou plutôt le bord du comptoir servait d'enclume. A force de travailler chez le marchand de vins,
il ne savait plus guère travailler en réalité.

(1) Au printemps quand la violette de patience a disparu, quelques sénateurs font leur tour de France, huit ou quinze jours à Ar-
genteuil, autant à la Patte-d'oie, Herblay, Pontoise, Persan, Creil,
Montataire et Liancourt ; alors on revient dans la capitale.

(2) Cuver une cuite, chercher dans le sommeil l'évaporation des
alcools et autres denrées qui fermentent dans cet alambic calciné,
l'estomac d'un sublime.

Il faisait au plus trois journées de travail par semaine et deux ou trois patrons par mois.

Sa femme, laborieuse et un peu sublime, vendait du poisson et nourrissait ce parasite poseur. Les lundis, mardis et mercredis, elle affectait de passer devant le sénat, si elle pinçait son *faignant*, vlan!... une limande par la figure.

Tous les sénateurs *étaient à la couleur*, quand ils l'apercevaient de loin, ils prévenaient F......n, qui passait immédiatement dans la salle; un malin lui demandait des nouvelles de son homme : « Il est donc malade?

— Ça vous regarde pas, *faignant*. Quelquefois elle entrait, alors F......n s'esquivait dans la cuisine. »

Le hasard nous amena un matin de juin au sénat.

F......n, accoudé sur le comptoir, méditait sans doute sur la cuvée de la veille; le père Michel debout attendait. Nous étions avec le régulateur de la machine à soûler, sublime très-bien vu par les sénateurs. Un bonjour à la vraie sublime accueillit le visiteur; nous fûmes gratifié d'un regard protecteur, nous étions jeune. Nous forçâmes naturellement la pose, car, entre eux, elle n'aurait pas fait beaucoup d'effet, ils avaient travaillé ensemble dans plus de vingt boîtes différentes. La goutte de mêlé fut servie, le père Michel et F......n profitèrent de notre invitation. Après quelques phrases banales, deux individus entrent :

— Comment ça va, F......n.

— Pas mal, ma vieille, et toi quéque tu fais donc maintenant, voilà un siècle qu'on ne t'a pas vu; c'est un *effet de mirage de voir ta binette.*

— Que veux-tu, je suis marchandeur chez Kaulck, je me fais mes quinze balles, y faut pas *flancher*, l'*argousin* n'est pas commode ; ça ne fait rien, je ne crois pas que j'y mangerai un boisseau de sel dans c'te boîte-là ; on ne peut pas seulement s'absenter un instant, qu'on ne retrouve plus ses outils ; j'ai manqué seulement quatre jours, quand je suis revenu, j'avais plus rien. Et puis, ne m'en parle pas, le singe m'a engueulé hier, il m'a f..... la flemme morbus. J'y ai fait une pièce pour modèle, y me dit : C'est bien, mais c'est trop long.

— Si y a que ça, on va la rogner.

— C'est pas ça que je veux vous dire.

— Eh bien ! quéque c'est alors.

— C'est que vous avez été trop de temps.

— Fallait donc le dire, je vous aurais envoyé *dinguer* plus tôt. Il s'est fâché, mais on s'est remis après.

F......n désignant le *Régulateur* :

« Tu ne remets donc pas P.....d, tu sais bien, celui qui était avec nous chez G...n ; c'est lui qui posait les tôles minces aux machines du Nord. »

La reconnaissance n'est pas longue, et les poignées de main vont d'importance.

« Père Michel, deux verres de plus, renouvelez-nous ça à nous autres. » Remarquez que c'était notre tournée qui se continuait.

En homme habile, le père Michel disait à F......n :

« Et vous, c'est-y un canon de la bouteille ?

— Oui, vieille drogue, un canon dans un demi-setier ; ne me faites plus de ces blagues-là, empoisonneur du pauvre monde. »

Le jeune homme qui accompagnait le sublime nou-

veau venu était forgeron aussi; il s'était placé sous l'é-
gide de son compatriote, grosse culotte, qui était gratifié du nom de *Chasse à parer* à cause de ses aptitudes
spéciales pour parer une pièce.

La *Chasse à parer* interpellant F......n :

« C'est pas ça, ma vieille, je suis venu te trouver pour
que tu m'enquilles ce cadet-là quéque part. Il arrive de
province, c'est un de mes pays qu'est d'attaque, tu sais;
j'ai vu un arbre coudé qu'il a forgé pour une papeterie,
c'est moulé. C'est jeune, ça a besoin d'apprendre; c'est
comme je lui dis, c'est rien à la campagne, faut voir les
malins de la capitale. Il ne veut pas croire que Bernard
la Balafre ajuste un compas à la forge mieux qu'un ajusteur à la lime. »

F......n toisa le jeune forgeron, lui palpa les biceps,
et après une nouvelle pose :

« Il a de l'abattis, n'y a plus que le courant qui lui
manque, on s'en charge, mon vieux, j'ai son affaire,
c'est de la bijouterie à forger; il n'attrapera pas une
hernie à forger ces leviers-là; et puis, tu sais, on donne
la journée là-dedans; c'est chez G........e, un fabricant
de presses.

— Bon, bon, je connais ça. »

Ajoutez à ça un air de docteur en nom, une voix de
sénateur, vous aurez l'effet produit sur le jeune homme
qui rougit de joie d'être protégé par des célébrités pareilles. La *Chasse à parer* provoqua une tournée au nom
du nouveau venu, trois autres sénateurs étaient à l'autre
bout du comptoir.

Le *Régulateur* nous poussa le coude et nous dit :

« Vous allez voir F....,..n tout à l'heure; si on le monte,
il va faire sa journée. »

En effet, F......n reprit :

« La *Chasse à parer* blague, n'est-ce pas, c'est une
chigneule de meule que vous avez forgé? Ainsi moi qui
vous parle, je sais bien ce que c'est. Quand je suis venu
à Paris, j'avais jamais fait que des charrues et ferré des
chevaux. A présent, demandez-y à vot' pays, si on sait
vous manœuvrer une pièce; on n'est pas à la hauteur
en province. »

La *Chasse à parer* s'adressant au jeune Baptiste :

« Oh! oui, F......n est un rude, un chouette; c'est
lui qui a forgé les longerons du Nord, c'étaient de crânes
morceaux. »

F......n, les regardant tous les deux d'un air triomphant, reprit :

« Ma vieille, les longerons du Nord, c'était de la gno-
gnotte. Figure-toi qu'un jour, je travaillais chez Gouin,
c'était Labbé, tu sais bien le père Labbé, un d'attaque
aussi... »

Le père Michel interrompant :

« Faut-il vous verser vot' tournée, môssieu F......n?

La *Chasse à parer* répliquant :

« Redoublez ça, père Michel, c'est Baptiste qui régale. » La tournée disparut.

Après avoir essuyé ses moustaches, F......n reprit :

« C'était Labbé qu'était contre-coup, y me dit :

— Nous avons dix machines à faire pour Lyon.

— On le sait, que je lui dis.

— Il y a des longerons qui sont rudement difficiles,
je ne sais pas comment nous allons nous en tirer.

— Cré n.. de D..., c'est toi, Labbé, qui a le taf? Eh bien ! les sénateurs ne sont donc plus capables de rien ? Fais-moi voir le plan, je suis sûr d'avance que je m'en charge. »

Il y eut une pose. F......n se mettait en chantier, un cercle attentif l'entourait et le jeune Baptiste était en admiration. Nous étions si peu habitué à cette pose et à cette voix, que nous ne pûmes retenir un éclat de rire.

F......n nous foudroya du regard. Le *Régulateur* intervint, nous sermonna et nous dit :

« Faut pas blaguer. Continue, vieux, c'est encore un jeune homme, ça n'est pas à la hauteur.

Nous nous excusâmes et nous offrîmes de suite une tournée, et la séance reprit.

« Je regardai le plan, y avait rudement du coton, les équerres avaient plus de quatre cents sur trente-cinq d'épais, puis un congé qu'il fallait découper. Je dis à Labbé : T'as pas besoin de te fêler la bobine pour ça, maintenant tu peux être tranquille, on s'en charge.

— Je le sais bien, j'ai pensé à toi ; mais le grand (l'ingénieur) m'a dit que t'étais pas soigneux, que t'étais un ivrogne, qu'y avait pas moyen de compter sur toi ; et puis, y a le contrôleur de la compagnie qui est un ra-pointi rudement sévère.

— Si ce n'est que ça, ne te *décarcasse pas le boisseau*, on le verra, ce malin-là ; s'il a besoin d'un coup de dé-gorgeoir, on est d'attaque, on le passera sur le marbre pour le dégauchir. Pour les mesures, tu sais qu'on connais ça ; sois tranquille, on te f...a ça tapé et au trait du dessinateur. As-tu les fers ?

— Oui, qui me dit.

— Eh bien, donne-moi la commande; quand j'aurai fini mes manivelles, je les empoignerai; seulement, je te préviens, y me faut le petit François et *Cogne à mort*, deux daubeurs d'attaque; ils sont au Rochouart, j'irai ce soir les chercher. Le lendemain matin, ils viennent me trouver ici, c'te rosse de père Michel nous a fait goûter du *chien* (1) qu'il venait de recevoir, nous nous sommes mouillés un peu et nous avons été à la messe de cinq minutes (2); nous avons complété notre cuite chez Guillou. Le lendemain, tout le monde sur le tas. Avant de commencer, j'ai *écopé mon abattage* (3); Labbé, quand il s'y met, il y va pour tout de bon. »

Le père Michel interrompant :

« Vous m'arrangez bien, F......n, j'étais à la cave, j'ai entendu; vous ne changez pas? C'est toujours un canon de la bouteille? C'est la tournée de môssieu? en désignant Baptiste.

— Non, ça sera la mienne, répliqua la *Chasse à parer*.

— Non, môssieu Auguste, je ne veux pas. Vous avez promis à ma femme un à-compte de cent sous samedi sur votre note, on ne vous a pas vu. »

F......n toisant la *Chasse à parer* :

« T'as donc l'œil crevé ici, toi? Vois-tu, c'est que la mère Michel a des boutons à son pantalon; s'il te faisait crédit, elle lui tournerait le gros bout ce soir. »

(1) De l'eau de vie.

(2) Être à la messe, être en retard.

(3) Écoper son abattage, se faire complimenter avec des expressions choisies, sur son exactitude ou son habileté.

Après quelques explications de M. Auguste, F......n s'adressant au père Michel :

« Voyons, père Michel, vous ne direz rien, il a trois journées à toucher chez les Anglais, samedi, il vous paiera ; on lui fait une politesse, il veut la rendre. »

Enfin il reste convenu que si, le samedi suivant, il ne s'exécute pas, il paiera cinq litres ; un des sénateurs présents demande qu'on les boive tout de suite, le père Michel s'y refuse. L'action promettait, la pression montait, les clignements d'yeux, les modulations de la voix et les gestes fonctionnaient bien. F......n reprit :

« Labbé me dit : Faut que t'en fasse d'abord un pour voir la figure que ça aura.

— Ne te tourmente pas, nous n'en ferons pas deux à la fois. Il me dit : Tu souderas ça en *gueule de loup* (1), ça sera plus solide. Je lui fais comprendre qu'on verrait les soudures, tandis qu'à *chaudes portées* (1) ça serait aussi solide et plus chouette. Il avait peur, je lui dis : Sois tranquille, on t'encollera ça numéro z'un. Il avait peur que je ne puisse pas souder d'une chaude. Je lui dis : Sois donc calme, j'ai de rudes daubeurs. T'es toujours comme ça, toi ; tu sais cependant bien que si les sénateurs aiment les petits coups de marteau et les grands verres de vin, quand il y a une pièce difficile, on est là, et, au besoin, on cogne avec le marteau de trente livres ; tu baisses, Labbé, t'es devenu rudement taffeur à présent. »

F......n s'adressant à Baptiste :

« Voyez-vous, jeune homme, il craignait qu'au bout

(1) Expression de forgerons.

la soudure ne soit pas nette; comme je lui ai dit : Si
c'est ça que tu crains, mais, mon vieux, j'y collerai un
bon lardon; et si dans le milieu il y a quelque chose,
deux ou trois m...*scorpions* sont bientôt plantés, un bon
coup de chasse à parer mitonné avec de l'eau, et ton
contrôleur n'y verra que du feu. »

Reprenant pour l'auditoire qui grandissait :

« C'était pas le tout; nous refoulons les deux bouts,
de quoi avoir de la chair; quand toutes les amorces
furent dégorgées, Labbé me dit : Pour chauffer tes
équerres et faire ton encolage, tu prendras la forge d'en
face; c'est le petit François et *Cogne à mort* qu'avaient
la commission; moi, j'avais quatre bons lapins pour
cogner : il y avait le gros Nantais, que t'as bien connu,
il travaillait avec toi; la *Chasse à parer* fit un signe
affirmatif. Il y avait aussi le petit Moricaud, qui ma-
nœuvrait la masse de trente livres comme une plume.
Le gros Nantais, qu'avait été à Indret, nous torchait un
feu que c'était ça; y me tape une voûte soignée; j'avais
fait piler un plein seau de gré. Le Moricaud, qui avait
l'œil chez un *minzingue* de son pays, qu'était établi
nouvellement rue des Moines, avait apporté deux
litres : Bon l'ami, ça servira. Je lui dis : Tu sais, *Mal
blanchi*, les deux litres, c'est pour mon compte; tu diras
à ton pays que c'est ton marchandeur qu'en répond. »

F......n toussa, cracha, comme s'il avait une arête
dans le gosier; le *Régulateur* lui dit :

« Faut alimenter, ma vieille, *t'es bas d'eau; ne vas
pas f....e un coup de feu à ton serpentin* (1). »

(1) Il y a une limite qu'il ne faut pas atteindre pour le niveau

. Le père Michel lui conseilla une gomme avec de l'eau.

« Pour qu'est-c' qui me prend, ce marchand de vitriol? de l'eau, à moi! à F......n, de l'eau avec de la gomme! je ne suis pas au *sirop de baromètre*, entendez-vous bien, *vieille bride*, de l'eau, c'est bon pour éteindre le feu. Rappelez-vous, espèce de Borgia, que je ne change pas; toujours du piqueton de la bouteille. »

Le *Régulateur* fit signe au père Michel que c'était sa tournée, à l'œil, bien entendu; le père Michel répondit négativement.

Le *Régulateur* nous dit :

« Dites-donc, prêtez-moi donc vingt sous, cette vieille ficelle-là m'a coupé mon credo. »

Nous avançâmes les vingt sous demandés, la tournée disparut, et F......n reprit :

« On alluma, je leur z'y dit : Allons, les amis, un coup de collier, faut leur faire voir que si on ne travaille pas souvent, quand on y est, on est des bons. Au bout d'un quart d'heure, je vais voir le petit François, il était déjà blanc; c'est un masseur capable, le petit François. Je lui dis : Doucement, la coterie, ralentissons ça un peu; il faut que nous retournions le nôtre, il ne chauffe que dans un endroit. Au bout de cinq minutes, nous commencions à blanchir; le petit François était déjà suant : En douceur, François, du gré en masse, chaud partout, ne grillons rien. Je prends ma pelle à feu, je découvre le nôtre; c'était comme un feu

de l'eau dans les générateurs, sinon vous brûlez les tubes ou le serpentin.

d'artifice sur toute la ligne, j'envoie une poignée de gré. *Cogne à mort* gueula : Quand les sénateurs y seront, nous sommes prêts. — On vous attend, malins. Allons-y, les amis, de l'ensemble. Si vous aviez vu ça, c'était magnifique, tout l'atelier regardait; les bouts étaient blancs à point, c'était comme un beurre. François, qui a de l'œil, me plante ça à la hauteur juste : Allons-y, des coups droits, hue donc, les dévorants, sur moi, et de la vitesse; levons les bras, de la graisse d'abattage. Le gros Nantais refoulait en bout avec *Cogne à mort;* la masse de trente livres vous ramenait ça à chaque coup. Je m'aperçois que la soudure ne prenait pas en bas : Oh! donc, vivement, retournons ça, du nerf, refoulez donc, n... de D..., nous allons avoir un *plat à barbe* (1) dans le milieu. Allons, tisonnier, lève la main de derrière, hardi la bigorne, de la panne pour ramener la pince. Il y avait c't encloué de *Désoudé* qui cognait de travers, à chaque coup ça marquait; je lui dis : Si tu ne veux pas marcher mieux que ça, je te f... dans le *baquet de science* (2), n.. de D.... Refoule en bas, Nantais, nous sommes un peu maigres, d'aplomb et sec, par ici, en douceur et du roulement; bon donc : t'entend pas l'arrêt, ouf!... Voyons, François, passe *finette* (3) que je coupe cette bosse, et de la chasse à présent. Enfin, on te pare ça dans ton chic à toi. Nous passons le calibre et les règles pour voir le dégauchi; y avait pas un cheveu de différence. Regarde, vois ça, toi, Nan-

(1) Une cavité.
(2) Baquet d'eau.
(3) Tranche pour couper le fer.

tais, qui connaît le trait; ça y est tapé au trait du dessinateur. Après avoir collé le longeron par terre, le Moricaud passa la *demoiselle* (1), c'est à ce moment-là que
c'est bon; aussi je lui ai f...u un soufflet à la régalade
qu'on lui a vu le derrière. L'abbé, qu'était là, me dit :
C'est bien, ça, F......n; t'es toujours bon, faudra continuer. Mais voilà un petit dessinandier, celui qui a fait
le plan, qui arrive; passe la jauge qui mesure tout avec
son mètre, il avait une *paire de châssis* (2) pour voir de
plus près. Après un quart d'heure, le voilà qui vient me
dire : Il y a une différence de trois millimètres; vos
coups de pointeau sont trop forts. — Et mon nœud de
cravate est-y trop fort, espèce de fausse couche? »

La séance était terminée, F......n était en nage; il
fallait voir pendant l'action, le tablier, les bras, les
gestes indiquaient les phases du travail. Son auditoire
était silencieux, Baptiste surtout, qui bien certainement
était plus capable que lui; mais les sénateurs en imposent.

Nous repassions quelques années plus tard; savez-
vous qui tenait le crachoir? Ce même Baptiste que nous
avions vu arriver. Il avait le courant et nous constatons
que F......n était de la saint Jean auprès de lui. Nous
l'entendîmes faire un arbre de relevage et une tête de
cheval pour pont à bascule.

Aujourd'hui Baptiste est un des beaux sénateurs de

(1) Bouteille.
(2) Lunettes.

la capitale. Le Sénat moralise les masses, qu'en dites-vous? Cependant, le Sénat, comparé aux assommoirs, est moins mauvais : les séances générales corrompent moins vite que les discussions séparées (1).

(1) Un des sénateurs présent à cette fameuse séance et porté dans la liste de nos célébrités, travaillait à l'apparition de la première édition du *Sublime* dans un atelier de chemin de fer. Le chef d'atelier le fit appeler et lui lut la séance au Sénat, et lui fit voir son nom. Il ne savait comment témoigner sa satisfaction. En rentrant à sa forge, les pouces derrière les emmanchures de son gilet, d'un air crâneur, il dit à ses aides : Eh bien! coteries, nous sommes des chouettes à c't' heure. Nous sommes dans les livres.

XIV

UNE VISITE A LA MINE A POIVRE

Les assommoirs sont des mines à poivre, ou boîtes à poivre ; un des grands assommoirs, chaussée Ménilmontant, est cependant qualifié du titre de mine à poivre.

Une visite dans cet établissement et la reproduction de quelques conversations nous montreront les occupations les plus communes des habitués, et permettront d'apprécier les fâcheuses conséquences que le travailleur y puise.

Les jours les plus propices sont le lundi et le mardi. Vous entrez, en face du long comptoir, les sublimes sont arrimés sur un banc, ou attablés dans la salle, ou le plus souvent debout sur le pas de la porte ou dans le milieu de la salle, les bras croisés sur la poitrine, le corps un peu incliné.

Nous laisserons de côté les tournées et l'empoisonneur, nous ne nous occuperons que des conversations.

Mes-Bottes s'adressant à un groupe :

« Il paraît que *Louis Philippe* (le principal abonné

de la mine à poivre) est en train d'*aléser son cylindre* (1),
on m'a dit qu'il n'avait pas seulement de quoi acheter
de la tisane.

— Ce qu'il y a de plus fort, reprit l'*Asticot*, c'est que
les camarades lui portent de la jaune pour l'achever, ils
veulent manger du pain et du fromage, ça se voit bien.
On ferait mieux de faire une souscription ; on me disait
que le gros Joseph, vous savez bien, celui qu'a un nez
qui pleut dedans, en avait fait une et qu'il en avait béquillé les trois quarts ; faut-il être rosse tout de même. »

Le petit Zéphir entrant ; tous ensemble :

« Tu ne travailles donc pas ? Je croyais que t'étais
embauché chez chose, lui dit un célèbre.

— J'ai commencé ce matin, j'ai vu que c'était une
boîte, j'ai *pissé à l'anglaise* (2) et me voilà. »

Mal-d'aplomb interrompant :

« Je la connais, moi, c'te boîte-là. Croirais-tu, mon
vieux, que le contre-coup a eu le toupet de m'affuter à
trois livres dix, oui, moi, qui gagnais plus de dix francs
rue Popincourt. Ah ! t'as rudement bien fait de ne pas
y rester. »

Dans un groupe, la *Précision* se passant la main dans
les cheveux :

« Aïe, aïe, j'ai les *douilles* (3) comme un balai à
macadam. C'est-y bête de se piquer le nez comme ça,
figurez-vous qu'hier je pars pour travailler, je rencontre *Pet-en-l'air*, qui travaille au Combat, y m'offre

(1) Très-malade.
(2) Se sauver.
(3) Les cheveux.

une blanche, à huit heures nous étions en pression, nos
soupapes crachaient, j'ai fini ma journée sur un banc
et ce matin j'suis pas d'attaque du tout. »

Un groupe regardant dans la rue et voyant un individu bien mis se dirigeant vers l'assommoir :

« Mais c'est Rocambole, n., de D..., quel chic à c't'
heure! sa masse est complète, regardez donc le paletot
à la propriétaire, des *philosophes* (1) vernis, pus que
ça de lusque. En voilà un qu'a été à Saint-Cloud et qu'a
rapporté un rude mirliton, quel grelot, comme ça
sonne!

— Je crois bien, dans le temps c'était la *tapette* (2)
du Sénat.

— Y ne *turbine* (3) pus, pas si bête, à présent, il est
dans les théâtres, il va en remonte. »

Rocambole entrant, les poignées de mains marchent,
un bruit se fait autour de lui. La *Dent-Cruelle* lui se-
couant le bras et lui écrasant les doigts :

« J'ai jamais été inquiet de toi, je savais bien que tu
arriverais à quéque chose. A ça, t'as donc un compte
chez Rothschild, t'as l'air rudement à tes affaires; au
moins t'es un zig, t'es pas fier avec les camaros. Tu te
rappelles quand nous étions chez les Pihet et puis
chez Cavé, nous faisions les bielles pour les machines
de six cents chevaux. On rigolait dans ce temps-là,
hein!

— Voyons, les vieux de la vieille, c'est moi qui régale,

(1) Souliers.
(2) Blagueur.
(3) Turbiner, travailler.

reprit Rocambole. Voyez-vous, mon théâtre va monter une grande pièce qu'on appellera les *Insectes;* n'en dites rien, au troisième acte, y aura un grand ballet, le triomphe du faucheur, c'est madame D... qui a ce rôle-là, y nous faut pour dans quinze jours deux cents femmes pour le cortége ; mais ce qu'il y a de plus épatant, c'est qu'il faut qu'elles ne pèsent pas plus de soixante et dix livres tout habillées.

Le *Baril d'anchois* interrompant :

« Tu sais, vieux, la *Machine à délarder* est-là. »

Clou de girofle le prenant par le bras :

« Tiens, en voilà déjà deux, la *Desséchée* et *Barbotte* qui *pioncent* (1) sur la table. (Nous avions oublié de vous dire que l'assommoir était fréquenté par quelques femelles humaines.)

— Trop vieux et pas assez de chic ; je repasserai. Si vous connaissez des sujets, vous me les adresserez, je vous donnerai des billets. »

Cet ancien sublime que nous nommons Rocambole existe, il vit des théâtres effectivement ; mais l'appoint principal est la protection d'une jolie figurante qui le *gobe.*

C'est l'aboyeur des quatrièmes galeries, qui criera, à une première, si le parterre fait du tapage : *Y a donc des Rouennais ici* (2). Il fréquente les anciens ; du reste, il aime à venir se retremper avec eux ; il joue à la position,

_____

(1) Dorment.

2. Les Rouennais sont très-amateurs de théâtre, et sont très-exigeants pour les artistes, surtout pour les célébrités qui ne sortent pas de Rouen ; ils ont la gloire d'avoir sifflé ou chuté Duprez et Ra-

il raconte un tas de mensonges; ceux qui le connaissent renchérissent sur ses blagues.

Deux sublimes se saluent : « Qué que tu fais, toi?

— Moi, je suis embauché pour jeudi chez chose.

— C'est pour rire, que tu vas là-dedans, mais va donc plutôt à la Trappe, le *singe*, la *guenon*, le *contre-coup*, tout *ça c'est de la canaille*, j'te vois pas blanc.

— Tu sais, j'te remercie de ce que tu me dis, je vas essayer, si on m'embête, je les *refoulerai tous à Bondy* (1), et ça sera pas long. Tu sais, je suis pas gêné, je sors de chez Richer, j'étais pour la réparation des *bonbonnières* (2) *et des anderliques*, voilà trois fois qu'ils me font demander. Si ça ne va pas, tu sais, j'aurais bientôt fait de leur jauger leur fosse. »

Ainsi, voilà un compagnon qui vient, sur des renseignements pareils, pour travailler dans une maison avec des dispositions très-hostiles ; aussi au bout d'une heure, il se querelle et quitte. C'est plus qu'ennuyeux, c'est dégoûtant.

Le Raccord interpellant *la Vis à chapeau* :

« Dis donc, vieux, qu'est devenu ce grand rouge qu'était monté sur les machines, tu sais bien, celui qui

---

chel. Nous entendions un ténor raconter à un de ses amis ses débuts à Rouen. Le camarade lui demanda s'il avait été sifflé; sur sa réponse négative, il conclut qu'il n'était pas bon. Très-nationaux ces Anglais de la France.

(1) On refoule à Bondy le précieux engrais parisien, au moyen d'une puissante machine et d'une conduite en fonte. Refouler à Bondy est une expression très-employée par les sublimes.

(2) Tinette, gros tonneau armé de fers.

avait dépassé deux stations quand il faisait les voyageurs; son chauffeur et lui étaient *paf;* ça devait être
drôle pour les voyageurs qui attendaient.

— Je crois qu'il est mort.

— C'est dommage, c'était un bon garçon. »

Un jeune homme proprement vêtu entrant, s'adresse
à un abonné : « Pardon, monsieur, vous ne connaissez
pas un ajusteur et un tourneur sans ouvrage, mon patron m'envoie pour en embaucher.

— Qu'est-ce qui fait vot' singe?

— Des machines.

— Ousque c'est?

— Tel endroit.

— Quelle journée qu'on donne là-dedans?

— Cent sous.

— 'est y pour longtemps?

— Oui, si on est capable et surtout si on ne s'absente
pas. »

Un malin s'approchant : « J'y ai travaillé là-dedans;
si c'est pour un coup de main, tu peux y aller; mais si
c'est pour un bout de temps, tu ne feras pas long feu. »

Ainsi, voilà un compagnon embauché et bien disposé.

Deux autres : « Tu connais rien?

— Non; il y a bien chez machin de l'ouvrage, il demande des tourneurs, mais c'est pas ton affaire, pas de
prêt, pas d'œil. Si tu manques seulement le lundi et le
mardi, tu seras balancé, et puis une cloche. Vois-tu, les
patrons, c'est tous des mufes, y veulent faire crever le
pauvre ouvrier. »

Voilà un échantillon des conversations qu'on entend
dans la mine à poivre.

En général, on y fabrique la gloire des amis et l'on fait la réputation des ateliers, des contre-maîtres et des patrons. Belle et bonne occupation, qu'en dites-vous?

Dans nos visites aux assommoirs, nous avons noté une cinquantaine de conversations différentes; nous avons choisi les plus courtes et les plus concluantes. Voici les titres d'une partie des sujets traités dans cette académie :

La locomobile montée en douze temps et quinze mouvements; — la boîte, le *pointeau* (1) et le contre-maître mis à l'index; — l'essieu à bras tendu; — la *giroflée à cinq feuilles en plein sur le bec* du singe (2); — le coup de sirop malgré lui; — la feuillette chez Benoît; — un abattis démoli; — trois mois à l'hospice; — cinq ramassés au poste, le singe les renie; — Bibi fait *sa panthère* (3); — y a du deuil; — deux à Poissy; — un minzingue en lunette (4); — les *mèques* (5) ne brillent pas; — les *preus* (6) de la capitale; — le *Régulateur vidange* (7); — l'avance à l'échappement; — quatorze mille kilos de boulets et deux canons en une nuit (8); — faire un train de voyageurs; — un tube de crevé au poteau 117, il appelle le pilote; — les prud'hommes

(1) Employé qui pointe le temps.
(2) Une gifle sur la figure du patron.
(3) Faire sa panthère, avoir l'esprit occupé à autre chose que son travail, et se promener avec son marteau sur l'épaule.
(4) Passer en lunette, nuire, tromper.
(5) Les souteneurs de filles.
(6) Les premiers.
(7) Célébrités ayant mal au cœur.
(8) Souvenir de 48.

sont des zigs; — les prud'hommes sont des mufes; —
la manière de s'en servir; — *Pousse-en-Graisse* fait la
banlieue; — dix-sept heures sur le *coucou* (1) des mécaniciens à cent vingt-cinq francs par mois; — le patron
arrangé aux prud'hommes par Papillon; — *Blanc-de-
Zinc* fait les marchandises, il pique les feuillettes dans
les garages; — vingt jours à la comédie; — quatre-
vingt-dix francs les cent kilos les Auvergnats (2); —
c'est pas *Six et trois font neuf* (3) qui a conduit la lune
avec une perche; — le *Caméléon à lunettes* est du conseil; les succès de la pompe funèbre (4), etc., etc.

(1) La machine.

(2) Deux chaudronniers originaires de l'Auvergne, endormis
dans une chaudière, furent pesés avec; elle était vendue à 90 francs
les 100 kilos.

(3) Un Boiteux; les sublimes disent que ceux qui sont affectés de
cette infirmité additionnent.

(4) La pompe funèbre, célébrités du ruisseau dont le métier ina-
vouable était poussé jusqu'à ses derniers raffinements.

XV

LA FEMME DU TRAVAILLEUR

La famille est à la question sociale ce que la commune est à la question politique.

Constituer la famille c'est préparer la solution. La femme est l'âme, la base de la famille. Quelle doit être sa mission dans la société ?

Une seule, grande, sainte : être épouse et mère.

La nature l'a créée pour cette mission de douceur, d'affection, de dévouement ; elle seule sait vraiment consoler et vous donner le courage qui redresse dans les moments d'abaissement.

Tout homme qui ne se constitue pas une famille est un mauvais citoyen, il manque aux premiers devoirs qu'il doit à la société ; le célibataire est un parasite égoïste, un trouble social.

La famille développe les bons sentiments, les grandit ; le célibat les éteint, les corrompt.

Nous savons bien que les lois actuelles forcent un million d'hommes à vivre célibataires, soit un dixième sur une population de dix millions d'hommes. En pré-

sence de lois aussi iniques, on n'est pas surpris des dégradations humaines.

L'étude de la femme du travailleur est un sujet grave
et délicat, nous devons l'entreprendre pour compléter le
travail qui nous occupe.

Nous comparons la femme au papillon : le duvet
multicolore des ailes, vierges de tout contact, forme une
harmonie de couleurs charmantes, un ensemble et une
perfection naturelle, magnifique. Le contact de la main
'enlève, et il ne reste plus qu'un tissu, une charpente;
l'insecte se traîne et va mourir dans une ornière.

La vertu de la femme, c'est le duvet; si elle travaille
en atelier, il se salit d'abord et disparaît ensuite. Ne
l'exposez pas aux contacts.

La femme n'est pas faite pour travailler en atelier, sa
place est dans le ménage. Tout mari doit être assez
courageux pour suffire aux besoins de sa famille. Voilà
pour l'avenir. Examinons le présent.

La femme de l'ouvrier est généralement une bonne
ménagère, secondant dignement son mari, économe et
travailleuse. Si le ménage lui laisse quelques loisirs,
elle cherchera au dehors, soit un ménage à faire, soit
tout autre travail rémunérateur. Elle joint ses efforts à
ceux de son mari; son labeur est peut-être moins dur,
mais aussi fatigant, surtout quand il y a des enfants,
et dans la classe laborieuse, la famille ne manque pas.
Elle est généralement du même pays que son mari;
elle a conservé l'éducation qu'elle a reçue à la campagne; elle a le respect d'elle-même; aussi elle descend
rarement. Le contact d'un mari honnête, l'estime qu'ils
ont l'un pour l'autre, contribuent beaucoup à conser-

ver intacts les principes d'honnêteté qu'elle a reçus dans son jeune âge; c'est un des points auxquels la femme tient le plus; cette dignité les soutient dans les jours de peine.

La femme du sublime est loin d'être comme la précédente. Si nous touchons à la partie la plus intéressante, elle est aussi la plus triste. Notons qu'il y a des exceptions qui n'infirment pas la règle. Pour les personnes qui ne connaissent les travailleurs que superficiellement, la manière de vivre des vrais sublimes, par exemple, a toujours été un problème inexplicable. Comment, en effet, des individus travaillant environ cent soixante jours par année, à quatre francs en moyenne, soit douze francs cinquante environ par semaine; qui dépensent au cabaret ou ailleurs pour au moins cette somme; qui ont souvent femme, enfants et vieux parents, peuvent-ils trouver les moyens d'existence, quand on pense combien un ouvrier gagnant douze à quinze cents francs a de peine à Paris pour faire honneur à ses affaires, à sa dignité d'homme et de père de famille; à subvenir aux mille accidents imprévus qui arrivent dans le courant de la vie : naissances, maladies, décès, etc., etc. On est confondu en voyant le sublime insouciant, faire ainsi litière des sentiments les plus respectables. Votre première pensée est : Comment vivent-ils? D'abord, quelle vie mènent-ils? Vie de privations, de misères, de hontes, de ravalements; s'il leur reste un atome de dignité humaine, d'estime de soi, il est des plus élastiques. Quel bagne dans ce cadavre vivant! quelle terrible perspective! Quand ils remuent la casserole où se réduisent leurs sentiments, cette vue ne leur

arrache pas une larme, mais une crispation. L'appoint
pour leur existence, ils le demandent à leur femme, à
leur famille, au travail des leurs ou à leur prostitution.
Oui, une partie des femmes et des filles des sublimes
vendent et prostituent leurs charmes, ou jouent le rôle
infect de procureuses, entremetteuses et un rôle encore
plus ignoble. Car dans cet odieux trafic qu'on nomme
la prostitution, il y a des vendeurs et des acheteurs pour
toutes les marchandises, et à tous les prix.

Je ne sais quel loustic sublime proposait ce problème :
Quel est le plus grand commerce de Paris ? Les uns disaient : les chemins de fer, d'autres nommaient le gaz,
les eaux, les vins, etc... Vous n'y êtes pas, répliquait-il,
c'est le commerce de la femme.

Siècle de troupiers, de moines et de prêtres, sois
flatté, c'est la vérité.

L'ignoble commerce rapporte, et le sublime fumera
très-bien un cigare que sa femme assez gentille lui rap-
portera; il recevra sans sourciller son prêt, même un
vieux vêtement. Si ce n'est sa femme, qui est trop vieille
et trop laide, c'est sa fille qui aura été vendue et que sa
mère instruira dans l'art de rançonner l'amateur, qui
vient en aide à la famille. Il est rare qu'une gourgandine n'aide pas ses parents; il faut qu'elle protége quelqu'un : ses parents ou un parasite; elle croit qu'elle se
réhabilite du mépris que la société lui prodigue. Ce qui
soulève le cœur, c'est que le sublime le sait. Il a voulu
faire, dans le commencement, des observations, il s'est
même fâché; mais voici le terme : il est tout nu, ni
pain, ni bois, et sa femme le lâcherait ou sa fille s'en
irait; le contrat est passé, on est d'accord. Ses cama-

rades lui font sentir qu'ils savent la façon dont il se procure des ressources. « Sa femme gagne plus que lui, ou sa fille a une bonne place, elle connaît un môssieu huppé qui lui fait avoir de la besogne tant qu'elle veut. » Les sublimes qui *sont à la couleur* ne s'y laissent pas prendre ; ils connaissent ça, eux ; aussi la blague va son train. « Elle est rudement *gironde* (1), ta femme, elle a toujours du linge blanc et de belles bagues, on voit bien que tu fais tes affaires ; t'as donc trouvé la mine d'or ? Une femme comme ça et une maison de campagne, et je ne turbinerais plus. » Il reçoit ce coup de boutoir sans sourciller ; seulement, deux ou trois jours après, s'il attrape une demi-pression, quand elle rentre, ça lui revient, il a un remords : « C'est une peau, elle fait le trottoir. » Elle ne se laisse pas intimider, elle riposte : « Va donc, *feignant*, tu es bien aise de porter les souliers de mes amants ; tu ne dis rien quand je paie le terme. » On se bat, et quelquefois elle le jette dehors ; le lendemain, il est plat comme d'habitude, il implore pour rentrer.

L'écoulement d'une partie des cascadeuses parisiennes se fait par l'hôpital ; mais la plus grande partie se fait par les sublimes. Comme elles ont l'expérience dans le métier, si les charmes ne peuvent plus se vendre assez cher, elles emploient leurs talents de société, ça rapporte toujours.

Il y a aussi le collage, qui se pratique avec assez de facilité entre travailleurs et travailleuses ; les enfants arrivent, la société de Saint-François-Régis, après bien

---

(1) Belle.

des efforts en les aidant, parvient à régulariser la position des innocents.

Les sublimes, un grand nombre du moins, ont déteint sur leur femme : il y en a parmi elles qui boivent bien, c'est une habitude que leur homme leur a fait prendre; si elles attrapent un poche-œil : « Oh! c'est rien, ils se sont taraudés pendant la nuit. » Si vous leur faites observer qu'elles s'éreintent pour un paresseux et un lâche qui les bat et qu'elles ont tort, elles vous répondent : « Il n'est pas mauvais garçon; s'il ne travaille pas, c'est que les travaux ne vont pas; » ou mieux : « Il a attrapé un tour de reins. Et puis, voyez-vous, elle a un béguin pour lui. » Voilà le fin mot. Tous les goûts sont dans la nature.

Parmi les femmes des sublimes, il y en a de bien actives, de très-courageuses, qui travaillent rudement, se tuent pour faire vivre le ménage et la famille où le lâche fainéant est une charge. Les unes sont blanchisseuses, porteuses de pain, marchandes des quatre saisons; d'autres travaillent dans les ateliers ou chez elles pendant que leur homme travaille, lui, sur le comptoir, heureuses quand il ne revient pas pochard et ne les bat pas.

D'autres sont affreusement malheureuses, dans l'acception la plus effrayante du mot; elles sont les victimes, les martyres, les souffre-douleurs d'êtres indignes de pitié. Le bureau de bienfaisance, ce cataplasme presque insignifiant pour cette grande plaie qu'on nomme la misère, leur donne quelques soulagements; la charité privée vient aussi à leur aide. Mais si elles n'avaient pas

soin de bien cacher les bons de secours et que leur mari
les trouve, il les vendrait à vil prix pour boire (1).

Il reste à ces malheureuses ce fond d'éducation qu'on
reçoit dans les villages. Elles ne sont pas descendues,
c'est le mari qui les a descendues. Pour lui, c'est un
crime que sa femme soit laide ; la misère, le chagrin, la
faim l'ont atrophiée ; elle n'est plus bonne à rien ; sans
cela le sublime lui donnerait des leçons de prostitution,
ou autre : ça ferait bouillir la marmite. » A présent, à
quoi lui sert-elle ? que ne demande-t-elle l'aumône ? elle
fait encore sa bégueule, elle a des scrupules, elle n'ose
le faire. Mais qu'elle se regarde donc dans la glace. »

Quelques femmes de sublimes savent prendre de l'as-
cendant sur leur mari. Celles-là arrivent à la paie pour
toucher de suite l'argent, sans cela, il l'aurait perdu.
Comme le fameux *Pied de céleri* (2), qui envoya sa
femme avec une lanterne, de la Bastille au Père-Lachaise, à minuit, au mois de décembre, rechercher son
argent, qu'il avait soi-disant perdu, sa poche étant
trouée ; la naïve créature l'avait cru. On avait béquillé
la quinzaine à la *Hotte à la malice*. « Voilà ce que c'est,
vieille bête, de ne pas raccommoder les poches à ton
homme. »

(1) Il y a de graves abus dans les bureaux de bienfaisance : d'abord
la distribution ne se fait pas toujours suivant les besoins réels. Nous
avons eu un ouvrier qui gagnait sept francs par jour, et qui néanmoins était inscrit au bureau de bienfaisance, sa femme portait des
robes de soie : nous ajouterons qu'il était de la société de Saint-
Vincent-de-Paul. Il faudrait ensuite que les secours arrivent en nature à leur destination et qu'on ne puisse en trafiquer.

(2) Célébrité qui porte le nom d'un de nos meilleurs comiques ; il
appelait sa femme Tête de cuivre, à cause de son teint olivâtre.

S'il ne peut échapper à sa femme qui l'attend, après avoir touché son argent, il rentre à l'atelier soi-disant pour prendre quelque chose qu'il a oublié, et vous le voyez découdre ses souliers pour y introduire quelques pièces.

Dans quelques maisons bien organisées, la paie de l'ouvrier est accompagnée d'un petit bulletin portant le nom, la date et la somme qu'il touche. La femme qui connaît ce moyen lui demande son bulletin; il est souvent perdu ou falsifié. Elle le traite alors comme un gamin; sans cela, rien pour la quinzaine. Aussi quand elle tient la paie, elle accompagne son homme chez les marchands de vins avec ses enfants, on y dîne et passe la soirée. Elle entend éreinter le singe, le contre-maître et les mufles, ou faire l'apologie d'un ami présent. Le samedi soir, remarquez-le, les marchands de vins des environs des ateliers sont pleins de ces ménages-là. La femme de l'ouvrier vrai n'y va jamais.

Nous avons toujours été surpris de la facilité avec laquelle les travailleurs se lient entre eux. Si vous embauchez un ouvrier le mardi, le samedi, il tutoie tous les camarades de son équipe; remarquez qu'ils ne se connaissaient pas avant. Cette familiarité si prompte les pousse rapidement à des relations intimes. Le travailleur marié introduit chez lui le célibataire dont le premier soin est de faire la cour à la femme ou à la fille, vous devinez le reste. Beaucoup de femmes et de filles d'ouvriers ont été débauchées par les fils de Dieu qui étaient les chefs de leurs maris.

Nous avons connu deux sublimes mariés qui se fréquentaient les jours de noces. Ils partaient tous les quatre à la campagne(1). Après le balthazar arrosé d'importance, la ballade dans les champs ou les bois était de rigueur, changer de femme et la suite, ça ne fait pas un pli. Puis où est le mal? la partie est égale, nous avons autant d'atous l'un que l'autre. Voilà la morale écœurante des sublimes.

Que de réflexions amères et pénibles! Comment voulez-vous qu'une femme reste honnête quand elle est rivée à un pareil individu.

Nous avons assisté à des scènes poignantes; nous tenons aux exemples qui vous montreront jusqu'à quel degré d'ignominie peut tomber un individu.

Un vrai sublime forgeron avait touché cinquante-cinq francs pour sa paie de quinzaine; il aurait très-bien pu, s'il avait fait ses douze jours toucher de soixante et dix à quatre-vingts francs. Sa femme était enceinte de sept mois; il avait deux garçons, l'un de sept ans, l'autre de quatre et une petite fille de quinze mois. Ils habitaient une mansarde sans air, rue de Meaux; deux petites pièces formaient ce logement, si l'on veut donner ce nom à ce taudis. Pendant la quinzaine le patron lui avait fait avoir à crédit en répondant pour lui, il se gorgeait bien; quant à sa femme et ses enfants, il ne s'en occupait pas. La malheureuse allait dans un marché, accompagnée de ses enfants, ramasser dans un sac des feuilles de choux ou quelques autres légumes avariés. L'aîné des enfants recueillait l'avoine que les chevaux laissaient tomber aux stations des voitures de

(1) Les quatorze ensemble comme quinze frères. Expression fraternelle.

place. Elle obtenait de la compassion d'un boucher et
d'un marchand de vins, quelques morceaux de vieilles
viandes et vivait ainsi. A la sortie de la paie, après
force litres, notre sublime rentra à onze heures du soir
moitié ivre et accompagné d'une prostituée du plus
bas étage. Après une lutte et force coups de poing,
il força sa femme et ses enfants à coucher dans la première pièce et lui s'installa dans la deuxième avec
son ordure. Le lendemain ils partirent ensemble ; mais
pour faire *marronner* sa femme, il remit devant elle
vingt francs à la prostituée. Le fait nous a été raconté
par la femme elle-même, qui, les yeux tout noirs et accompagnée de ses enfants, vint nous exposer sa pénible
situation.

Les commentaires sont superflus. Voilà du sublimisme à son maximum de développement.

Ouvrier est synonyme de travail, dignité, respect.

Sublime est synonyme de paresse, dégradation, avilissement. Ce gangrené est déjà pour la société une
lèpre assez dégoûtante, mais quand il a des enfants, il
corrompt tout ; le sublimisme, ce *romito negro* du travailleur, est contagieux. L'exemple est tout pour les
jeunes natures. Puis vous voudriez que des enfants de
sublimes soient sobres, respectueux, travailleurs, allons
donc. Nous avons entendu un petit garçon de treize
ans appeler sa mère « vache, bonne à rien, » lui dire
que son père avait bien raison de lui « administrer de
bonnes danses en attendant qu'il soit assez fort pour en
faire autant. »

Quand le sublime rentre ivre, les scènes les plus honteuses se passent ; sans pudeur pour ses filles, il assou-

vit devant elles sa passion brutale. Par contre, les scrupules ne l'étouffent pas, il laisse son fils ramener sa maîtresse coucher chez lui ; le dimanche ou le lundi matin, on déjeune ensemble. Nous en connaissons un qui reçoit chez lui l'amant de sa fille, la mère leur porte le café au lit.

Le sublime est satisfait quand il a pu se débarrasser de son fils ; il est content à présent, il est dans une maison de correction, il n'a plus à s'en occuper, il n'y a pas de danger qu'il le réclame.

Qui sait, de deux maux, il a peut-être le moins mauvais.

XVI

LES FICELLES DES SUBLIMES

Nous désirons apporter toute la modération que comporte un pareil sujet, et laisser de côté toutes les exagérations qui peuvent nuire à la vérité. Nous ne dissimulerons pas tout ce qu'elle a souvent de pénible, nous la dirons avec sincérité.

Il y a une vérité incontestable, c'est que le travailleur fait son mal lui-même, et qu'un certain nombre de patrons y contribuent, l'aident, l'aggravent considérablement; sans parler des patrons sublimes que nous avons analysés.

Il y a seulement vingt-cinq ans, il existait entre le patron et l'ouvrier une certaine estime, les grandes administrations à part. Le patron considérait son compagnon comme un des siens; si ce n'était pas un ami, c'était au moins un camarade, pour peu qu'il travaillât depuis quelques années chez lui. Si une catastrophe le frappait, le patron était toujours là, il ne l'abandonnait pas; aussi, voyait-on des ouvriers qui travaillaient de vingt à trente années dans la même maison. Il n'en reste malheureusement guère.

Une infinité de bonnes choses résultaient de ce long contact, on les devine facilement.

Quarante-huit arrive, des droits avaient été méconnus. Il y eut lutte entre les patrons et les ouvriers. Mais petit à petit les arrangements amicaux remplacèrent le droit, comme l'écrit fit place à la traditionnelle poignée de main pour les marchés. Les prud'hommes prirent de l'importance, et l'ouvrier apprit à connaître ses droits, très-bien ; mais l'estime mutuelle disparut. Les patrons cherchèrent aussi les leurs, et les relations, les échanges, les ententes ne s'opèrent plus aujourd'hui que d'après les droits respectifs. La conséquence naturelle, c'est que le patron est un ennemi, du moins pour les sublimes, et doit être traité comme tel.

A Paris, cette opinion est générale.

Diriger des travailleurs est une mission excessivement grave à tous les points de vue, moral et matériel. Au point de vue moral ; parce que vos fautes réagissent sur l'ensemble, poussent à la démoralisation, nuisent aux travailleurs, et que tôt ou tard vous en supporterez les fâcheuses conséquences. Au point de vue matériel, elles ne sont pas moins sérieuses ; désordre dans le travail, annulation des bénéfices, perte, si quelquefois ce n'est pas la ruine.

Aujourd'hui, diriger des travailleurs n'est pas seulement pénible, c'est décourageant.

Nous avons entendu un fils de Dieu amendé, devenu contre-maître intéressé et, en somme, homme de cœur, nous dire que dans le temps il fallait trente ans de direction de travailleurs pour gagner le purgatoire, et qu'aujourd'hui, avec dix ans on peut entrer tout droit en paradis.

Pour être industriel il faut être commerçant. Il ne suffit pas de produire, il faut assurer l'écoulement de ses produits, et en tirer le plus d'avantages possibles. Il faut encore être bon administrateur de son usine, s'occuper de ses travailleurs, de ses employés. Et ne croyez pas que cette mission soit la plus facile et la moins honorable. Pour l'accomplir consciencieusement, il y a beaucoup à faire. Par dessus tout, être juste, coûte que coûte, pas de biais, pas de négligences. Il faut être conciliant, bienveillant, et surtout que votre conduite commande le respect.

Plus d'anciens épiciers, plus de quincailliers ou d'anciens marchands de peaux de lapins qui font de l'industrie comme on fait du commerce, sans se préoccuper que leurs négligences ou leurs caprices portent la perturbation dans le travail et chez les travailleurs. Il faut que les hommes peu éclairés ou négligents qui se mettent dans l'industrie, se pénètrent sérieusement de l'importance de leur mission et prennent les mesures nécessaires pour une bonne organisation du travail, leur négligence aurait pour résultat nécessaire, inévitable de porter au découragement les esprits les mieux disposés.

Prenez un fils de Dieu, raisonnez avec lui, entendez-le parler de son patron. Écoutez-le vous expliquer qu'il est allé livrer des pièces (il travaille chez lui.) « Il était convenu d'un prix ; le patron ne voulait pas les prendre, il disait qu'il y avait des défauts ; il savait que j'avais besoin d'argent, il m'a dit : Si vous voulez me rabattre cinquante centimes je les prendrais. J'ai consenti ; que voulez-vous, chicaner, plaider ? c'est du temps de perdu. Pour les vendre, il ne trouve pas qu'elles ont des défauts, la canaille ! »

Nous citons ce fait d'un ouvrier travaillant chez lui, mais les mêmes choses se produisent dans les ateliers.

En revanche, les moindres fautes de la part du patron sont mises à profit.

Citons quelques-unes des ficelles employées.

Ficelle à l'affûtage. — Quand vous embauchez un travailleur, demandez-lui ce qu'il a l'habitude de gagner. Comme il désire entrer dans votre maison, il vous dira, consciencieusement sa journée moyenne. Si, au contraire, vous l'embauchez sans avoir pris cette mesure, et que vous ayez négligé de fixer sa journée dans les deux premiers jours qui suivent son entrée, la veille de la paie, il viendra vous demander à combien de l'heure vous allez le payer. Si vous lui dites, après avoir examiné le travail qu'il a fait et le prix que vous jugez devoir le payer : Je vous donnerai cinquante centimes l'heure, par exemple, il n'accepte pas votre prix, il a l'habitude de gagner soixante-cinq centimes ; du reste, pour vous convaincre, il vous montre un certificat d'un ancien patron sublime qui l'a occupé dans ces conditions.

Quoique le cas puisse être discutable, et être soumis à la décision des prud'hommes, payez, c'est votre faute. Si ce travailleur vous avait dit avant d'entrer chez vous : Ma journée est de soixante-cinq centimes l'heure ; vous auriez vu, les deux ou trois premiers jours, s'il les valait, sinon vous lui auriez fait connaître

vos propositions ; s'il ne les avait pas acceptées, vous
l'auriez soldé du temps fait au prix de ses prétentions ;
mais vous attendez quinze ou vingt jours, tant pis pour
vous.

Demandez toujours à un travailleur, avant de l'em_
baucher, quel est le prix de sa journée ; si vous négligez
cette mesure, il dira que vous êtes *pincé* et qu'il vous a
nettoyé.

Nous savons bien que les sublimes vous diront : Vous
me verrez à l'œuvre ; c'est au pied du mur que l'on voit
le maçon. Tout cela c'est du boniment ; il sait bien ce
que vaut le travail qu'il vous offre.

Ficelles aux prud'hommes. — Si vous avez un différend
avec un de vos travailleurs, il vous dira : « Eh bien !
patron, je vais vous attaquer aux prud'hommes.

— Soit, je me rendrai à votre invitation. »

Deux ou trois jours se passent, vous ne recevez rien,
vous pensez que le compagnon a réfléchi, qu'il a vu sa
cause mauvaise.

Au bout de trois semaines vous recevez signification
d'un jugement par défaut qui, outre les frais, vous condamne à payer ce qu'il lui a plu de vous réclamer, plus
les journées qu'il a été obligé de perdre.

Voici comment procède notre sublime : au lieu de
vous remettre la première lettre de convocation pour la
conciliation, il l'a mise dans sa poche ; comme vous ne
vous êtes pas présenté, le conseil l'engage à prendre
une deuxième lettre pour le grand bureau ; même opération que la première fois. Naturellement le grand
conseil vous condamne par défaut, et vous apprenez
par l'huissier votre condamnation.

Vous avez un dernier recours, l'appel; mais en dehors de ce moyen extrême, nous pensons qu'on peut aisément déjouer cette *ficelle aux prud'hommes* en faisant observer que toutes les convocations pour le grand conseil devraient être mises à la poste.

Il faut voir notre sublime après ce tour, arrivant à l'assommoir avec deux ou trois célèbres qui l'accompagnent, dire aux camarades : « En voilà encore un de passé à la lime douce. »

Les bravos et les félicitations accueillent sa révélation.

La *ficelle au sentiment* est moins ennuyeuse.

Un sublime a deux ou trois *roues de derrière à casser*, mais il ne peut cependant pas les *laver* seul; s'il savait seulement l'adresse de la *Petite-Vitesse!* Il sait bien que le *Grand-Doucement* travaille aux buttes; oui, « mais le singe et le contre-coup sont là, et là-dedans ils ont la camisole de force, il n'y a pas *plan* de le voir, ni même de lui faire savoir. »

Il avise une *gadou* qu'il a eue dans le temps et qui travaille dans les allumettes, il lui fait la leçon; comme elle est intelligente et surtout qu'elle en sera, la voilà partie.

« Le contre-maître de l'établissement?

— C'est moi, madame; que vous faut-il?

— Vous avez chez vous M. Alphonse M......t?

— Oui, madame.

— C'est que, voyez-vous, monsieur, je suis la sœur de la voisine de sa femme; elle m'envoie le chercher, parce que sa femme vient de se casser un bras en dégringolant ses escaliers. »

Si vous n'êtes pas *à la couleur*, vous vous empressez de le prévenir avec beaucoup de précautions, pour ne pas lui donner un coup. Le voilà parti. En apercevant dans la rue *Décalitre-de-Blanc* :

« Ah! la rosse, je m'en doutais ; qu'est-ce qu'y a?

— Y a, ma vieille, qu'on a quinze balles dans la profonde, et que nous allons avec la *Dessoufrée* nous nettoyer les tubes à Menilmonte, *au Petit-Bonhomme qui tousse*. En voilà un *pante* que ton contre-coup, on lui a monté un rude doublé. »

Alphonse riant : « Je ne sais pas si le singe va renauder, il est pressé. »

Fait excessivement rare, un sublime simple est revenu un jour en nous disant : « Je reviens, c'est c't animal de *Mes-bottes* qui s'ennuie. » Il faut enregistrer ce miracle.

Celle-ci est trop drôle pour que nous ne la signalions pas.

Arch..... et deux amis, comme lui sénateurs, dévorés par la loupe, rêvaient *bains de lézards* dans les blés verts, veau, salade et pichenet du père Sansonet (1); mais pas un radis, à sec complètement.

Une idée vint à Arch.... Il entre chez le marchand de vins, emprunte une fiole, se rend chez un charcutier et demande un peu de sang. Les voilà partis pour travailler. Arrivé à la besogne, Arch...., verse le sang dans une de ses bottes, pousse un pignon qui était sur l'éta-

(1) Chez le père Sansonet, on fait sa cuisine soi-même. Le père Sansonet était chantre à l'église de Charonne et marchand de vins dans la rue Blaise.

bli et le fait tomber sur le plancher, au même moment
se met à jeter des hurlements terribles en se tenant la
jambe. Les deux compères, qui avaient le mot, retirent
la botte, une marre de sang coula sur le plancher; la
patronne arriva, donna un linge pour envelopper le
pied du soi-disant malade. Les deux amis se préparent
à le porter chez le pharmacien. Le plus malin dit qu'ils
n'avaient pas d'argent, la patronne avance vingt francs.
Arrivés dans la rue, Arch.... remit sa botte; deux heures
après, nos trois sublimes s'arrosaient le cadavre d'importance au *Chat nu* (1). Il fit le malade pendant plusieurs jours, et les amis étaient chargés de censurer le
bon cœur de la patronne, qui ne connut la ficelle que
bien longtemps après.

Écoutez la *ficelle au chantage*, et vous me direz si vous
appelez ça de la justice.

Vous convenez avec plusieurs compagnons d'un prix
pour le façonnage ou le montage d'une machine ou de
plusieurs pièces. La chose bien entendue, et le travail
aux trois quarts fait, si vous avez affaire à des sublimes
et qu'ils veuillent abuser de la situation, voici le
moyen :

S'ils savent, par exemple, que vous êtes en retard
pour la livraison et que vous avez reçu une mise en demeure de livrer l'ouvrage, le lendemain, la moitié de
l'équipe manque.

Plainte du patron : « Ma foi, je ne sais pas si nous
reviendrons à déjeuner; aussi vrai que Dieu est mon

(1) *Au Chat nu*, traiteur-laitier entre Bagnolet et Charonne.

chef de file, il n'y a rien à gagner, nous aimons mieux abandonner.

— Mais cependant vous avez pris l'engagement.

— Nous savons bien que nous perdrons aux prud'-hommes, mais nous aimons mieux quitter que de rien gagner. »

Voilà le patron de plus en plus dans la peine. Comment faire? Les attaquer aux prud'hommes, quel recours voulez-vous avoir sur eux? Perdre son temps, voilà tout. Et puis, où aller les chercher? Du reste, il est trop pressé.

Alors, il entre en composition, et il leur donne par écrit, sans cela il n'y'aurait rien de fait, une forte augmentation; c'est ce qu'ils voulaient.

Vous pensez peut-être que le patron, ayant les trois quarts de la besogne faite, aura un recours sur ce qui leur était dû? Des à-comptes étaient prélevés à chaque paie, et souvent étaient plus forts que ce qu'on leur devait.

Après ça, on se *fourre un coup de figure numéro z'un* à la santé du singe, un *gueuleton à c.... partout.* Dans les assommoirs, on les appelle les malins qui n'ont pas froid aux yeux.

Nous pourrions multiplier les exemples.

Oui, plus de patrons négligents qui se moquent des notions les plus élémentaires que commande la bonne organisation d'un atelier; plus d'anciens marchands de bois commettant la bassesse de venir en personne à la porte de leur confrère débaucher les travailleurs en leur avançant de fortes sommes, qu'ils boivent d'abord, et souffrent après pour les acquitter; plus de ces individus faisant de l'industrie un commerce de marchandises et d'individus; oui, plus de ces gens-là qui *carottent* le travailleur et qui le font chanter, par une infinité de ficelles indignes et qui poussent à la haine, à l'exaltation et au découragement, et presque toujours parce qu'ils savent que le travailleur ne peut pas attendre ou qu'il n'a pas de quoi se faire rendre justice.

Nous ne connaissons pas de qualifications assez sévères à donner à ces patrons dissolvants. Combien de travailleurs ont puisé dans ces lâches exploitations ces haines farouches poussées jusqu'au délire et à la frénésie! Nous devons tous les flétrir et les ramener au silence, quand ils viennent se plaindre des ficelles des sublimes ou de leur inconduite, dont ils sont souvent la cause principale.

XVII

LE CHANSONNIER DES SUBLIMES

Une chanson devient populaire quand la masse de la classe laborieuse la chante; or, pour qu'elle ait un succès, il faut que cette chanson résume le sentiment actuel des travailleurs.

En 48, pendant la courte période où la nation s'appartint à elle-même, les chansons politiques, sublimes échos des sentiments qui battaient dans tous les cœurs, retentirent par toute la France. Mais bientôt l'horizon s'obscurcit, la liberté s'évanouit, et avec elle les nobles sentiments, les mœurs sévères.

La chanson dévergondée, énervante, remplaça les chants patriotiques.

Dans la période de vingt années qui s'est écoulée depuis, le sublimisme, cette terrible marée montante, a pris un énorme développement devant le sombre silence imposé par cette sanglante et monstrueuse terreur; aussi la chanson bête et stupide eut un succès immense. Avec quel étonnement mêlé de tristesse n'avez-vous pas entendu : *les Petits Agneaux, le Pied qui*

R'mue, etc., etc... Et aujourd'hui le triomphe que les abonnés des cafés-chantants font aux cantatrices du bock et du tabac ne vous étonne-t-il pas?

Pour nous, le succès de ces platitudes ne nous surprend pas. Comment, depuis vingt ans, vous avez étiolé, énervé, annulé l'âme du travailleur, vous lui avez laissé les bras et un peu de tête, vous en avez eu peur; au lieu de l'habituer à discuter ses affaires et la chose publique, vous lui avez dit : Tu n'as rien à y voir. Il est alors tombé dans la platitude et la débauche. La France se ressentira longtemps de ces vingt années d'abrutissement.

Est-ce que les travailleurs n'accueilleraient pas ces turpitudes avec indifférence, si leur esprit était occupé par les grandes questions qui les intéressent.

S'il n'y avait pas un public approbateur, il n'y aurait pas d'auteurs.

Mais le sublimisme grandissant, les chansons de la gaudriole malsaine auront encore de beaux succès.

Un chansonnier est chanté de préférence par les travailleurs, c'est l'auteur des *Petits Agneaux*, ce salmigondis de bastringue, de tapage. Il a écrit le chant des sublimes par excellence, sous le modeste titre d'*une Noce à Montreuil*.

Nous vous donnons ce chant national des sublimes.

1er COUPLET.

Enfants, dis-je à deux confrères,
Nous avons bon pied, bon œil,
Au lieu d' flâner aux barrières,
Si nous allions à Montreuil?

Allons, viv'ment qu'on s'embarque,
J' possède un' couple d'écus.

Tapez, tapez-moi là-d'ssus,
  Ça sonn' le monarque.
Tapez, tapez-moi là-d'ssus,
  Et n'en parlons plus.

2e COUPLET.

A Charonn' c'est l' moins qu'on entre
Boire un p'tit coup chez Savart;
Mais l'un d' nous s' sent mal au ventre
En avalant son nectar.
Savart, craignant qu'i n' s'insurge,
Dit en r'versant un coup d'ssus :

Tapez, tapez-moi là-d'ssus,
  C'est bon, mais ça purge.
Tapez, tapez-moi là-d'ssus,
  Et n'en parlons plus.

3e COUPLET.

Nous y v'là. Bonjour, la mère,
Fricassez-nous un lapin.
— Bah! fait's-en sauter un' paire,
Histoir' de goûter vot' vin;
Nous somm's en fonds, comm' dit c't autre,
Les trois n' s'ront pas superflus.

Tapez, tapez-moi là-d'ssus,
  Ça s'ra chacun l' nôtre.
Tapez, tapez-moi là-d'ssus,
  Et n'en parlons plus.

LE SUBLIME.

Tu cri's à casser les vitres.
Voyons, de quoi te plains-tu?
A trois nous n'avons qu' douz' litres;
Vrai, nous aurons l' prix d' vertu.
Moi, je n' quitte pas la guinguette
Qu' mes goussets n' soient décousus.

Tapez, tapez moi là-d'ssus,
   Qu'on mont' la feuillette.
Tapez, tapez-moi là-d'ssus,
   Et n'en parlons plus.

Allons, qui prend la parole?
L'un ou l'autr', ça m'est égal.
Mais n' chantez pas d' gaudriole,
J' trouv' ça trop sentimental.
Chantez, le vin nous excuse,
D' Martin les r'frains les plus crus.

Tapez, tapez-moi là-d'ssus,
   N'y a qu' ça qui m'amuse.
Tapez, tapez-moi là-d'ssus,
   Et n'en parlons plus.

Deux époux d' la rue Saintonge
Sont avec nous dans la cour.
L' mari boit comme une éponge,
Et la femm' cri' comme un sourd.
Avec quell' rage elle contemple
Les pichets qu' son homme a bus.

Tapez, tapez-moi là-d'ssus,
  Faut faire un exemple.
Tapez, tapez-moi là-d'ssus,
  Et n'en parlons plus.

7e COUPLET.

J' suis amoureux quand je chante,
Et qu' j'ai pompé mon p'tit coup;
Aussi j' vois bien qu' la servante
N'est pas déchiré' du tout.
Ses p'tits yeux gris semblent dire
De certains appas charnus :

Tapez, tapez-moi là-dessus,
  Ça m' fait toujours rire.
Tapez, tapez-moi là-d'ssus,
  Et n'en parlons plus.

8e COUPLET.

C'est fini, faut s' mettr' en route.
Allons, somm's-nous disposés?
Quand nous aurons bu la goutte,
Tous nos gros sous s'ront usés.
Quand vous s'rez dans vot' domaine,
Sur vos divans étendus,

Tapez, tapez-moi là-d'ssus,
  En v'là pour la s'maine.
Tapez, tapez-moi là-d'ssus,
  Et n'en parlons plus.

Cette superbe chanson termine dignement les chapitres qui précèdent.

Mais le lundi, ils auront *mal aux cheveux*, et la fameuse *Loupe*, sur l'air de *la Fille à Dominique*, que vous leur chantez, monsieur Charles Colmance (1), le prendra; elle lui fera rompre l'attache de son tablier, et c'est en chantant vos refrains qu'il ira s'abrutir.

Vous êtes entraînant et moralisateur; on est heureux d'examiner votre poésie. Un couplet de votre *Nez culotté* pour juger :

> Or, savez-vous pourquoi cet homme est blême?
>   Pourquoi ses yeux
>   Sont toujours soucieux?
> Pourquoi sa vie est un vaste carême?
>   Pourquoi son cœur
>   Est triste et sans vigueur?
>   C'est que l'entêté,
>   Suivant un absurde système,
>   A mis de côté
>   L'or ou l'argent qu'aurait coûté
>   Un nez culotté.

Vous ne savez pas que de larmes, de honte, de misères coûte un nez culotté, à quelle extrémité le travailleur est arrivé, dans quelle dégradation infâme ce manque d'or et d'argent a précipité des individus.

C'est une spécialité chez vous, vous chantez tous les vins, *le Piqueton, la Gaudriole, la Loupe, le P'tit Bleu, J' t'enlève le ballon, la Mère Chopine, Mon Premier Poche-œil,* etc., etc... Nous avons parcouru votre moralisateur recueil, et nous n'avons pas hésité à écrire en tête le titre mérité de : *Chansonnier des sublimes.*

Écoutez, monsieur Colmance, cette invitation au gai

(1) M. Colmance était un ami intime du fameux Savart, surnommé *Savart l'Esprit.* Ce débitant de bleu et de bons mots a souvent inspiré le chansonnier.

travail, et mesurez la distance qui sépare votre *Loupe* de
ce splendide refrain du *Travail plaît à Dieu*.

Enfants de Dieu, créateur de la terre,
Accomplissons chacun notre métier.
Le gai travail est la sainte prière
Qui plaît à Dieu, ce sublime ouvrier.

1er COUPLET.

Des fleurs l'abeille épuise le calice
Pour nous donner le plus pur de son miel,
Le Christ mourut, adorant son supplice,
Pour nous ouvrir un chemin vers le ciel.

2e COUPLET.

Le rossignol chante pour la nature
Et trouve asile dans son temple fleuri,
L'ouvrier pose au palais sa toiture :
Ne doit-il pas y trouver un abri?

3e COUPLET.

L'avare, pauvre au sein de la richesse,
Augmente, augmente et compte son trésor.
Cœur sans pitié, sans amour, sans tendresse,
Il meurt de faim les deux mains pleines d'or.

4e COUPLET.

Savants, rêveurs, artistes et poëtes,
Instruisez-nous, chantez, rêvez tout bas.
Un saint labeur sort de vos riches têtes,
Le nôtre sort de nos robustes bras.

5e COUPLET.

Par vos travaux, enfants de la patrie,
Peuple et soldats, soutenez le pouvoir.
Mais en retour de leur sang, de leur vie,
Chefs du pays, faites votre devoir.

6e COUPLET.

La fourmi garde, le bon riche donne
A l'indigent qui ne peut épargner.
Le travailleur n'accepte pas l'aumône :
Ce qu'on lui donne il aime à le gagner.

                                        TISSERAND (1).

(1) M. Tisserand, comme M. Colmance, était un ouvrier très-distingué dans sa partie. M. Agricol Perdiguier, dans son livre si instructif sur le compagnonnage, cite beaucoup de chansons faites par les travailleurs, dans lesquelles le patriotisme, la dignité et la fraternité sont glorifiés avec une inspiration remarquable.

XVIII

LE CHOMAGE

Dans l'examen de ce grave et sérieux sujet : le sublimisme, nous nous sommes trouvé en présence de cette famine de l'industrie, de cette terrible calamité du travailleur : le chômage; devant les dégradations, les souffrances des travailleurs, nous voyons les moyens capables d'y mettre un terme, mais à une condition, c'est celle d'avoir du travail.

Avec le travail organisé, on tuera le sublimisme avec le chômage, le sublimisme croît et grandit.

Dans l'état actuel, plusieurs circonstances amènent le chômage :

La première condition indispensable au développement des travaux, c'est la sécurité; personne n'ignore que dans les moments d'agitation, les capitaux sont impressionnables et très-peureux; à la moindre alerte, ils se retirent des entreprises ou n'y entrent pas; de plus, les besoins se restreignent. Ce sont les travailleurs qui supportent le plus sensiblement ce contrecoup.

Qui produit l'agitation? Les travailleurs.

Pourquoi? Parce que leurs aspirations ne sont pas satisfaites, ni dans la voie certaine qu'ils réclament.

Que faut-il faire? Leur donner les moyens de les satisfaire.

Quels sont ces moyens? Les moraliser en les instruisant (dans le chapitre des Apprentis, le sujet sera approfondi); leur laisser la liberté de se grouper, de s'entendre, de s'associer de toutes les façons; en un mot, faire tout ce qu'il est possible pour les faciliter, les aider dans cette voie. Les agitations ne seront plus à craindre et nous aurons la sécurité.

Nous entendons mettre en doute l'efficacité de ces mesures; on nous dit : mais les aspirations des travailleurs communistes développées aux tribunes publiques, mais les demandes insensées et absurdes des agitateurs violents et audacieux, comment pourrez-vous les satisfaire?

Quoi! vous avez peur parce que soixante-quinze ou cent individus ont des idées qui s'éloignent de la vérité, vous tremblez; nous nous trompons, vous ne tremblez pas, vous demandez simplement la répression.

Laissez-les faire, ces théories ne sont pas dangereuses devant l'impossibilité de leur application; elles ne prennent de l'importance que quand on les persécute. Si ces apôtres ont de rares adeptes, c'est que le travailleur n'a pas les institutions plus sérieuses qui lui font défaut; le jour où il les aura, il rira du communisme, comme le font sans doute les maîtres de cette doctrine, quand ils descendent en eux-mêmes et qu'ils pèsent le lourd bagage des mauvaises habitudes qu'ils

ont prises dans les mœurs actuelles et quand ils
pensent aux durs sacrifices à faire pour s'en débarrasser.

Nous écoutions un jour un phalanstérien organiser
la phalange; après avoir mis les eaux, le gaz, les bains,
les bibliothèques au casernement harmonique, nous lui
dîmes : « Vous, les organisateurs, vous habiterez le
premier étage. » Il répondit avec un aplomb imperturbable : Nous, les intelligents, nous habiterons la
campagne. » Après la comédie, la bouffonnerie.

Nous pensons, au contraire, que c'est une bonne
chose que toutes ces théories puissent se produire au
grand jour, et nous regrettons que les gens sensés ne
veuillent pas les discuter.

Tant que le travailleur n'aura pas les moyens sérieux
de se débarrasser de ce monstre que nous appelons le
sublimisme, il donnera dans tous les systèmes plus ou
moins absurdes qui lui promettront instantanément la
fin de ses maux.

Une autre cause qui amène le chômage, c'est la trop
grande production non proportionnée avec la consommation. Les économistes ont savamment élucidé cette
question que nous ne voulons pas examiner. Mais nous
pouvons dire que toujours cette désastreuse situation
est la conséquence du manque d'entente, d'union et
surtout de lumière et de l'ignorance même des travailleurs, car aujourd'hui, sur cent chefs d'industrie,
soixante-dix au moins sortent des travailleurs. Sans
chercher bien loin les exemples, nous pouvons citer
une partie où, sur dix patrons, cinq au moins, savent à
peine signer leur nom. Les commandes diminuent; au

lieu de chercher à provoquer l'écoulement, ils fabriquent quand même ; pour se débarrasser du stock, ils avilissent les prix et amènent la perturbation, tout en y perdant eux-mêmes. Qu'on le sache bien, la consommation, les affaires, en un mot, sont soumises à des règles que l'on ne peut enfreindre impunément.

Il est très-imprudent de fabriquer sans se préoccuper de l'écoulement de son produit dans des conditions rémunératrices ; on ne peut forcer la vente d'un article abondant sur le marché qu'en offrant à la spéculation des bénéfices qui sont les pertes du fabricant.

Provoquer les besoins et fabriquer ensuite, voilà le fait de l'intelligence commerciale. Plus le nombre des aiguillonneurs sera grand après la carapace trempée que nous appelons la routine, plus on arrivera promptement à la percer.

Prenons un exemple dans la mécanique : au début des travaux métalliques qui sont aujourd'hui admis un peu partout pour les constructions de ponts, de halles, de marchés, même de maisons et de palais, les serruriers et constructeurs qui, les premiers, se lancèrent dans ces travaux, les exécutèrent avec les procédés anciens, c'est-à-dire à la main ; les quelques constructeurs de machines abréviatives finirent, après bien des efforts, à faire prendre quelques-uns de leurs outils ; mais la grande masse résistait.

Plusieurs ouvriers s'établirent et construisirent de ces intelligents engins ; les routiniers, sollicités, aiguillonnés, finirent par comprendre et prirent des machines ; ce que quelques-uns n'avaient pu faire, un plus grand nombre le fit. Et l'on peut dire qu'il n'y a pas aujourd'hui un de ces industriels qui ne possède une ou plusieurs machines.

Suivant les conséquences logiques, les patrons, une fois munis de procédés expéditifs, cherchèrent eux-mêmes à développer leur industrie ; ils provoquèrent l'écoulement de leurs produits en raison du bon marché obtenu par les ressources de leur outillage.

Cet enchaînement produisit naturellement une extension considérable dans le travail ou, pour être plus vrai, une guerre au chômage.

L'instruction, l'entente et le plus grand nombre sont les topiques énergiques qui annuleront le chômage.

Examinons dans leur triste réalité les conséquences du chômage.

Elles sont effrayantes pour les sublimes. Si leurs peines sont grandes en temps d'activité, ils peuvent s'en attribuer la plus grande part ; mais, en temps de chômage, ce ne sont plus des peines, c'est la torture.

Cependant nous pensons que ces peines ne peuvent pas se comparer à celles, souvent supportées avec résignation, qui viennent fondre sur l'ouvrier. Voilà, véritablement, l'homme de travail, d'ordre et de respect, toujours digne de lui-même et de la société. Sa famille s'augmente, mais les bras ne se multiplient pas, les besoins grandissent avec le nombre, la paie ne varie guère ; peu importe, il a du courage et du travail assuré, il répond du reste ; il arrivera, et s'il peut avoir un bon marchandage, comme il *cognera* de bon cœur. Mais une pensée, comme un éclair lui traverse l'esprit : « Et si le chômage allait me mettre sur le pavé, qu'est-ce que je deviendrais ? Ma femme dans la misère, mes filles sur le trottoir! » Il cherche autour de lui comment il se retournerait, mais rien, point d'appui, l'isolement. Dans quel étau son cœur se sent serré, il est pris à la gorge, il frissonne, il est tremblant d'émotion; si une larme peut couler, elle lui dégonfle le cœur. Nous en avons surpris quelques-unes de ces larmes amères, et nous vous assurons que notre émotion n'était pas moins vive que la sienne devant cette sainte souffrance.

Quel bouillonnement dans ce cœur devant cette appréhension! Mais quand la réalité arrive, qu'il est remercié par manque de travaux, voyez-le ranger ses outils, il tremble, il pâlit, il a la chair de poule, il ne peut répondre à son voisin qui lui demande ce que le patron ou le contre-maître vient de lui dire; il passe au bureau toucher son argent, il ne peut rien dire, ses dents sont serrées, un torrent de larmes roule derrière ses yeux, le voilà parti. Dans la rue ses jambes fléchissent, il chancelle comme un homme ivre, il arrive chez lui pâle, défait, sa femme devine tout à son air égaré, elle pleure, et se jette dans ses bras; c'en est trop, les sanglots accumulés éclatent, le torrent de larmes s'échappe; un peu de pression de moins sur le cœur. Ses enfants devinent ses peines par ces larmes qu'ils n'étaient pas habitués à voir, ils s'approchent et viennent le caresser; les pleurs redoublent, il les regarde avec des yeux hagards et inondés. Lui, passe encore, mais eux; la triste réalité le tient dans ses griffes hideuses; appuyé sur la table, les mains dans les cheveux, il reste immobile, on le dirait pétrifié. Tout à coup les poings se ferment, son visage prend un air sombre, il se redresse. Sa femme le regarde, elle voit qu'il vient de prendre une résolution. Mon Dieu! pourvu qu'il ne soit pas découragé. Doucement elle lui demande : Pourquoi ce changement? Il ne répond pas, elle lui passe les bras autour du cou et à travers ses baisers, elle lui demande de la rassurer; cette affection fait fondre ses lugubres projets. L'énergie qui l'avait redressé et qui le tenait debout disparaît, il se laisse tomber sur sa chaise la tête dans ses mains, et à travers ses sanglots, il pousse cette terrible plainte sociale :

« Qu'ai-je donc fait pour entrer dans la misère? »

Quel est l'honnête homme qui ne se sente profondément ému devant ce désespoir immérité!

Oui, on est violemment remué devant cette navrante position ; instantanément vous pensez aux moyens possibles pour éviter ces pénibles souffrances.

Vous vous trouvez arrêté par des obstacles sérieux, votre tête, stimulée par votre cœur, cherche, retourne, examine les moyens pour éviter de pareilles situations. En un mot, voilà comment on devient socialiste. Vous .... pondre à sa plainte pleine de résignation par cette .... midable question du siècle : Que faut-il faire pour éviter la misère?

A-t-on abusé devant cette bourgeoisie timorée de ce qualificatif? Socialiste.

Prenez-le à part, ce boutiquier, ce rentier, exposez-lui de pareilles situations ; l'émotion le gagne, il devient comme vous, il cherche aussi, il devient socialiste sans le savoir.

Quand en aurons-nous fini avec les mots?

Y a-t-il quelque chose de plus empoignant que le chômage?

Y a-t-il une colère, une haine qui ne fondrait devant les sollicitations d'un ouvrier que vous savez digne et qui consent à devenir manœuvre, lui naguère si fier de son métier ! mais il faut du pain à la maison. Les questions d'amour-propre ne sont pas de saison quand on a du cœur.

Si la raison a fait place à la violence, si le découragement a poussé des individus honnêtes à des actes de vandalisme flétrissables, presque tous ont puisé cette énergie implacable dans des situations décourageantes que l'état social actuel n'atténue ni n'évite.

Nous pensons que le chômage, ce frère du sublimisme, disparaîtra avec les travailleurs grandis.

XIX

TABLEAUX COMPARATIFS

Les deux tableaux que nous allons donner, sont le résultat de nos observations et la conséquence du milieu dans lequel nous nous sommes trouvé depuis vingt ans.

Ils ne s'appliquent qu'aux travailleurs dans le fer, partie que nous avons désignée sous le nom général de mécanique.

Sur cent travailleurs, il y a :

    10 ouvriers vrais.
    15 ouvriers.
    15 ouvriers mixtes.
    20 sublimes simples.
     7 sublimes flétris ou descendus.
    10 vrais sublimes.
    16 fils de Dieu.
     7 sublimes des sublimes.

Il y a environ dix parties différentes qui concourent à former l'ensemble de la partie générale ; nous vous donnons le nombre de sublimes et d'ouvriers en général dans chacune d'elles :

	Sublimes.	Ouvriers.
1º Modeleurs.	40	60
2º Mouleurs, fondeurs..	40	60
3º Forgerons.	75	25
4º Frappeurs.	85	15
5º Boulonniers	85	15
6º Chaudronniers, tôliers. . . .	75	25
7º Ajusteurs, monteurs.	50	50
8º Tourneurs, raboteurs, mortaiseurs.	60	40
9º Serruriers.	60	40
10º Manœuvres.	30	70
TOTAL. . . .	600	400

Soit pour la partie soixante pour cent de sublimes, sur quarante pour cent d'ouvriers, plus de la moitié des travailleurs est sublime. Ces chiffres sont le résultat de sérieuses et consciencieuses observations. Que le patron qui occupe de soixante dix à cent travailleurs fasse des observations pendant une année, s'il renouvelle deux fois son personnel, il arrivera aux mêmes résultats (1).

(1) Dans les ateliers de certaines administrations et même dans certaines bonnes maisons où les ouvriers sont bien rémunérés, le nombre des sublimes est moins considérable, ce qui se comprend facilement : on a besoin d'un travailleur. On est bien payé, ou encore les travaux sont propres, faciles et assurés, le sublime qui s'y faufile est obligé de se corriger, sinon on en essaie d'autres jusqu'à

L'éloquence des chiffres est significative; on reste anéanti, et l'âme navrée quand l'on compare le progrès immense du fléau; quand on songe que dans l'espace de vingt années, le nombre des sublimes s'est accru de vingt pour cent, soit un pour cent par année.

Si malheureusement cette marche ascensionnelle continuait, on est effrayé des conséquences sociales résultant d'un pareil état de choses.

L'indifférence n'est pas possible en présence de ce mal immense qui menace d'envahir la société tout entière. On éprouve comme un colossal étourdissement; le sentiment qui domine tout d'abord, c'est la légitime défense; on cherche une digue à ce flot envahissant; mais quand on étudie cet abaissement d'une partie du corps social et que l'on en comprend les causes multiples, cette fiévreuse émotion se calme, ce frisson disparaît; ce qui vous reste dans le cœur, c'est une espérance; ce n'est plus une menace, un châtiment, mais une atténuation sincère et profonde. Tout s'efface en présence d'une pareille réalité. Si vos sentiments se sont révoltés aux récits de scènes lamentables, tristes et honteuses, il ne vous reste en présence d'une pareille calamité qu'une pensée, qu'un désir, celui d'entrayer, de guérir, si c'est possible, ce grand mal.

---

ce qu'on ait mis la main sur un ouvrier. Nous comprenons que certains de ces industriels soient fondés en venant dire chez nous : Nous n'avons que dix, quinze ou vingt pour cent de sublimes. L'exception ne constitue pas la règle, il faut voir l'ensemble, c'est ce que nous avons fait et nous croyons être dans la vérité. La lecture des chapitres précédents prouve suffisamment l'influence d'une bonne ou mauvaise organisation du travail sur le sublimisme.

Nous nous proposons, dans les limites de nos connaissances et de notre expérience, dans les chapitres suivants, de demander au gouvernement, aux travailleurs et aux chefs d'industrie, ce que nous croyons urgent, nécessaire, pour grandir le travailleur. Nos propositions sont toutes pratiques. Nous avons dû examiner d'autres parties que la mécanique pour pouvoir juger la question d'ensemble : les charpentiers, par exemple, que nous considérons comme une partie d'élite. Sur cent charpentiers, il y a quatre-vingt-dix ouvriers et tout au plus dix sublimes.

Savez-vous pourquoi ? nous allons vous le dire.

Parce qu'ils savent tous lire, écrire et dessiner ; parce que si un membre d'un atelier flâne ou tue une pièce, le corps entier se regarde comme solidaire du fait. Entendez-vous bien, ils sont tous atteints. Pour eux, travailler conscieusement est le premier devoir ; celui qui faillit à ce devoir ne lèse pas seulement le patron, avant tout, il déshonore la partie. Un pareil sentiment est vraiment admirable. S'il animait tous les travailleurs, dans vingt ans, le sublimisme serait un mythe. Comparez cet esprit avec celui qui règne dans la mécanique, où une des plus grandes gloires est de couler son patron aux félicitations de tous.

Pourquoi encore ? Parce que quand ils se réunissent, au lieu d'étaler comme les sénateurs une vaniteuse crânerie, un savoir qu'ils n'ont pas, ils discutent les difficultés du travail, parlent des chefs-d'œuvre de la corporation, des capacités des anciens, des difficultés des travaux actuels ; rendent justice à ceux qui ont bien mérité par leurs talents ; félicitent ceux qui ont fait un travail, un levage ou une translation difficile, et tout cela sans l'*épate* des ouvriers du fer que vous avez vus en œuvre dans les chapitres précédents.

Voilà la classe laborieuse en 1870. Tout ce que nous en avons dit est de la photographie pure et simple. Nous pourrions sur cent faits cités, mettre à quatre-vingt-dix le nom des héros.

Nous allons maintenant examiner la partie la plus délicate et la plus difficile.

DEUXIÈME PARTIE

XX

RÉFLEXIONS POLITIQUES

La fermentation des idées politiques et sociales de ces dernières années a effrayé beaucoup de gens qui, plus peureux que sensés, s'arrangeaient très-bien d'un système de silence et de fêtes ; qui, ne faisant rien pour la solution du problème, étouffaient par la force toutes les aspirations légitimes couvant dans les masses et les laissaient dans la douce quiétude de la satisfaction.

Mais quelques libertés nous ont été rendues, aussitôt des théories de toutes sortes se sont produites. La presse à encens s'est empressée de signaler les extravagances des orateurs et, par ses insinuations, est

venue troubler le cerveau des partisans de la tranquillité absolue (1).

Si vous habitez un quartier populeux, Belleville par
exemple, vous rencontrez un de vos amis s'affirmant
carrément ami de l'ordre (comme si quelqu'un de sensé
voulait le désordre). Il vous aborde et vous dit :

« Vous voilà révolutionnaire, jacobin des Folies,
fréquentez-vous ces clubs de sans-culottes ?

— Nous y manquons rarement.

— Vraiment, vous vous commettez dans ces en-
droits ? Eh bien, on en dit de belles là-dedans.

— Quelquefois de bonnes.

— C'est trop fort ; comment, vous ne vous indignez
pas quand vous entendez dire que « le concubinage
est le seul mariage de l'homme d'honneur ? (Pré-aux-
Clercs, 17 novembre.) Que « ce qu'il faut c'est l'anéan-
tissement de la propriété, et qu'alors il n'y aura plus
de fourmis vivant de misère et de scorpions vivant du
sang de ces fourmis ? » (Pré-aux-Clercs, 24 décembre).
« La propriété n'existe plus en droit, pourquoi existe-
rait-elle en fait ? voilà pourquoi nous voulons la supprimer complétement. » (Pré-aux-Clercs, 2 janvier.)
« Aussi ai-je voué à la bourgeoisie une haine profonde.
Je la déteste. » (Redoute, 26 novembre.) « Ce n'est
pas avec de l'or, c'est avec le fer que les questions
seront résolues. » (Belleville, 17 janvier.) Comment,
vous ne bondissez pas quand un orateur vient froi-
dement vous dire que « si la force et la violence sont

_____

(1) La tranquillité absolue, c'est la mort ; le mouvement, c'est la
vie.

complétement indispensables pour établir le communisme, il ne faut pas craindre d'en user ? » (Belleville, 30 janvier.)

— Vous parlez comme *le Constitutionnel* écrit, vous assistez aux réunions dans votre fauteuil ; c'est inutile de vous emporter si vous ne connaissez que ces quelques phrases des réunions publiques.

— Vous dites que vous y avez entendu de bonnes choses et même très-instructives ; c'est sans doute pour s'instruire que les travailleurs écrasent de bravos un tribun qui leur dit : « Laissez venir à moi les petits enfants, afin que, sur la gueule de l'histoire et pour la défense de leurs droits, nous leur affûtions le bec et nous leur aiguisions les ongles. » Voyons, répondez : Est-ce avec ce fatras de violences et d'absurdités que vous pensez instruire le peuple ? »

Et il conclut par la phrase sacramentelle :

« Il faut en finir. »

Voilà la seule solution possible suivant lui.

Répondons : Nous connaissons un garçon intelligent qui s'est mis dans la tête le projet de faire un chemin de fer de Brest à New-York ; des pontons distancés doivent servir de point d'appui au système spécial de train qui fonctionnerait sur ces points d'appui fixés dans la mer. Les embarcadères sont désignés, les devis sont faits, le conseil d'administration est formé, les auxiliaires sont trouvés ; il ne reste plus que les actionnaires à entraîner ; avis aux amateurs de progrès, il en trouvera quelques-uns. Que diriez-vous si la compagnie des Transatlantiques, les Messageries impériales, en un mot toutes les compagnies de transports, venaient

demander au gouvernement d'en finir avec le promo-
teur de ce système! Vous ririez et vous demanderiez
avec raison qu'elles recherchent les moyens d'activer
la vitesse de leurs bateaux, d'améliorer la position des
voyageurs à bord, que là est le vrai moyen d'aller à
New-York dans de bonnes et sérieuses conditions.

Il en est de même des théories des réunions publiques : les communistes représentent l'inventeur, les
gens sérieux les compagnies. Quand ces derniers se
font entendre, ils disent de bonnes et instructives
choses.

La question sociale peut se comparer à un moteur
composé d'un générateur et d'une machine; les aspirations des travailleurs représentent la vapeur, il faut
la distribuer dans la machine pour donner une force,
un résultat, un produit. Mais si vous vous arrêtez (en
politique, s'arrêter c'est reculer) pour vous occuper
d'étiquette, de gloriole, de chambellans, de bals et de
favoritisme, la vapeur sortira par les soupapes; comme
ce bruit vous dérangera, pour avoir la paix, vous
prendrez deux poids de quarante et vous les réduirez
au silence (1); comme cela, plus de tapage. Un beau
jour, pendant que vous serez en train de décorer la
poitrine de vos adulateurs, une immense explosion
viendra vous surprendre. Il ne sera plus temps de
mettre la machine en route, il sera trop tard. Les
caleurs de soupapes sont des imprudents et des maladroits. Il faut que la machine fonctionne toujours;
quand elle aura tous les perfectionnements, les sou-

(1) On surcharge les soupapes des chaudières avec des poids.

papes ne *gueuleront* (1) plus ; à notre ami, partisan du poids de quarante, nous répondrons : Il est défendu de caler des soupapes.

Quittons les théories, et plaçons-nous en présence de l'action. Disons tout de suite que nous sommes convaincu qu'une révolution aujourd'hui serait un reculement. Pourquoi ? Parce que les travailleurs ne sont pas préparés pour la faire sérieuse, profitable et exempte de violences et d'injustices.

Profitons du passé pour nous éclairer sur l'avenir. Que s'est-il passé en 48 ? Après les promenades pacifiques du peuple souverain, la question sociale est venue avec ses nombreux systèmes ; le peuple n'était nullement préparé ; chaque théoricien avait des adeptes ; discussion, passion, irritation et désunion, telles furent les conséquences ; nos mœurs n'étant pas formées, l'éducation du peuple n'étant pas faite, la confusion s'explique (2).

Les travailleurs ne comprennent pas que c'est des institutions qu'ils doivent obtenir le résultat ; mais comme les institutions durables ne s'improvisent pas, chacun formula ses prétentions. Les travailleurs du

(1) Expression employée même par les gros bonnets ; cependant quelques-uns trop délicats disent « la vapeur échappe par les soupapes. » Allez donc dire cela à un chauffeur, il vous répond : « Vous voulez dire que mes soupapes gueulent. »

(2) Les jésuites en robes courtes, déguisés en républicains qui firent partie de la Constituante, prononcèrent des discours de personnalités et imaginèrent ce guet-apens, les ateliers nationaux , au lieu de décréter les grands travaux d'utilité publique.

chemin de fer du Nord, par exemple, demandaient, en 1848, une réduction des heures de travail ; les uns voulaient une heure en moins, les autres deux, et enfin, les plus avancés, trois. On vota ; nous sommes convaincu que la journée de huit heures aurait été admise si la Compagnie n'avait manifesté l'intention formelle de fermer ses ateliers plutôt que d'accepter une pareille réduction, laquelle aurait forcément amené la fermeture de tous les autres ateliers qui auraient suivi cette règle que les travailleurs voulaient imposer.

Croyez-vous que le peuple de 1870 ne se conduirait pas comme celui de 1848 ? Ce long sommeil de vingt ans ne l'a guère changé ; vous auriez le même résultat, modifié en raison du progrès opéré dans les théories ; les mêmes prétentions se produiraient, et on tuerait le travail. Plus de travaux, on devine le reste. Est-ce que ceux qui prêchent aux travailleurs que la liquidation sociale est le moyen de sortir de la misère se figurent que la masse des sublimes, qui attendra quelque chose de positif, consultera sa raison ? Allons donc ! ils vous liquideront ensuite. Comment, vous faites tous vos efforts pour qu'ils soient bien convaincus que les patrons sont des exploiteurs, les propriétaires des voleurs, puis vous voudriez qu'une fois souveraine cette masse eût la retenue que commande la justice ? C'est impossible : ce sont leurs ennemis, vous le lui avez dit, elle les traitera comme tels.

Heureusement pour la civilisation, les gens sensés, en France, sont trop nombreux pour que de pareilles théories soient prises au sérieux et entrent dans le domaine de l'exécution ; mais ce qui nous peine, c'est qu'elles

entretiennent chez les sublimes des dispositions malheureuses qui peuvent faire échouer une révolution
pacifique ou la souiller.

Assurément les monceaux de cadavres que produit
une révolution inspirent assez d'horreur pour qu'on
abandonne à tout jamais un pareil moyen. Mais le lendemain est bien autrement terrible, 48 nous l'a appris;
1870 serait identique, avec le sublimisme développé :
une révolution serait une réaction, voilà pourquoi le
peuple du progrès n'en veut plus. La politique est une
science expérimentale, les gens de raison l'étudient et
en profitent.

Si, contrairement à vos procédés, vous leur disiez :
Voilà des propriétaires, des exploiteurs qui ont le bien-
être, objet de nos désirs; entendons-nous, unissons-
nous et *exploitons-nous nous-mêmes...* Plus de pavés,
plus de fusils, mais formons une immense barricade
avec cette terrible pierre : le vote. Alors, placés sur
cette formidable citadelle, vous pourrez jeter à l'arbitraire cette phrase que vous dites si bien : « Nos adversaires nous regardent le fer à la main; dès aujourd'hui
la lutte est commencée, et nous ne la cesserons que
lorsque vous nous aurez tous couchés dans la tombe (1). »
(Redoute, 20 janvier.) Cette révolution-là, nous la comprenons, elle est la vraie, la seule possible; ce qu'il faut
pour qu'elle soit prompte, c'est l'union. Le jour où les
travailleurs seront unis, tout ce qui pourra les entraver

(1) Vous pourriez ajouter : Nous ne voulons plus de violences dans
les rues, ce qui excuse vos résistances; nous voulons rester sur le
terrain de la légalité pour la défense de nos droits; c'est là que nous
voulons lutter jusqu'à la mort.

14

pour arriver au but, ils le renverseront à coups de vote. Le vote, c'est le canon rayé, la mitrailleuse perfectionnée de la révolution sociale. C'est avec le vote qu'il faut vaincre toutes les résistances.

Nous savons bien que ce procédé n'est pas goûté par les impatients et encore moins par les milliers de victimes qui ont été maltraitées, ruinées, emprisonnées, déportées pour leur foi politique. Toutes leurs indignations, leurs désirs de vengeance sont légitimes ; mais il faut en faire le sacrifice à cette foi, à cette conviction politique dont on veut le triomphe ; cette admirable abnégation sera la preuve que ce que vous désirez par-dessus tout, c'est la réussite ; car elle est là, et non dans une révolution qui, à la vérité, vous ôterait ce gros poids que vous avez sur le cœur et que l'injustice y a jeté en le brisant, mais qui arrêterait le progrès.

Ledru-Rollin disait qu'en temps de révolution la queue menait la tête. La queue, ce sont les sublimes. Quelle que soit la puissance de la tête, dans une révolution, la queue la domine.

Cette terrible queue est ignorante et ingrate ; les plus dévoués lui sont suspects. Aujourd'hui même, n'avez-vous pas le triste spectacle de la désunion ? quelques proscrits dont le dévouement à la démocratie est à toute épreuve, que les longues années de l'exil et l'expérience de 48 ont rendus forts, et qui conseillent au peuple d'éviter à tout prix l'émeute, qui serait un reculement, sont mis en suspicion par les exaltés de cette queue.

Si vous leur dites : mais un tel, un tel, vous ne pouvez pas les soupçonner. Ils vous répondent d'un air mystérieux : On ne sait pas.

Sacrifiez-vous donc, allez pourrir sur les pontons, à Lambessa ou à Noukahiva, ou pleurer la patrie absente sur le territoire étranger pendant vingt ans pour vos convictions et votre dévouement à la sainte cause, pour venir ensuite entendre le : « On ne sait pas » de la bouche d'intrigants stupides pour qui tous les dévouements, toutes les célébrités sont des contrastes désobligeants à leur nullité et à leur égoïsme.

Rappelez-vous qu'il y a soixante pour cent de sublimes qui ne sont ni unis, ni disciplinés, ni instruits, et vous serez de notre avis, qu'une révolution serait un reculement.

Voilà ce que l'expérience nous a appris, voilà ce que nous disons aux partisans de la révolution par les barricades et le sang. Nous savons bien que notre conviction est d'un léger poids en présence de l'exaltation des esprits. Si elle venait, nous aurions la discorde violente, la guerre civile et une autre dictature, quelque chose de pire encore, les législateurs de la rue de Poitiers (1). Le sublimisme est donc la première entrave à la question sociale.

Examinons-en d'autres.

Les Français en général comptent peu ou pas sur leur initiative pour résoudre une infinité de problèmes; ceci s'explique, le gouvernement a toujours voulu prendre la direction de toutes les institutions; dans toutes les commissions, dans toutes les sociétés, vite un président galonné, décoré; il s'ensuit que beaucoup de personnes s'éloignent et lui laissent le soin d'admi-

(1) Sabre, soutane et loge mélangés.

nistrer; on ne trouve partout qu'indifférence pour la chose publique; personne ne veut s'en occuper. Cette espèce de communisme autoritaire qui veut se charger de tout, supporte, en revanche, toutes les malechances de ses entreprises.

Nous pensons que la période du gouvernement-providence est passé. Oui, les citoyens peuvent faire de bonnes et utiles choses sans le concours de la livrée administrative; il faut qu'ils se passent de ces paperassiers hiérarchiques qui savent si bien vous enterrer une affaire dans les cartons d'un ministère. Nous vous dirons ce qu'il faut attendre de cette initiative.

Mais avant, nous voulons parler des entraves sérieuses que les siècles d'ignorance et de tyrannie nous ont léguées et qui constituent l'état social de la France actuelle.

La société supporte-t-elle matériellement et moralement un fardeau plus lourd que le sabre? Certes non, la moitié du budget est absorbée par lui, cent mille de ses plus valides membres sont arrachés tous les ans de son sein pour être immatriculés dans cette grande école où l'on perd l'amour du travail, et où l'on puise celui des places.

Tout le monde est d'accord que l'armée est une calamité sociale, et, chose curieuse, tout en convenant du fait, certains individus vous répondent : c'est un mal nécessaire. Nous avons même entendu un homme instruit dire que la guerre était un fléau utile, que c'était le moyen de purger la société de son trop plein. Si ce n'était odieux, ce serait stupide.

Il y a quelques années, nous avions quatre cent mille hommes sous les armes; chiffre très-respectable. Une nation voisine munie d'un gouvernement ambitieux a augmenté ses armements; naturellement nous augmentons les nôtres; et nous voilà avec douze cent mille hommes; si demain elle en mettait deux millions sur pied, avec cet heureux système, nous nous croirions obligés de la suivre. Soyez persuadés que nos députés voteraient les subsides nécessaires pour cet équipement et autoriseraient le gouvernement à puiser à pleines mains dans la jeune génération. Mais si vous leur demandez des fonds pour les écoles; le budget est trop lourd (1), les contribuables sont écrasés, pas d'argent.

Supposez un gouvernement vrai, intelligent, qui vienne dire à la nation : « l'armée est une ruine morale et matérielle pour la France, elle est supprimée; nous conserverons une partie du cadre et quelques milliers d'hommes des armes spéciales. Mais afin de nous mettre en état de nous faire respecter de nos voisins, seul et véritable but de l'armée, tous les citoyens valides de vingt à quarante-cinq ans seront au besoin armés pour la défense de la patrie. »

Cette mesure prouverait aux voisins que nous ne voulons ni conquête, ni nous immiscer dans leurs affai-

---

(1) Un budget de deux milliards pour une nation de quarante millions d'habitants ne nous paraît pas exagéré en raison de l'état social du pays, c'est son emploi que nous trouvons mauvais, désastreux et anti-social et surtout le prélèvement de l'impôt qui se fait arbitrairement.

res. Ils seraient forcés de nous suivre dans cette voie (1).

Nos tacticiens officiels et officieux affectent de sourire de la simplicité de notre proposition : Il sera bien temps, nous disent-ils, d'armer vos bourgeois, vos ouvriers, vos paysans quand les Prussiens seront à nos portes. Oui, leur répondrons-nous, les soldats de Valmy et de Jemmapes valaient bien ceux de Solférino, et ces défenseurs improvisés ont fait voir qu'il n'y a pas besoin de passer quatre ou cinq ans sous les armes pour remporter la victoire, et les chefs de vingt-huit ans ont montré qu'on n'avait pas besoin de blanchir sous le harnais pour être vainqueur. Mais ce n'est là qu'une défaite : l'objection la plus sérieuse que puisse faire à cette proposition un gouvernement monarchique, c'est qu'il ne pourrait plus faire de Deux-Décembre.

Pour l'ordre intérieur, la garde civique a montré qu'elle sait le faire respecter.

Examinons les conséquences sociales de l'armée, voyons ce que cette institution produit sur la société.

Nous plaignons sincèrement cet artisan, ce paysan arrachés, l'un à son étau, l'autre à sa charrue qui sont

(1) La Prusse a environ douze cent mille hommes à son service qui lui dévorent la meilleure part de son budget, la France en a autant. Si l'une et l'autre se contentaient chacune de cent mille hommes par exemple, les forces seraient les mêmes ; la chose est trop simple pour avoir du succès. On obtiendrait le même résultat s'il n'y en avait plus du tout, mais nous ne sommes pas aussi cruel ; on ne peut demander la disparition totale de l'armée, sa suppression complète pourrait amener des troubles ; nous ne voulons désespérer ni les perruches à falbalas, ni les nourrices, ni les bonnes d'enfants.

obligés d'aller passer les six ou sept plus belles années de leur vie dans l'armée. Le jour du tirage est une journée de larmes pour la victime comme pour les parents; le patriotisme, ce grand sentiment si vivace en France devant la patrie en danger s'éteint devant cette abdication complète de l'individu condamné de par le sort à prendre la dure servitude. Il sait bien qu'il ne s'appartient plus, il sait bien qu'il est simplement un rouage, un numéro matricule, que son grand chef le ministre de la guerre fera manœuvrer suivant les caprices du maître; aujourd'hui à Puébla, ou à Pékin, si ce n'est demain dans les rues de Paris où il faudrait faire le sac d'une maison ; ainsi le veut la discipline. Plus qu'une chose à faire, obéir. Cette pénible condition n'est pas toujours du goût de tous ; il le faut, néanmoins, c'est la condition vitale de l'armée actuelle. Autrement est-ce que le fils massacrerait le père ? Est-ce que le frère canonnerait frère, mère, sœur ? Est-ce que la cavalerie sabrerait sur les boulevards des centaines de personnes qui protestent contre la violation du droit ? Oh ! non, mille fois non !

Pauvre artisan, tu venais à peine de finir ton apprentissage, tu commençais à gagner ta vie. Pauvre laboureur, tu soulageais ton père qui se fait vieux ; si le sort t'avait épargné, vous vouliez doubler la ferme ; allons, deux bras de moins pour les champs, ils en ont tant à donner. Quand tu auras passé un congé à faire l'école de soldat, à astiquer le fourniment, et à passer des milliers d'heures en promenades mélancoliques devant ta guérite, tu rentreras dans tes foyers. Comme ces sept années t'auront grandi ! ton métier, tu l'auras oublié ;

le dur travail des champs ne sera plus dans tes goûts.
Mais en revanche tu auras appris, dans les chambrées,
à faire des conquêtes ; les leçons des vieux pieds-de-
banc du régiment te profiteront ; tu en useras. Du désordre de plus dans la commune. Ne pouvant plus continuer une vie où le travail sera négligé, tu demanderas
une place. Ah ! oui, une place, voilà qui sera dans tes
goûts : le travail, ça ne te connaît plus. La moitié des
jeunes gens qui sortent de l'armée ne veulent plus reprendre leur métier, et l'on se plaint des déclassés ;
allons donc !

L'armée est le refuge des mauvaises têtes, des in-
domptables, de ceux qui ne veulent rien faire ; car sérieusement, peut-il venir à la pensée d'un garçon qui
voit dans le travail un avenir certain, d'aliéner sa liberté
pendant six ou sept ans. Aussi les pères de famille qui
ne peuvent rien faire de leurs fils, les forcent à s'engager ; cette vie de caserne, d'aventures, convient à ces
tempéraments ; et celui qui n'a pas pu faire un citoyen
devient souvent un bon soldat.

Quelques esprits simples se laissent prendre par l'étalage de l'uniforme, on veut s'engager dans les hussards ;
c'est le plus beau costume. Avec ces puérilités, on entraîne quelques-uns ; le gouvernement le sait bien,
aussi tous les ans vous voyez des modifications aux cos-
tumes (1) ; s'il n'y a pas d'argent pour l'instruction, on
en trouve bien pour ces changements.

_____

(1) Il y a de ces changements qui sont énigmatiques ; on comprend
ceux apportés à la capote, au pantalon, aux chaussures, mais il
est difficile de saisir les améliorations que nos soldats doivent retirer
de la couverture en drap rouge des schakos au lieu de cuir. Comme

Nous ne voulons pas parler du vendu, on est trop peiné quand on sait qu'un individu peut se vendre et qu'il y a acheteur.

La vie de garnison est ennuyeuse; à cet âge d'effervescence, que faire avec le maigre prêt et quand on n'est pas de semaine? On fait la cour aux belles de l'endroit, et nos troupiers ont tout ce qu'il faut pour réussir. C'est ainsi qu'ils préparent l'avenir, en semant le déshonneur, en débauchant les filles des travailleurs.

Ce n'est pas l'homme qui est coupable, c'est l'institution qui est mauvaise.

Les honneurs de tout genre ont été tellement prodigués aux militaires par tous les gouvernements absolus, que nous comprenons qu'un père de famille vaniteux destine son fils à l'armée; vite à Saint-Cyr; le chauvinisme, si ardent en France, ne fait pas défaut; l'uniforme plaît aux jeunes gens; puis, on est si bien accueilli par le beau sexe. Malheureusement, l'imagination des jeunes filles les aveugle souvent, et fait taire en elles la voix de la raison et du jugement. Et cependant, y a-t-il une position plus triste que celle d'un sous-lieutenant sans fortune, et marié sans avoir même touché la dot réglementaire, si surtout la famille s'augmente? Le brillant uniforme du soldat peut frapper l'imagination d'une pensionnaire, mais ne séduira que

nous ne sommes pas de la partie, nous nous l'expliquons à la manière du sublime, qui prétend que le paratonnerre du casque prussien est d'une grande utilité en campagne, on pique la pointe en terre, on met le feu dessous et on fait dedans la soupe et le rata. Il y a probablement quelque chose d'analogue que nous n'avons pas saisi.

difficilement une demoiselle de bon sens. Aussi presque
tous les officiers restent célibataires.

Puis vous venez parler de famille, de vertu, quand
l'état social force des individus d'en être l'antipode. Que
d'intelligences se sont annulées dans ce noble métier;
que de bonnes natures se sont changées! Les conséquences produites par l'état militaire de la France sont
des entraves à la solution de la question sociale; les
temps sont proches où elles disparaîtront.

Examinons-en d'autres; cherchons les résultats sociaux obtenus par cette entrave que nous nommons la
soutane.

La majorité des Français suit les habitudes et rites
de la religion catholique, apostolique et soi-disant ro-
maine.

Ce qui est assez surprenant, c'est que l'État recon-
naisse des religions, et ce qu'il y a de plus sérieux, c'est
qu'il en paie les ministres avec les fonds du budget.
Toujours le même système, se mêler de tout, comme si
les questions de foi le regardaient. Les législateurs
viennent vous dire qu'il faut une religion au peuple;
que le devoir essentiel, premier, d'un gouvernement,
c'est d'inculquer à la nation les principes de morale.

Si quelqu'un est profondément convaincu de cette
nécessité, c'est nous. Oui, il faut une religion au
peuple, une religion d'honnêteté, de travail, d'union,
de courage, de fraternité, la religion du Décalogue,
surtout, une religion d'honneur, de respect et d'estime.
Oui, nous la demandons avec fièvre, cette religion qui
redresse, qui grandit, nous la désirons profondément
enracinée dans le cœur du peuple. C'est le devoir so-

cial, capital, d'un gouvernement. Mais cette religion
a-t-elle quelque rapport avec les cérémonies, les mystères, les dogmes que les religions connues pratiquent
et enseignent? Ces questions-là regardent chaque individu et non l'État.

Non-seulement l'État solde les ministres, mais il fait
et entretient les églises, les temples, s'occupe des nomi-
nations dans la hiérarchie sacerdotale, puisque ce sont
ses employés; il fait plus, il force les instituteurs, ces
sérieux auxiliaires, à apprendre aux enfants un *Credo*
en dehors duquel il n'y a pas de salut. Il faut que ces
dévoués instructeurs du peuple fassent apprendre à la
jeunesse l'*Histoire sainte*. *La fable du fruit défendu* n'est
guère morale, et *le peuple hébreu protégé par Dieu*, ce
créateur de tous les êtres, pour massacrer les Philistins
à sa plus grande gloire, n'inspire pas un sentiment bien
élevé de la justice céleste. Et cet âge du monde, ces six
mille ans de la création, que deviennent-ils, quand le
jeune homme apprendra la géologie, et que la science
lui démontrera qu'il faut quarante mille ans pour former un bloc de charbon? Non, ce n'est pas au maître
d'école à faire répéter le catéchisme; non, il ne doit pas
recevoir une mission officielle pour bourrer l'esprit de
ses élèves de tous ces mystères incompréhensibles d'un
seul Dieu en trois personnes, de paradoxes comme
celui de l'incarnation dans le sein d'une femme, vierge
et mère tout ensemble, de ce nouveau dogme proclamé
en plein dix-neuvième siècle : que sainte Anne a conçu
la mère du Christ sans péché. Que répondriez-vous au
bambin s'il venait vous demander : « Comment l'a-t-on
su? Vous seriez certes bien embarrassé. Vous lui parlez

de la foi; la foi n'est pas une preuve, c'est une confiance, tout le monde ne l'a pas; l'esprit humain est chercheur, il ne croit profondément que ce qui lui a été démontré. Les religions n'ont rien à faire à l'école.

Voulez-vous, prêtres, que nous vous disions pourquoi vous tenez tant à ce que l'on vous confie la jeunesse? Nous allons le faire, et on verra que vous êtes l'entrave la plus formidable à la question sociale, et que la soutane sera peut-être la plus longue à déraciner.

A cette religion de fraternité que vous avez reçue des apôtres, vous avez substitué la plus formidable association : un communisme comme jamais l'homme n'en verra de semblable. Il est tellement enraciné, qu'il a survécu à toutes les tourmentes; après des siècles, il est vivace, très-vivace, au milieu des peuples civilisés, qui ne peuvent se débarrasser complétement de ces formes dans lesquelles ils ont été élevés; ce qui prouve la puissance de son organisation, ce chef-d'œuvre incomparable. Pourquoi cette force? C'est parce que vous avez pris l'âme du peuple, et que vous l'avez atrophiée avec des superstitions. Vous poursuivez, avec une persévérance implacable, un but : la domination universelle.

Vous avez un moyen, la religion; une discipline, l'obéissance aveugle; une méthode infaillible, l'abrutissement; vos sujets, la femme et l'enfant.

L'homme dit à sa compagne : « Pense à la vie; » la femme qui sort de vos mains lui dit : « Pense à la mort. »

Au travailleur courbé sous la misère, vous dites : « Ayez confiance dans la bonté divine, craignez les feux de l'enfer, pensez au ciel; » l'esprit du siècle lui répond : « Instruisez-vous, unissez-vous et travaillez. » L'instruction et l'union de vos fidèles ignorants, voilà votre destruction certaine. Vous le sentez si bien, en présence du progrès qui gagne même quelques-uns de vos éminents membres, que vous allez proclamer l'infaillibilité du pape pour essayer de rattraper la force qui vous échappe.

Non, ce que vous enseignez au peuple n'est pas fait pour le grandir, mais pour l'abrutir. Non-seulement vous ne rendez pas les services pour lesquels la nation vous paie, mais vous produisez l'effet contraire. Vous avez la main partout, vous dirigez, vous dominez dans les hautes sphères gouvernementales; mais vous n'avez plus le souffle assez puissant pour éteindre ce grand flambeau qui doit vous consumer et vous faire disparaître : le progrès. La lumière et la liberté, voilà ce qui doit vous détruire.

Une autre entrave, que nos sublimes nomment la toge, a des conséquences peut-être non moins actives que les deux précédentes.

Nos magistrats sont chargés d'appliquer la loi. Le profond respect dont ils sont entourés est une preuve que le peuple est profondément pénétré de l'importance de cette sécurité sociale, la justice. Cependant, tout le monde sait que des personnages importants peuvent influencer la magistrature, surtout dans les questions politiques. Et dans les campagnes, qui n'a pas entendu le paysan prôner tel ou tel personnage parce qu'il a fait exempter son fils de la conscription, ou dire qu'on lui a donné un coup de main dans un procès. Aussi les travailleurs vous disent très-bien, en parlant d'individus sous le coup de la loi, mais protégés par une main puissante : « Il n'y a pas de danger qu'il soit condamné, il connaît quelqu'un qui a le bras long. » Pour eux, celui qui n'a pas de protection et pas d'argent, ne peut se faire rendre justice. Cependant, tous les Français sont égaux devant la loi.

Ces idées, qui ont cours parmi le peuple, ne sont pas exagérées; la protection, cette lèpre éminemment française, est cultivée et pratiquée; ces coups de main, ces passe-droits, sont très-mauvais : ils accumulent dans l'âme des travailleurs des haines qui sont autant de puissants leviers dangereux dans les jours d'effervescence.

La justice est trop longue et ruineuse; le dicton qu'il faut gagner dix procès pour être ruiné, est malheureusement une vérité. Pour remédier à ce mal, il faut deux choses essentielles : la magistrature élective et la gratuité de la justice. Nous savons bien que cette belle institution, l'assistance judiciaire, rend de bons services aux travailleurs, et surtout aux femmes de sublimes, qui trouvent un recours contre le droit que la loi avait conféré à leur mari. Mais ce n'est pas suffisant. Comment! le travailleur, qui n'a que sa journée, ne peut, faute d'argent, se faire rendre justice? S'il a droit, cependant? Il hésitera encore pour entamer son procès, il criera au privilége, il subira l'injustice, et vous en ferez un exalté.

Voilà pourquoi les sublimes appellent ces trois institutions des lèpres capitales.

Le sabre, parce que l'armée prend au peuple ses enfants, les enlève au travail, démoralise la famille et augmente le nombre des déclassés.

La soutane, parce que la grande association le domine et l'abêtit.

La toge, parce que la justice est trop chère et ne possède pas la parfaite indépendance que donne l'élection, et que le favoritisme est encore une puissance.

C'est l'avis de tout le monde, qu'il y a à faire pour modifier ce qu'il y a de défectueux pour la société dans ces trois institutions, et que le moyen d'y arriver, c'est de commencer.

Il ne faut pas attendre; attendre en politique est un crime social.

Si vous craignez des perturbations trop vives en présence de mesures radicales, faites-les progressivement, mais faites-les.

Pour l'armée, diminuez tous les ans dix mille hommes; organisez par contre dix mille citoyens; dans quelques années, vous obtiendrez le résultat désiré.

Pour la soutane, dégagez-vous, laissez la liberté pleine et entière, organisez un système d'instruction primaire intelligent et qui devienne général; que l'instituteur, au lieu d'être à la remorque du goupillon, soit, avec le maire, le plus honoré de la commune. Vous verrez dans quelques années diminuer l'influence de la fameuse puissance, qui ne vous soutient qu'autant que vous faites ses affaires; vous n'aurez plus de ces décisions municipales attentatoires à la liberté (1), et que

_____

(1) Nous tenons à citer un fait très-ordinaire qui vous montrera la puissance de la griffe ultramontaine. En 1817, nous quittions un

les conseillers municipaux ne prennent que parce que
M. le curé le veut et qu'il a le bras long.

Pour la toge, abandonnez au suffrage universel, ce
souverain reconnu aujourd'hui (1), le soin de nommer
les magistrats; supprimez ces lenteurs décourageantes,
et surtout ces monceaux de papiers timbrés qui coûtent
si cher le kilogramme, il y en a au moins les deux tiers
de trop; simplifiez les lois : elles sont si nombreuses,
qu'il n'y a pas un avocat, un jurisconsulte qui en con-
naisse le quart; diminuez cette armée de paperassiers
qui s'ennuient dans les nombreux bureaux administratifs; rémunérez bien ceux qui resteront et demandez-
leur du travail et de l'obligeance pour le public. Alors
le travailleur qui sera obligé de passer à tous les gui-
chets pour ses affaires, ne trouvera plus cette indifférence de certains commis qui font si bon marché de
leur temps.

petit village de la Franche-Comté, où nous sommes nés; après treize
ou quatorze années de vie parisienne dans la grande fournaise de la
besogne, nous choisîmes le jour de la fête patronale, le grand saint
Maurice et ses compagnons, qui se fête en septembre, pour aller nous
retremper; trop heureux, nous nous réjouissions de voir nos braves
compatriotes s'ébattre sur le pré, comme autrefois; il était deux
heures, les jeux, les banques, les musiques se taisaient; nous avi-
sâmes le garde champêtre, qui nous dit que la fête ne commençait
qu'après vêpres, tels étaient la décision et les ordres : nous ne pûmes
rien répondre, mais mentalement nous nous dîmes : bienfaisant régime impérial, je te bénis, maintenant, paysans franc-comtois, chantez la liberté.

(1) Quand on pense que les ministres de Louis-Philippe se sont
laissé renverser pour avoir refusé le suffrage universel, on est fixé
sur leurs capacités, quand on a pu juger les résultats obtenus par le
gouvernement impérial, par la savante manœuvre de cet ignorant et
maladroit enfant qui finira par marcher.

Citons un exemple : Un compagnon dut se rendre un jour à un ministère pour faire régulariser des pièces. A dix heures précises, il était là ; l'employé arriva, leva son guichet, prit son journal et son petit pain. Notre travailleur lui présenta les pièces et détailla l'objet de sa demande.

« C'est bien, » répondit le personnage, et il continua à lire et à manger.

Un quart d'heure après, l'ouvrier lui dit : « Je suis là, monsieur.

— Je sais bien que vous êtes là. » Un autre quart d'heure se passe ; alors, indigné de voir l'individu continuer à lire, il l'apostropha :

« Êtes-vous là pour me signer mes pièces ou pour lire votre journal? »

Une altercation s'ensuivit ; l'ouvrier sut se contenir et alla trouver le chef, qui adressa de justes observations à son subalterne.

Mais supposez un fils de Dieu ; il n'aurait pas eu cette sagesse et se serait fait arrêter ; probablement ce cas s'est présenté. Vous devinez l'effet produit sur les camarades par une arrestation ainsi motivée ; admettez une révolution, et vous verrez ce que ce compagnon est capable de faire. Que de haines et de désirs de vengeance se sont accumulés dans l'âme des travailleurs, haines et désirs de vengeance provoqués par ces tyranneaux au petit pied.

Oui, il faut que tous les fonctionnaires qui sont en contact direct avec le public (1) soient choisis parmi les

(1) Ce que nous disons des fonctionnaires en rapport avec le pu-

plus patients, les plus bienveillants; ils doivent être
animés de sentiments d'abnégation et d'obligeance pour
être en rapport avec un public qui se compose de tempéraments si divers.

Voyez un employé de mairie, hautain, dur, suffisant,
recevoir un travailleur, presque toujours ignorant, qui
vient réclamer des pièces soit pour un mariage ou pour
tout autre objet; s'il lui manque quelques documents,
au lieu de les lui spécifier avec bonté, lui dire brusque-
ment : Il me faut ça, et à toutes ses questions ne donner que des réponses sèches; il va, il vient, il ne sait
pas. Quelle différence avec cet employé bienveillant qui
l'accueille avec douceur, lui explique ce qu'il faut faire,
comment il doit s'y prendre. Entendez le travailleur
dire du premier : « Il n'y a qu'un tas de *muſes* là-dedans; » mais pour l'autre : « A la bonne heure, voilà un
bon garçon, il fait bon avoir affaire à lui. »

Certes, l'administration recommande la bienveillance, l'obligeance à ses employés; mais allez donc
rendre doux un individu violent; il faut les choisir spécialement.

Un travailleur qui a passé par les mairies, les tribunaux, les administrations en un mot, revient toujours
avec une certaine quantité de fiel dans l'âme. Aussi tout

blic s'applique plus spécialement aux directeurs de nos établissements publics, mairies, hôpitaux, écoles, etc., etc... Ainsi un directeur nous parlant des cent élèves qu'il recevait tous les ans, nous
disait qu'il y en avait au moins cinquante à renvoyer à leurs parents.
Il vient d'être décoré, ce paternel directeur, qui disait à la mère d'un
élève : « Si vous voulez m'embrasser, je permettrai à votre fils de
sortir. » Non, de pareils misérables ne sont pas faits pour inspirer
le respect.

ce que le gouvernement fera pour diminuer les démarches et faciliter aux travailleurs l'exécution des devoirs sociaux qu'ils sont obligés de remplir dans la vie, sera un énorme bienfait.

Voilà, à notre avis, l'ensemble des réformes à apporter dans la société pour faciliter la solution de la question sociale. Ce que nous demandons au gouvernement, c'est qu'il gouverne le moins possible; qu'il laisse à l'initiative individuelle tout ce qui n'exige pas strictement son action, et dans ce cas même, qu'il lui facilite, au lieu de l'entraver par une série de mesures, l'accomplissement de ses devoirs.

Nous repoussons donc comme antisocial, tout gouvernement qui veut que l'État soit tout et l'individu rien.

Ces régimes sont à notre avis l'éteignoir universel.

De tous les systèmes proposés de nos jours, les plus dangereux sont ceux qui réclament et exigent, pour se réaliser, l'intervention du pouvoir; pour ses créateurs, la direction de l'État, et les ressources de l'impôt pour exécuter leurs systèmes et expérimenter sur la société tout entière.

La science économique repousse absolument toutes les combinaisons de tutelle, de dictature qui, sous une forme ou une autre, se proposent d'assurer la prospérité collective au moyen d'un amoindrissement des droits, et d'un assujettissement des facultés de l'individu. Elle trouve que le gouvernement est assez chargé de besogne, quand il fait exécuter les lois, maintient l'ordre et la justice et donne l'instruction au peuple, sans qu'on lui impose encore la tâche impossible de distribuer la richesse et de procurer le bonheur commun.

Ceci dit, commençons par le premier devoir social du gouvernement, celui de nous préparer des sujets pour la solution de notre problème.

Examinons comment il faut faire des apprentis.

XXI

LES APPRENTIS

Plus d'apprentissage dans les ateliers,
C'est l'apprentissage qui fait l'homme.

Jeter un pont sur la Manche pour relier l'Angleterre au continent, serait un travail matériel immense et possible, qui demanderait énormément de capitaux, de soins, d'étude et de persévérance, en un mot une lutte gigantesque de l'homme avec les éléments ; pour mener à bonne fin cette énorme besogne, une fois sérieusement arrêtée, tout serait mis à contribution : sciences, expériences, intelligences, puissances, moyens de toutes sortes ; avec le temps, et malgré les déboires les plus imprévus, on y arriverait.

Un pareil résultat serait superbe.

Faire des hommes est, au point de vue moral et social, un grand travail, doublé d'une grande mission, d'un noble but, difficile, lent, mais possible. Arriver à ce résultat si impérieux, si désiré, ce ne serait plus

seulement superbe, mais grandiose, splendide, admirable, rassurant et chrétien. Or, pour cela que faut-il?
Apporter la même persévérance, les mêmes ressources, la même opiniâtreté que vous apporteriez dans le
travail matériel, colossal dont la réussite ne fait aucun
doute.

Question sérieuse s'il en fut ; constituer une éducation qui développe l'âme d'abord, l'intelligence ensuite ;
faire entrer dans les mœurs, imprimer dans le cœur des
jeunes générations ces beaux sentiments qui élèvent,
le respect des grandes et belles choses, développer la
dignité qui grandit, qui monte, qui réconcilie l'homme
avec lui-même dans les désastres, en faire des cœurs
qui croient à la vertu, qui la pratiquent, l'honorent, la
glorifient et l'admirent : voilà une entreprise sérieuse et
difficile.

Entraver, arrêter, guérir, si c'est possible, le mal que
nous vous avons fait toucher du doigt, c'est ce que nous
vous dirons dans les chapitres suivants, concernant les
travailleurs faits. Mais pour les jeunes natures, nous ne
devons pas laisser se creuser ces ornières que le vice et
les mauvaises habitudes ont tracées dans le cœur des
aînés, car on ne les comble jamais ou, du moins, très-
difficilement.

Pour atteindre ce but, trois moyens principaux s'offrent à nous :

1° L'instruction donnée dans nos écoles primaires ;
c'est la construction des pièces de la machine humaine,
de l'unité sociale à produire ;

2° L'instruction par les écoles professionnelles ; c'est
le montage de la machine ;

3° La *Société amicale*, qui la soutient, l'éclaire, l'appuie et la stimule dans son fonctionnement, pour obtenir bien-être et moralité.

La première condition pour préserver la jeunesse, c'est de l'instruire; et plus la somme d'instruction sera grande, plus la solution sera facile. L'intelligence de l'homme est un rouleau indéfini qui se développe par l'instruction; plus la page est grande, plus les moyens sont nombreux. L'instruction représente les machines qui servent à façonner un homme vite et bien.

Malgré les résistances intéressées et les plus énergiques de certaines personnes qui n'ont trouvé dans le développement intellectuel que le chemin des dégradations, nous sommes convaincu, appuyé sur des preuves incontestables, que c'est par l'instruction qu'on parviendra sûrement à moraliser le peuple et à inculquer dans son esprit les idées de progrès. Les statistiques judiciaires ne démontrent-elles pas péremptoirement que le nombre des délits et des crimes décroît à mesure que l'instruction se répand davantage? Le grand nombre bre de déclassés, qui inondent les grandes villes, et surtout Paris, ont pu donner à cette accusation un semblant de vérité; mais gardons-nous de rendre l'instruction responsable de cet état de choses. C'est l'inintelligence des parents qui en est la cause. Voyez, en effet, le plus humble laboureur, s'il remarque chez son enfant une belle écriture ou quelques dispositions pour l'arithmétique, vite il fait des sacrifices, non dans le but d'en faire un agriculteur instruit, — pour lui un cultivateur est une bête de somme qui en conduit d'autres; on est toujours assez savant pour labourer ou

ferrer des chevaux, — mais pour le pousser sur la route
où vous rencontrez tous les déclassés, qui donnent raison aux arguments cités plus haut. Mais s'il compre-
nait que plus un travailleur est instruit dans une partie,
plus il y apportera son intelligent concours, et plus
cette partie se développera ; si chaque père de famille
était bien pénétré que les connaissances que son fils
aura acquise en physique, en chimie, dans le dessin,
voire même en musique, ne l'empêchent pas d'en faire
un ouvrier ; alors vous verriez l'abîme des déceptions
se fermer petit à petit.

Qu'arrive-t-il avec nos mœurs actuelles ? Prenez un
père de famille sensé et ayant quelque aisance ; qu'il
vienne dire à son fils : Tu as maintenant quinze ans, tu
ne retourneras plus à l'école ; je veux te faire apprendre un métier ; d'abord, parce que lorsqu'on sait un
métier, on devient un homme solide, ensuite, parce
que si tu es intelligent et laborieux, tu pourras te
faire une position, et celles qu'on se fait à soi-même
sont bonnes et durables. Certes, il tiendrait là un raisonnement sage. Mais la mère, les grands parents, les
tantes, les oncles, etc., etc..., interviennent : « Ah !
c'était bien la peine de lui faire faire des études
pour en faire un ouvrier ; ne voilà-t-il pas une belle
perspective ! »

La femme boude, les parents murmurent ; « On voit
bien qu'il n'aime pas son fils. » L'homme faible cède :
« N'en parlons plus ; il sera avocat ou médecin, notaire
ou vétérinaire ; à moins que vous ne vouliez pas vous
séparer de lui ; alors vous en ferez une gélatine ou un
ours. »

L'avenir des enfants entre les mains des parents sublimes, ou qui élevés eux-mêmes dans l'ignorance ne
comprennent pas le prix de l'instruction, est bien autrement à plaindre. Pour eux, l'enfant c'est la gêne, la
misère ; la mère est obligée de travailler pour faire face
aux besoins les plus pressants, pendant que son homme
fait le crâneur aux assommoirs. A peine peuvent-ils
marcher, qu'on les met à l'asile, ou on les confie à quelque vieille femme. Ils grandissent, on en envoie quelques-uns à l'école, qu'ils s'y rendent ou non, c'est fort
indifférent ; à dix ou douze ans, le sublime trouve que
le *feignant* peut bien gagner le pain qu'il mange, on le
met chez un fabricant qui lui donne un franc ou un
franc ving-cinq par jour pour faire un métier abrutis-
sant, dix ou douze heures par jour ; et il faut qu'il
rapporte ce qu'on lui donne, sinon les taloches marchent. Voyez-vous ce petit être, attelé, pendant douze
heures, après un découpoir ; comme il respire la santé ;
ces petites figures livides vous donnent le frisson. Le
matin, la mère lui donne un morceau de pain et quelques sous ; dans les environs des ateliers, sur les trot-
toirs vous remarquez des groupes de jeunes gens jouant
à pile ou face l'argent de leur déjeuner, et souvent leur
morceau de pain ; ce sont des fils de sublimes qui *tirent
une loupe* et travaillent pour l'avenir. Il grandit ainsi
dans ce milieu ; à quinze ans, il envoie *dinguer* ses parents, s'il n'est pas à la Roquette ou à la Conciergerie.

Il y a cependant quelques natures exceptionnelles
qui résistent, l'exemple des parents, les bons instincts
aidant. Les cas sont malheureusement très-rares, et
nous n'avons jamais pu nous expliquer cette résistance

en présence des procédés infaillibles des sublimes.

L'ouvrier vrai, l'ouvrier, même l'ouvrier mixte comprennent autrement leurs devoirs de pères. Ils s'appliquent, dans leur intérieur, à ne donner à leurs enfants que des exemples de vertus (le bon exemple est fructueux pour les enfants); comme il y a ordre et économie dans le ménage, la mère consacrera tous ses soins à leur éducation ; ils seront l'objet des bonnes attentions qu'une mère dévouée peut seule donner.

Aussi l'école est fréquentée régulièrement ; le soir, le père fait répéter les leçons, surveille les devoirs, et s'instruit même en aidant à l'instruction de son fils. Mais à douze ans, il faut entrer en apprentissage. Le contrat est passé. Il veille à ce que son fils fréquente les écoles du soir pour continuer l'instruction qu'il a commencée dans l'école primaire ; et s'il doit rester à demeure chez son patron, il pose pour conditions dans le contrat d'apprentissage que l'enfant viendra tous les dimanches se retremper dans les caresses et les bons exemples de ses parents. Le commencement est excellent, voyons ce qu'il va faire.

Tout le monde sait que c'est à l'âge de la puberté que l'intelligence s'assimile le plus facilement les bonnes ou mauvaises choses, et les vices pris à cet âge sont les plus enracinés. Ainsi, une mauvaise éducation jusqu'à douze ans peut encore se redresser facilement, mais celle prise de douze à dix-sept est inextirpable.

C'est donc l'apprentissage qui fait l'homme.

Voyons comment on fait actuellement les apprentis.

Supposons le fils de l'ouvrier dans un atelier où il n'y ait que des ouvriers, et que le patron n'ait que lui

comme apprenti. On lui montre les premiers éléments,
très-bien ; on lui donne une pièce à faire ; l'enfant sait
bien qu'il ne peut pas la faire comme l'ouvrier, son
voisin et professeur, il travaille machinalement, il lui
manque l'émulation, ce puissant levier de l'apprentissage. Prenez, par contraire, dix jeunes gens, donnez-
leur à chacun la même pièce à faire, et vous verrez la
différence dans l'activité et dans le désir de mieux faire
que son voisin. L'apprentissage sans l'émulation est un
apprentissage qui se traîne. Mais les travaux augmen-
tent, le patron embauche du monde, un sublime vient ;
un bon professeur de plus. Quelques jours après, trois,
quatre ou cinq sublimes et vrais sublimes ; l'éducation
se perfectionne ; attendez, vous verrez le sujet qu'ils
vous fabriqueront.

Certains sublimes simples placent leur fils en apprentissage pour quatre ans, par exemple, à une condition,
c'est que le patron se chargera de tout ; c'est un débar-
ras. Au bout de deux ans, le père sait que son fils commence à ne pas mal travailler, et qu'il pourrait gagner
sa vie, il cherche une querelle au patron, et les pru-
d'hommes sont appelés à statuer. Souvent les sublimes
sont condamnés à continuer l'apprentissage, après en-
quête faite par un prud'homme ; mais quelquefois
aussi, ces griefs allégués sont légitimes. Il y a des patrons qui prennent des apprentis pour en faire des do-
mestiques, des bêtes de somme, de cinq heures du
matin à neuf heures du soir. Aussi, tous les pru-
d'hommes ont pris la surveillance de certains apprentis,
et s'assurent que les patrons leur montrent bien leur
métier.

Dans la mécanique on fait peu d'apprentis, c'est la province qui comble les vides. On prend des jeunes gens et on les paie, c'est plus commode, on n'a pas de responsabilité et ça rapporte. Du moment qu'ils font leur besogne, peu vous importe qu'ils fument, qu'ils chiquent, ce n'est pas votre affaire, ils sont considérés comme les autres travailleurs. Nous vous assurons qu'ils sont précoces pour tout, pour le travail comme pour les vices. L'espièglerie du gamin de Paris est proverbiable, elle se développe dans l'atelier; un fait :

Un patron avait confié une mortaise à faire, dans une grande et mince poulie, à un jeune apprenti passionné pour le théâtre; pensant sans doute au dénoûment d'*Antony*, qu'il avait vu jouer la veille, il brisa la frêle poulie; le patron, fort mécontent, survint, le gourmanda vertement. Le gamin se reculant d'un ton tragique, lui dit : « Elle me résistait, je l'ai assassinée. » Le patron ne put s'empêcher de rire.

Quand ils font rire, c'est bien; mais écoutez la conversation de cet apprenti, que sa maigreur effrayante a fait appeler le *Fils du squelette*, racontant ses prouesses du lundi, il avait à peine seize ans; un sublime le questionnant :

« Qué'qu' t'as donc fait hier, t'as l'air tout *gondolé* (1) ?
— N' m'en parle pas, nous devions aller hier avec *Tripe sèche* (2), *Frit dans l'huile* et *Saute dans le beurre*, voir jouer *le Glacis de lance* et *la Rigolade* f... le taf (3),

(1) Mal fichu.
(2) Devenu célèbre dans le procès de Blois par ses révélations.
(3) *Le Verre d'Eau* et *la Joie fait peur.*

au théâtre, ils ont mieux aimé aller à la *Patte de chat* (1), mes articulations sont *grippées* (2). »

Le sublime en riant :

« Tas de crapauds ! »

Le gamin reprenant :

« C'est rien *toc* (3), ma vieille, pour chacun vingt *ronds* (4), nous avons vu Ida, la femme à la bouteille, ça passait comme une lettre à la poste ; c'est rudement rigolo, nous n'avions pas encore vu ça. •

Ne vous semble-t-il pas entendre un libéré des chiourmes de Toulon ; c'est rigolo tout de même, cette infecte exhibition. Il est impossible à Paris d'avoir d'autres résultats, quand on sait qu'il y a soixante pour cent de sublimes dans les travailleurs.

Le sublimisme est une greffe qui prend toujours sur de jeunes sujets, c'est comme un fluide, il pénètre quand même ; quels que soient les soins de certains patrons consciencieux, la lèpre finit presque toujours par tomber sur les apprentis.

Ceci ne veut pas dire que nous excusions les négligences, les dédains de certains patrons qui précipitent les apprentis dans le gouffre. Non ! mais tout ce que l'on peut leur demander est insuffisant pour les garantir.

Ce qu'il faut donc, c'est l'apprentissage dans l'école professionnnelle, là vous formerez des hommes tout en faisant des ouvriers.

Nous sommes de l'avis du grand philosophe Rous-

(1) Maison de prostitution.
(2) Une pièce est grippée quand elle ne peut plus fonctionner.
(3) Drôle.
(4) Vingt sous.

seau, nous pensons que tous les hommes devraient
connaître un métier, riches ou grands, pauvres ou petits. Pour nous, un homme qui connaît un métier est
étayé. Qu'une catastrophe le ramène à zéro, il a encore
dans les mains cent sous par jour. Prenez un membre
de la pléiade des gens à place ; le voilà sur le pavé ; ils
sont cent pour une position, la misère arrive, il descend dans la cuvette (1). Un métier, c'est la colonne ver-
tébrale de la dignité. Oui ! que toute la jeune génération
apprenne un métier ; que tous les hommes aient goûté
aux difficultés et aux satisfactions du travail manuel ;
c'est une pharmacie qui est ouverte dans tous les pays.

Nous entendons le ricanement de ces vieilles nobles
étiolées, suite de races qui suent le scrofule à pleines
cuillerées et qui meurent d'anémie faute d'exercice. Il
ne faut pas, parce qu'on descend des Croisés, croire
qu'il suffise de se draper à l'antique dans ses écussons,
ou de récurer ses vieilles ferrailles pour être quelque
chose dans le siècle du travail. Dans cinquante ans,
tout cela dormira au musée de Cluny. Maintenant, de
la besogne de toutes les façons, sans cela, rien.

Mais voyez-vous monsieur le vidame consacrant
quelques heures par jour à salir des ongles rosés ; mais
où serait le mal ? Il y a des métiers qui pourraient
satisfaire cette coqueluche que vos ancêtres vous ont
cédée ; il y a des métiers soi-disant beaux. Tout en
apprenant le latin et le grec, est-ce que le fils du prince
tel ou tel croirait descendre en consacrant quelques
instants de son temps à apprendre la ciselure ou la

_____
(1) Voir au chapitre du vrai sublime.

bijouterie, l'horlogerie, l'orfèvrerie ou l'optique? pensez-vous que ces exercices lui donneraient les pâles couleurs et que cela nuirait au développement de la soi-disant noblesse de France? Nous en avons vu de beaux échantillons aux courses ou sur le boulevard; il en faudrait au moins deux pour remplir le blindage de François Ier (1), qui est au Louvre. Un bijou à retourner serait peut-être trop lourd pour ces pâles machines dont tous les joints *ferraillent*, et vous voulez qu'elles tiennent la pression que réclame ce siècle; est-ce que son cœur a de la course, à ce petit crevé, est-ce que son intelligence se développe avec ses occupations; il ne connaît que le banc de *Terre-Neuve* (2), les courses, le bois et les bains. Ces petits vidés passent leur vie en compagnie d'intrigantes badigeonnées qui les finissent et les ruinent. Quel autre résultat si ces intelligences et ces capitaux étaient employés aux nobles et grandes choses! De la dégradation de moins, de la grandeur et du bien-être de plus. Ne nous fâchons pas, madame la baronne, vous continuerez à apprendre à vos fils à faire quelques pirouettes dans un salon, à flûter leur voix; ces petits talents de société leur serviront mieux pour leur avenir qu'un métier; ce dont nous nous occupons ne vous regarde pas.

Nous ne nous serions pas étendu aussi longuement sur ce sujet, si dans les régions gouvernementales on

(1) Armure de François Ier au musée des Souverains, salle spéciale où vous trouvez le chapeau, la tabatière, le rasoir, la redingote grise, etc..... du choléra social du commencement du siècle.
(2) Voir au chapitre du sublime des sublimes.

ne tenait pas si grand compte de tous ces hochets, de tous ces titres et de l'argent, qui sont le thermomètre des positions. Or, quand les pieux sont battus, que les premières pierres sont posées au grand monument du travail, nous pensons que ceux qui sont placés pour diriger ou conseiller son long achèvement, auraient bien pu, sans déroger, le connaître.

Malheureusement, nous sommes, en France, assez simples pour croire que messieurs les marquis, ducs, comtes, etc., etc. (souvent nullités complètes), sont des hommes considérables parce qu'ils ont un nom et de la fortune, que nous les nommons députés pour faire nos lois et discuter toutes les grandes mesures économiques qui doivent nous grandir.

Ce que nous venons de dire s'applique à tous ceux qui sont à la tête, en un mot, à l'état-major général soit gouvernemental, soit administratif.

Examinons maintenant si un métier nuirait à ceux qui l'organisent, le surveillent, le font exécuter : l'ingénieur, l'architecte, le patron. C'est ici que le besoin se fait impérieusement sentir.

Mais, nous direz-vous, est-ce que vous croyez que pour être bon et intelligent patron, architecte ou ingénieur, il est nécessaire de savoir forger une pièce ou ravaler un mur? Non, mais nous pensons qu'ils seraient meilleurs.

Voyez-vous ce jeune homme, qui à vingt-cinq ans est bachelier ès-lettres, ès-sciences, très-bien; s'il était bachelier ès-travail, cela serait encore mieux. Son père veut se retirer des affaires, il lui cède son établissement; il occupe quelques centaines de travailleurs;

son ingénieur, ses chefs d'atelier viennent lui parler de difficultés dans la besogne; c'est de l'hébreu pour lui, il n'en a qu'une vague idée; les ouvriers lui adressent des réclamations : « Voyez le contre-maître, ce n'est pas mon affaire. » Quel attrait voulez-vous qu'il ait? ce n'est pas dans son éducation.

Aussi que voit-on? C'est que peu de fils succèdent à leur père. Et nous nous plaignons que notre industrie n'est pas la première du monde! Voilà un ancien ouvrier qui a mis trente ou quarante ans à créer une importante maison industrielle; il faut de grands capitaux pour la faire marcher; s'il veut, après une longue existence consacrée au travail, prendre un repos justement mérité, il ne trouve pas d'acheteur assez riche pour reprendre son industrie; on liquide ou la maison tombe.

Sur dix de ces industriels, huit au moins font apprendre à leur fils tout autre chose que leur métier. La position dite libérale a seule de l'attrait pour eux. Ils veulent pour leur enfant un emploi qui le pose; son fils lui fera plus d'honneur que s'il était comme lui travailleur industriel. Il abandonne à un autre le soin de créer à nouveau. Voilà une cause de notre infériorité.

Pour l'architecte et l'ingénieur, le besoin de connaître le métier est encore plus évident. Voyez-vous un ingénieur étudiant une machine, bonne comme principes et impossible comme exécution. Si dans ses études il avait été dirigé par l'expérience (1) acquise en pratiquant lui-même, le travail aurait été complet.

_____

(1) Nous connaissons un ingénieur d'une grande administration, qui ne se rend pas une fois l'an dans les ateliers. Ce qu'il y a de

Nous n'aurons donc une bonne et sérieuse organisation du travail, que lorsque tous ceux qui le dirigent connaîtront, par la pratique même du métier, ses entraves et ses difficultés; qu'ils sauront, de plus, concilier les exigences du travail avec les droits de l'humanité, et que, si pour le bon ordre de la maison, ils doivent établir un règlement, il sera basé sur la justice. Mais on ne sera profondément animé de ces sentiments que si l'on a été soi-même en présence des aspirations des travailleurs.

Ces considérations suffisent pour établir d'une manière incontestable la nécessité de l'apprentissage par l'école professionnelle.

Il y a en France trois écoles professionnelles d'arts et métiers : l'une à Châlons-sur-Marne, les autres à Angers et à Aix; il en est sorti, depuis leur création, environ douze mille élèves; nous sortons d'une de ces écoles.

Examinons les résultats obtenus par ces trois écoles professionnelles par excellence. Elles ont produit de cinq cents à mille ingénieurs ou grands industriels, nous ne dirons pas distingués, mais les plus distingués entre tous; — quinze cents à deux mille patrons de maisons qui, par leur organisation et leurs produits soutiennent dignement l'honneur de l'industrie. Quatre mille au

plus renversant, c'est qu'il a fait faire les études d'une succursale où on a englouti des centaines de mille francs, et qu'il n'a visitée qu'une ou deux fois en passant. Si l'on pouvait tout raconter au sujet de ce personnage, on crierait à l'invraisemblance; cependant il passe pour un ingénieur très-distingué, et pourquoi? Parce que c'est un paperassier habile qui tourne bien un rapport. Si l'on savait combien il y en a de ces célébrités de carton.

moins sont les collaborateurs les plus actifs et les plus
éclairés des grands établissements industriels. Les autres sont dans des ateliers ou bureaux d'études, où ils
complètent par la pratique, et tout en apportant leur
intelligente collaboration, leur apprentissage, en attendant que ce perfectionnement leur permette de suivre
leurs aînés.

Voilà ce qu'elles ont produit ; qui a jamais parlé de
ces résultats ?

En 1850, des représentants du peuple (1) ont osé dire
que les écoles d'arts et métiers étaient inutilement trop
nombreuses et qu'elles ne produisaient que des découragés. Combien le digne défenseur des écoles, *M. Corne* (2),
est vengé aujourd'hui, que la période d'activité industrielle que nous venons de traverser a permis aux
élèves de montrer ce que l'on peut attendre de ces
écoles professionnelles.

Tous les philosophes, les législateurs, les écrivains
qui parlent de l'instruction n'ont pas l'air de se douter
de leur existence ; ils ne citent que l'école professionnelle de Mulhouse qui ait atteint le but ; ils font valoir
avec emphase les écoles que les grandes entreprises ont

(1) Il faut les vouer à l'admiration publique, ces législateurs qui
demandaient la suppression d'une partie du crédit des écoles. Les
principaux sont MM. Randot, Benoit d'Azy et Berryer. (*Séances
des 26 avril 1850 et 26 juillet même année.*)

(2) M. Corne, industriel dans le département du Nord, a bravement défendu les écoles, MM. Charras et Dumas l'ont fortement
appuyé.

1er vote : 358 pour le crédit réduit, 277 contre ; 635 votants.

2e vote : 210 pour le crédit réduit, 381 contre ; 591 votants.

fondées : le Creuzot, Graffenstaden, etc., qui sont certes une amélioration, mais incomplète au point de vue moral à cause du contact de l'apprenti et du travailleur fait. Quand en finira-t-on une bonne fois avec ces capacités plus grandes obtenues par l'apprentissage dans les ateliers (1) ?

Vous vouliez supprimer une école, parce que chaque élève coûtait à l'État trois mille francs ; mais vous ne teniez donc nul compte de la dignité de la France. La nation ne regrette pas d'avoir inscrit trente à quarante millions à son budget, en soixante ans, quand elle a obtenu un pareil résultat. Prenez garde qu'en lui reprochant ces quelques millions qui l'on grandie, elle ne vous demande compte de certains milliards que vous avez gaspillés pour l'abaisser.

Mais ce qui nous confirme dans les bons résultats à obtenir des écoles professionnelles que nous réclamons, c'est que sur les douze mille élèves, il y en a au plus deux pour cent qui deviennent des sublimes.

Pourquoi ? parce qu'on y entre à l'âge où l'homme se fait ; parce qu'un esprit de droiture et de dignité domine ; que l'émulation y est vivace, et qu'une fois sortis de l'école, les élèves retrouvent dans la Société amicale leurs anciens amis ; l'émulation se continue, la fraternité se pratique, l'isolement n'existe pas, les chutes sont très-rares.

Et vous voudriez que nous restions indifférent en présence du sublimisme qui croît, nous qui avons pro-

(1) Beaucoup d'hommes d'élite qui s'occupent d'écoles d'apprentissages demandent l'externat, s'appuyant sur les bienfaits de la vie de famille ; nous déclarons que pour les enfants des travailleurs parisiens, l'externat peut, seul, donner des résultats sérieux.

fité des bienfaits des écoles et qui avons pu apprécier leurs heureuses conséquences! Comment! trois écoles ont fait des hommes dignes, intelligents, de fils d'ouvriers, de paysans, de marchands, de négociants et d'industriels, et elles ne produiraient plus les mêmes résultats pour la génération présente? Nous nous sommes dit: Voilà le moyen, ce n'est pas un rêve, les résultats sont là, l'expérience est faite, il ne s'agit pas de le demander, il le faut.

Voyons ce que l'on fait dans ces écoles qui nous serviront de types, à quelques variantes près, dans le programme des études. On y travaille environ onze heures et demie par jour; sur ce total sept heures sont consacrées au travail manuel; ce n'est ni trop, ni trop peu; il ne faut pas que les jeunes gens se dégoûtent par un temps trop prolongé dans le travail manuel; si le temps consacré audit travail était plus court, on arriverait difficilement au but de faire des ouvriers.

L'autre partie du temps est consacrée aux mathématiques, au dessin, à la grammaire, à l'écriture, à la comptabilité (1).

Et vous pensez que c'est avec un pareil programme que l'on peut faire des demi-savants et des découragés! L'expérience démontre que cette pensée est absurde.

Nous avons dit que le gouvernement avait des devoirs sociaux à remplir; le premier de ces devoirs envers les travailleurs, c'est de les instruire en les moralisant, au moyen des écoles professionnelles; le deuxième, c'est

_____

(1) L'histoire de France, non écrite par un encenseur, serait très-urgente dans les écoles.

de leur rendre la justice prompte, facile et gratuite.

Nous voudrions pouvoir nous passer du gouvernement pour arriver aux résultats que nous entrevoyons, mais en présence de l'indifférence, et surtout du manque d'habitude que nous avons dans les questions d'entente et d'initiative, nous demandons au gouvernement ces deux devoirs.

Si ceux qui nous gouvernent, quels qu'ils soient, veulent fermer l'ère des bouleversements, il faut qu'ils entrent franchement et grandement dans la voie de l'éducation et de l'instruction (1).

Cette conviction admise, il faut au premier exercice du budget inscrire trente millions pour la création dans les environs de Paris de dix écoles professionnelles pour les métiers qui occupent le plus de travailleurs. Les deux premiers crédits serviront à la construction des écoles, les seconds seront applicables à la formation des apprentis. Tous les ans le budget augmentera le crédit appliqué aux écoles professionnelles pour en accroître annuellement le nombre, une ou deux à la fois, soit à Paris ou dans les centres de métiers spéciaux, jusqu'à ce que toutes les industries aient leur école d'apprentissage.

Nous donnons un aperçu des dix premières écoles à fonder (2); nous donnerons ensuite le programme d'admission et des études :

---

(1) Nous ne parlons pas de l'instruction primaire; il est trop évident que tous les enfants doivent la recevoir.

(2) Cette nomenclature n'est qu'un aperçu; certaines modifications peuvent y être apportées.

1re École professionelle. — A Clichy ou à Asnières.

DU FER

Division des métiers.
1o Ajusteurs, monteurs;
2o Forgerons;
3o Chaudronniers, tôliers;
4o Serruriers.

Durée de l'apprentissage : trois ans.

Études spéciales en dehors du programme : la cinématique, le croquis et le dessin des machines. Sciences enseignées à des doses proportionnées à l'âge des apprentis.

2e École professionnelle.— A Saint-Ouen ou à Saint Denis.

DE LA FONTE

Division des métiers.
1o Modeleurs pour la pièce mécanique, modeleurs pour la pièce d'ornements;
2o Mouleurs, fondeurs.

Durée de l'apprentissage : trois ans.

Études spéciales : la minéralogie, dessin linéaire et d'ornements.

3e École professionnelle. — A Nogent-sur-Marne ou à Joinville-le-Pont.

DU BOIS

Division des métiers.
1o Menuisiers;
2o Ébénistes dans le meuble ordinaire;
3o Ébénistes dans le meuble de luxe;
4o Sculpture sur bois et ornements.

Durée de l'apprentissage : trois ans.

Études spéciales : essence des bois, dessin linéaire et d'ornements.

4e École professionnelle. — A Charenton ou à Saint-Maur.

DU BRONZE

Division des métiers.
1° Mouleurs, fondeurs, fondeurs de cloches ;
2° Racheveurs ;
3° Monteurs ;
4° Ciseleurs.

Durée de l'apprentissage : trois ans.

Études spéciales : sur la composition des métaux employés, dessin d'ornements.

5e École professionnelle. — A Boulogne ou à Meudon.

DES INSTRUMENTS DE MUSIQUE

Division des métiers
1° Ouvriers travaillant dans le piano ;
2° Instruments en cuivre ;
3° Instruments en bois ;
4° Luthiers.

Durée de l'apprentissage : quatre ans.

Études spéciales : la musique, dessin d'ornements et linéaire.

6e École professionnelle. — A Bicêtre ou à Montrouge.

DU CUIR

Division des métiers.
1° Tanneurs ;
2° Corroyeurs ;
3° Mégissiers ;
4° Cordonniers.

Durée de l'apprentissage : trois ans.

Études spéciales : sur le cuir, le tan, un peu de chimie, dessin linéaire.

7ᵉ École professionnelle. — A Courbevoie ou à Suresnes.

DU VÉHICULE

Division des métiers.
- 1º Charrons ;
- 2º Carrossiers en caisses ;
- 3º Carrossiers en ferrures ;
- 4º Selliers, harnacheurs (1).

Durée de l'apprentissage : trois ans.

Études spéciales : sur tous les véhicules anciens et modernes, le dessin linéaire et d'ornements.

8ᵉ École professionnelle. — A Auteuil ou à Billancourt.

DU VÊTEMENT

Division des métiers.
- 1º Tailleurs ;
- 2º Gantiers ;
- 3º Chapeliers ;
- 4º Fourreurs.

Durée de l'apprentissage : trois ans.

Études spéciales : sur les vêtements anciens et modernes, dessin académique et d'ornements.

9ᵉ École professionnelle. — A Ivry ou à Choisy.

DE LA BIJOUTERIE ET DE L'ORFÉVRERIE

Division des métiers.
- 1º Bijoutiers en or et argent ;
- 2º Bijoutiers en doré, en doublé et en plaqué ;
- 3º Bijoutiers en corail, en écaille et en jais ;
- 4º Orfèvres ;
- 5º Lapidaires.

(1) Cette partie se rattachant plus au véhicule qu'au cuir, nous l'avons placée dans cette école.

Durée de l'apprentissage : quatre ans.

Études spéciales : sur les pierres, les métaux employés, un peu de chimie, dessin d'ornements.

10ᵉ École professionnelle. — A Vaures cu à Issy.

DE L'OPTIQUE

Division des métiers.
{
1º Lunetiers ;
2º Ouvriers dans l'instrument de mathématiques ;
3º Ouvriers dans le baromètre, le thermomètre ;
4º Ouvriers dans la longue vue, la jumelle, le télescope.
}

Durée de l'apprentissage : quatre ans.

Études spéciales : physique, cours sur la lumière, dessin linéaire.

A côté de ces dix écoles, on peut, chaque année, compléter celles qui manquent : la lampisterie, la ferblanterie, la reliure, la gravure sur bois et sur métaux, la passementerie, la lithographie, la typographie, etc., etc.

Voyons maintenant le programme d'admission.

Les écoles professionnelles sont gratuites, la pension et le trousseau sont aux frais de l'État (1).

Tout jeune Français ayant douze ans révolus au moins et quatorze au plus, peut y être admis par voie de concours; cette forme est pour le commencement.

Une commission sera chargée, le 1ᵉʳ septembre de

___
(1) Nous pensons qu'un apprenti coûterait à l'État deux mille cinq cents francs pour toute la durée de son apprentissage.

chaque année, d'examiner les candidats, les classer par rang de mérite et déclarer leur admission.

La rentrée se fera le 1er octobre suivant.

Le candidat devra savoir lire, écrire et connaître les quatre règles de l'arithmétique et le système métrique. Ceux qui voudront être interrogés sur leurs connaissances en dehors du programme pourront le faire savoir, il leur en sera tenu compte pour le classement.

Ce programme, fort simple, peut être facilement rempli par un jeune garçon de douze ans.

Tous les instituteurs, payés par l'État ou privés, sont chargés de tenir un programme à la disposition des parents, qui devront, avant le 1er juillet, avoir fait inscrire leurs enfants comme candidats à la mairie de leur arrondissement.

Le programme des études sera moins élevé que celui des écoles d'arts et métiers; mais pour la distribution des heures de travail et du travail, il sera le même. Puisque nous avons des modèles, il est inutile d'entrer dans de plus amples détails.

Examinons d'abord les résultats que nous obtiendrions si nous avions ces dix écoles.

En premier lieu, le progrès serait lent : ainsi les premiers élèves ne pourraient sortir que dans cinq ou six ans. A ce moment, on déversera dans la ruche parisienne mille à quinze cents jeunes gens bien commencés et en état de gagner leur vie; ils n'auront pas la pratique aussi habile qu'un ouvrier, mais soyez certains qu'au bout d'un an ou deux, il ne sera pas un ouvrier ordinaire, mais un sujet exceptionnel. Nous affirmons qu'il sera aussi fort qu'un apprenti qui aura fait le même temps dans un atelier.

Ce qui nous donne cette assurance, c'est que nous y avons passé. Tous nos jeunes camarades qui sortent des écoles d'arts et métiers sont capables de gagner trois ou quatre francs par jour, — la journée d'un bon ouvrier est de six à sept francs; — soyez persuadé que, dans un an ou dix-huit mois, ou deux ans au plus, il atteindra ce chiffre, et dans quelques années, il sera contremaître; ce qui lui manquait d'habileté, de tour de main, il l'a pris aux ouvriers ses voisins, il devient aussi fort qu'eux dans le travail manuel; il lui reste la partie scientifique, qu'il a puisée aux écoles, qui le rend supérieur à l'ouvrier qui ne connaît que le métier proprement dit.

Nous pourrions citer des milliers d'exemples à l'appui de ce fait. Tous les ans, mille à quinze cents ouvriers (1), dans l'industrie parisienne, se perfectionnent et se terminent.

Ce qui fait progresser une partie, c'est l'intelligence de ses membres; ainsi, au lieu de quelques rares intelligences qui font avancer la partie, le nombre s'en accroîtra, et ces mêmes intelligences qui viendront concourir à son amélioration, s'appliqueront à son écoulement. Beaucoup s'établiront et réussiront, parce qu'ils auront ce qui constitue le bon patron, administration et connaissances pratiques, sans parler des associations.

Y a-t-il un métier qui réclame plus de capitaux pour s'installer que la mécanique? Il y en a peu. Eh bien, sur

---

(1) Le nombre ira en augmentant chaque année.

les douze mille élèves sortis des arts et métiers, quinze cents à deux mille ont créé de bonnes maisons, et tous, ou presque tous, à la force du poignet. Où ont-ils puisé cette force? A l'école professionnelle.

Est-ce de l'utopie, cela? S'il vous fallait des noms, il y en a des plus connus. Voilà ce qu'elles savent faire, les écoles que nous réclamons, et si la mécanique a fait des progrès, les écoles d'arts et métiers en ont une bonne part à leur actif.

Examinons maintenant les objections; elles sont nombreuses.

La première est la plus difficile à vaincre, c'est celle d'inscrire au budget trente millions. Mais un pays qui vit avec un armement ruineux, dont la dépense se chiffre par centaines de millions (1), armement destiné à faire exécuter les idées et les caprices d'un seul, plutôt qu'à faire respecter la nation; un pays qui pour une seule guerre vote d'enthousiasme un milliard, lorsque le résultat le plus net et le moins incontestable de cette guerre est d'enlever à l'agriculture, à l'industrie, au commerce et aux arts les hommes les plus valides et les mieux constitués, pour les livrer à une mort presque

(1) *Grosso modo*, un soldat coûte au budget mille francs par an; un apprenti coûterait deux mille cinq cents francs : mille soldats de moins, quatre cents apprentis de plus. Battrions-nous des mains si un jour nous avions une Chambre législative qui vienne dire : « Au lieu de demander cent mille hommes à la nation, nous voulons en former cent mille; nous votons deux cent cinquante millions pour faire des hommes. Au lieu des millions de la guerre, nous votons les millions de la paix. » Dire que nous nous berçons encore de ces illusions-là!

certaine; ce pays reculerait devant une dépense de trente
ou quarante millions destinés à assurer l'avenir de la
France et à la placer, par son industrie, à la tête de
toutes les nations de l'Europe!

Mais vous ne savez pas qu'avec ce milliard on aurait
pu créer des masses d'écoles professionelles et les doter
pendant vingt ans, et que l'on aurait la plus intelligente
et la plus morale organisation de travailleurs qui se soit
jamais vue? Ce n'est pas cette vraie gloire que veulent
nos députés; il leur faut la soi-disant gloire dont le piédestal est un monceau de cadavres. N'en avons-nous
pas assez de ces grands carnassiers, qui passent à la
postérité avec le sang de millions d'hommes sous les
ongles? Cette gloire-là, nous la repoussons; nous l'appelons la désolation, sinon le crime.

Vos refus, vos réticences, seront vaincus, parce que
la nécessité fait loi; nous aurons dans ce siècle des
écoles professionnelles, encore une fois, parce qu'il le
faut (1).

La deuxième objection vient de certains esprits intéressés ou étroits, qui prétendent qu'un homme instruit
ne veut pas travailler manuellement; que ses connaissances le portent soi-disant à des aspirations trop élevées, que l'on fait des découragés et des déclassés, et
qu'alors, au lieu d'atténuer le danger, on le multiplie.
Nous comprenons leur théorie, parce que nous connaissons leur but. Ils veulent perpétuer leur domina-

---

(1) Il faut que les ministères de l'instruction publique et des travaux publics soient ceux qui emploient la plus grande part du budget.

tion : et leurs moyens les plus sûrs sont l'abêtissement, la superstition et l'ignorance.

Non, l'école professionnelle ne produit aucun de ces fâcheux résultats. Au contraire, elle développe la raison, le jugement; l'instruction amène l'analyse, la lumière. Alors tout ce fatras du droit divin, de délégations d'en haut, d'infaillibilité de races exceptionnelles, de privilége de naissance, croule quand on le passe à la cornue de la raison. Distillez toutes ces niaiseries, qui ont causé bien des malheurs, il ne reste plus que tyrannie, mensonge et vanité.

Oui! nous comprenons la violence avec laquelle vous repoussez l'école. Mais celle du catéchisme, du miracle, du *Domine salvum*, vous ne la détestez pas; le chapelet, pour vous, doit primer le livre.

Pour les esprits étroits, qui ne veulent pas voir la place immense que le travail a prise dans la société depuis cinquante ans, et qui puisent leurs arguments dans les mœurs léguées par les siècles de corvées, d'abrutissement, où le travailleur était considéré comme une bête de somme, nous comprenons que, pour ces esprits, un homme instruit ne doive pas travailler manuellement.

Heureusement que ce beau temps est passé, le parvenu n'est plus dédaigné que par eux; devant les gens sensés, l'homme arrivé par son travail et son intelligence vous dépasse de la distance qui sépare son mérite de votre nullité, et il vous dit fièrement : « Je suis venu à Paris en sabots, j'ai créé, développé une industrie; je suis arrivé au bien-être, à la considération, en un mot, j'ai servi mon pays. » Il y a cent ans, il aurait mendié un

titre, il aurait rougi des dédains des grands; aujour-
d'hui, il s'affirme, il s'en fait gloire, et, malgré vous, il
a votre admiration. Voilà ce qui prouve que la place du
travail est bien prise.

Vous pensez qu'un homme instruit ne peut pas être
ouvrier; mais visitez des ateliers, des manufactures,
vivez parmi les travailleurs, et vous trouverez par centaines des travailleurs, non-seulement instruits, mais
capables de vous embarrasser, sinon de vous clouer, sur
une infinité de questions qu'ils connaissent très-bien.
Ils sont aujourd'hui des centaines; avec les écoles professionnelles, ils seront des centaines de mille.

Voilà le fait heureux, à moins que cette instruction ne
vous déplaise et ne nuise à votre considération, écha-
faudée sur des priviléges qui protégent votre nullité et
votre paresse.

Dans le siècle du travail, il faut des preuves et du
mérite pour être considéré; le temps des courbettes,
des intrigues et des protections s'évapore.

Dans le siècle du travail et de la justice, on n'est pas
grand parce qu'on descend des Montmorency ou des
Rohan, on est grand quand on est l'enfant de ses
œuvres, on est grand quand on s'appelle Washington,
Rousseau, Watt, Voltaire, Galilée, Raphaël, Lamartine, Parmentier, Hugo, Jenner, Arago ou Jac-
quart, etc., etc. Voilà des majestés que nous reconnaissons et devant lesquelles nous nous inclinons; mais
devant vos grandeurs de pacotille, nous n'avons plus
que le rire. Avouez que cette galerie des souverains du
peuple répond dignement à vos galeries d'omnipotents,
de sabreurs et de dévots dont vous proclamez si haute-

ment la gloire, et de l'apologie desquels vous saturez l'intelligence de nos enfants.

La troisième objection vient des industriels, qui pensent que les produits fabriqués dans les écoles pourront leur faire concurrence. L'exemple des congrégations et des prisons leur servent de point d'appui.

La première réponse à donner, c'est que les élèves n'ont point pour but la grande production, but des prisons et des congrégations. Les élèves doivent apprendre à faire manuellement le métier auquel ils se destinent, et nous pensons que les produits d'un enfant de treize à quatorze ans, qui n'a jamais travaillé, ne doivent pas valoir grand'chose. Ensuite, peu encombrants, ce ne sont pas des ateliers de production, mais des écoles. Ainsi le produit des écoles d'arts et métiers, qui nous servent de modèle, s'élève à quelques centaines de mille francs ; la mécanique fait un milliard d'affaires par an, c'est une goutte d'eau dans un tonneau ; l'objection n'est pas sérieuse.

On ne manquera pas de nous dire : Vous voulez appliquer une part du budget à créer des écoles professionnelles pour l'industrie, et plus des deux tiers de la nation est agricole. L'objection n'en est pas une, bien sérieuse du moins.

D'abord les écoles professionnelles industrielles sont ouvertes pour tout le monde, pour les laboureurs comme pour les artisans. Si un cultivateur veut lancer son fils dans l'industrie, il saura où l'envoyer pour ne pas en faire un sublime, mais un ouvrier. Ensuite, les écoles industrielles sont un commencement, il en faudra pour l'agriculture ; il y en a déjà, il en faudra davantage, ceci

ne peut pas faire de doute, et dans cette question moins
que dans toute autre.

Maintenant, si l'industrie du pays prospère, est-ce
que le laboureur ne s'en ressent pas? Est-ce que le bien-
être d'un côté ne réagit pas sur l'autre? Est-ce que le
produit façonné ne fait pas écouler le produit brut?

L'équilibre se fait, c'est incontestable. Nous avons
parlé de l'industrie parce que nous la connaissons; nous
avons vu le mal qui la rongeait, nous exposons ce qui
nous semble un bon remède pour la guérir.

Dans notre dernier chapitre, nous vous ferons voir
que la question agricole est liée pour ses progrès et sa
solution à la question industrielle, et que le succès de
l'une assure celui de l'autre.

L'école professionnelle, voilà le merveilleux commencement; mais pour les résultats obtenus, la Société
amicale des anciens élèves les a complétés et stimulés.

A l'école, l'émulation est vivante pour la meilleure
place à la sortie; dans la Société amicale, elle se continue pour une bonne position : les exemples des camarades, les conseils, les appuis des aînés vous tiennent
là militant. Il faut dire toute la vérité, les résultats
n'auraient peut-être pas été aussi grands, ni aussi
rapides sans le fraternel complément de la Société amicale.

Tous les samedis, on vient après son travail, on voit
les amis, on parle de ses travaux, on apprend ce que les
autres font; on est heureux, quand on obtient de l'augmentation ou la confiance de son ingénieur, de son pa-
ron ou de son contremaître, de le raconter; ces petits
succès amènent des félicitations, ça rend plus actif; la

bonne plaque de fondation que l'on a prise à l'école se solidifie et soyez persuadés que ce qui sera édifié dessus sera solide.

Comme ces bienfaisantes fréquentations vous donnent du nerf : « Comment, un tel est arrivé et je n'arriverais pas ! » Et dans les défaillances, comme on se redresse : « Je descends, mais que dira tel ou tel ? je n'oserai plus me présenter au cercle, mes amis me refuseraient la main ; non, il ne faut pas que je tombe. « Prenez le travailleur dans son isolement actuel, il descend avec indifférence, ce puissant levier amical lui manque, il marche sur sa dignité comme sur sa conscience.

Aussi, une des principales conditions de réussite des écoles que nous réclamons, c'est que les élèves à leur sortie doivent constituer immédiatement une Société amicale, où ils continueront les bonnes relations puisées à l'école.

Voilà pour l'effet moral de l'individu. Voyons, vis-à-vis de la famille, les conséquences. Prenons un fils de sublime simple : le voilà sorti de l'école et admis comme ouvrier dans un atelier ; il rentre le soir dans la famille, l'exemple du père est mauvais ; lui, qui a pris d'autres habitudes, en est touché, il est comme un moralisateur ; le père qui en est fier, le craint ; ça fait de la peine à son garçon quand il se *pocharde*, la mère est heureuse quand, le samedi soir, elle le voit se disposer à aller à la réunion de ses anciens camarades ; avec quelle joie elle dit à sa voisine : « Voyez-vous notre Étienne, c'est un garçon comme il faut. » Le dimanche, il se promène avec ses sœurs, il instruit son jeune frère,

ou bien toute la famille l'écoute raconter ce que l'on fait
à l'école, ce que deviennent ses camarades, ce à quoi il
pense arriver, il a du prestige sur eux, aussi s'il dit à son
père : « Veux-tu que, dimanche, nous allions à l'exposition ? » Celui-ci est fier de son fils ; il l'accompagnera.

Nous citons un exemple : Un sublime simple travaillait dans un atelier comme forgeron, son fils était à
l'atelier comme ajusteur, le jeune garçon, fort intelligent, bonne nature, fut pris en amitié par le patron
qui le mit au dessin et en fit son contre-maître au bout
de quelque temps. Pendant cet intervalle, son père
avait quitté et était allé travailler en province ; il revint, au bout d'un certain temps, se mettre sous la direction de son fils. Le sublimisme avait fait des progrès
et la gêne était à la maison ; six mois après cette re-
prise, le fils était allé demeurer avec ses parents, et le
père était devenu un ouvrier. Qui avait opéré cette
transformation ? Le fils qui s'était fait l'ami de son père :
tous les dimanches, ils sortaient ensemble et nous pouvons vous assurer que la journée et la soirée ne se passaient pas devant le comptoir. Un jour, nous entendions le père nous dire qu'il avait passé quatre heures
de sa journée du dimanche au Conservatoire des arts et
métiers.

Nous ignorions sa transformation, un léger sourire
avait accueilli sa narration, il devina notre pensée et
nous dit : « Vous riez, parce que vous croyez que c'est
comme dans le temps ; c'est fini, maintenant. La mèche
pour percer le trou de la persévérance est forgée ;
demandez plutôt à l'ami *Mastoc* que voilà. » *Mastoc*
nous dit : « C'est vrai, son Eugène y a acheté et payé

une conduite. » Cet exemple nous a souvent fait réfléchir aux bonnes conséquences produites dans une famille par l'élévation d'un de ses membres.

Oui! nous avons une foi ardente dans la solution du
problème social ; notre conviction inébranlable est que
l'école professionnelle est le premier, l'indispensable
et le plus solide commencement. Si depuis vingt années
nous avions eu ces écoles, que de milliers de travailleurs
y auraient puisé ce bon commencement, cette solide
éducation, les travailleurs de 1870 seraient méconnais-
sables. Non-seulement l'organisation du travail serait
près de s'achever, les droits, les devoirs des travailleurs
seraient déterminés, mais encore le travail, les progrès,
les améliorations, les débouchés se seraient développés
dans une proportion énorme.

Comptez le nombre des ouvriers que nous aurions pu
faire avec ce que nous ont coûté l'expédition de Rome et
son entretien ; à raison de deux mille cinq cents francs
par ouvrier, nous aurions presque achevé notre éducation. N'est-il pas pénible de voir dépenser les fonds
publics, pour recevoir en pleine figure l'outrage et le
mépris ; il est vrai que c'est en latin ; les coups de
lanières du *Syllabus* sont mérités.

Mêlons-nous de ce qui nous regarde.

Plus l'outillage est perfectionné, mieux le travail se
fait et plus économiquement.

Plus les producteurs sont intelligents, plus ils sont
aptes à trouver des débouchés à leurs produits.

Les écoles professionnelles sont les ateliers où l'on
fabriquera les outils pour résoudre la question sociale.

XII

LES SYNDICATS

Nous venons de donner le moyen de faire des ouvriers, nous allons examiner ce que les travailleurs actuels doivent faire.

Grouper, unir les travailleurs d'une même partie, est un moyen pour éclairer et résoudre les questions qui les intéressent; ils l'ont bien compris.

Nous avons à Paris, en 1870 :

Trois ou quatre cents sociétés coopératives de consommation, plus de cent sociétés coopératives de production; — deux cents sociétés d'épargne et de prêts mutuels; — une soixantaine de sociétés de résistance ou de solidarité, — soixante chambres syndicales d'ouvriers, et beaucoup d'autres groupements, bibliothèques populaires, cercles d'enseignements, etc., etc.

La chambre fédérale est une création qui devra toutes les unir. Certes, voilà un bon commencement qui a eu déjà de bons effets, très-utiles pour les travailleurs intelligents, qui ont compris que dans l'entente seule était le moyen d'améliorer la position.

L'État-providence a voulu se mêler des syndicats, afin d'avoir, comme d'habitude, la haute main sur tout; mais comme les travailleurs n'aiment pas le collier, ils se montrèrent très-réservés pour l'initiative gouvernementale. Ils préférèrent s'organiser eux-mêmes; ils n'aiment pas voir l'État fourrer le nez dans leurs affaires, ils ne réclament qu'une chose : la liberté.

Nous aussi, nous avons pensé que ces unions devaient, pouvaient aplanir beaucoup de difficultés préjudiciables aux deux parties en présence dans le travail. Non, le patron n'est pas un ennemi, ce n'est le plus souvent qu'un travailleur plus intelligent que les autres; ceux qui prêchent la désunion, ceux qui croient se grandir en rabaissant les autres sont des sublimes et rien autre. Ceux qui procurent le travail et ceux qui l'exécutent doivent être unis. Il est très-logique que ceux qui l'exécutent veuillent le donner le plus cher possible, et réciproquement, ceux qui le procurent cherchent à l'obtenir le meilleur marché.

Cet antagonisme, produit les grèves. Voyons d'abord si elles profitent à ceux qui les font et à ceux qui les subissent; évidemment non. Le travailleur sans ouvrage, c'est la gêne, la misère au logis. L'atelier fermé, c'est la perte, sinon la ruine; la grève est donc un mal.

Comment fait-on une grève? Les travailleurs d'une partie trouvent que les travaux, ou le prix de la journée, ne sont pas assez payés, ils chargent trois ou quatre d'entre eux d'aller trouver le patron et de lui soumettre leurs prétentions ; certes, c'est le plus élémentaire des droits. Après discussion, le patron, qui a le droit de refuser, en use ; alors la grève est commencée. Chacun croit avoir la justice pour soi. Ils aiment donc mieux souffrir que de s'entendre.

La même chose aurait-elle lieu, s'il existait dans toutes les parties des syndicats de patrons et d'ouvriers ? Prenons une partie quelconque, les menuisiers, par exemple ; il est admis que chaque ouvrier devra fournir ses outils, habitude ancienne du métier. Entre eux, ils conviennent que c'est un abus, et ils ne veulent plus les fournir. La réclamation est très-juste, on désigne un atelier, le plus important, par exemple, et les délégués vont trouver le patron, qui refuse d'abord. Pourquoi ne s'entendent-ils pas ? c'est que les délégués ne peuvent pas faire des concessions, ils sont engagés : tout ou la grève. Par contre, le patron s'entête, et les deux parties y apportent de la passion ; ce n'est donc pas le moyen de s'entendre.

Avec les syndicats, la question prendrait une tout autre tournure. Le comité du syndicat des ouvriers stipulerait la demande au syndicat des patrons ; deux commissions, composées d'un même nombre de membres, en formeraient une qui serait chargée d'examiner le pour et le contre. Dans une masse de faits, ces commissions aplaniraient des difficultés ; mais, dans les questions importantes, elles ne seraient pas d'accord, c'est certain. Alors la commission exposerait la question devant le grand conseil des prud'hommes, et leur décision serait acceptée. Malgré les intérêts différents, en face des membres de cette commission, l'entente serait plus possible, parce que la mesure à prendre n'étant pas imposée, la passion serait moins vive, l'entente pourrait se faire.

Quelques journalistes avaient proposé de soumettre les différends des grèves au conseil des prud'hommes ; nous ne sommes nullement de cet avis, malgré la compétence des prud'hommes pour les questions générales concernant le droit ou leurs parties propres. Nous pensons que la grève, qui a souvent pour base une question concernant le métier proprement dit, sera mieux examinée par une commission composée de membres de cette partie. Ce que l'on doit faire, c'est prendre les prud'hommes comme tribunal de dernier ressort, qui statuerait, si la commission n'avait pu arranger l'affaire. Mais, avant tout, c'est aux commissions des syndicats de patrons et d'ouvriers de la partie à chercher à résoudre le différend. Les prud'hommes seraient appelés après.

Les grèves, sans les passions vives qui sont la conséquence de la manière de les exécuter, peuvent presque toutes être évitées. Encore une école que les travailleurs doivent faire.

Nous citions la réclamation des menuisiers : les ouvriers prétendaient avec raison, que dans aucune partie où l'outillage est un peu considérable, les ouvriers ne fournissent leurs outils ; qu'ils ne contractaient vis-à-vis du patron d'autre obligation que celle d'échanger leur travail purement et simplement contre

un salaire convenu. Du reste, c'est le patron, presque
toujours, qui supporte les conséquences de cette résistance à la demande des ouvriers. L'un d'eux nous
disait un jour : « Le patron croit qu'il ne paie pas
pour les outils que nous avons, mais les trois quarts
sont faits en *perruque* (1) dans la boîte, ils lui re-
viennent plus cher que s'il les fournissait; » ce qui
est vrai, à part les fers et les lames. Le travailleur
prend le bois et fait son outil au compte de la maison.
S'il est aux pièces, il remet son désir pour le moment
où il sera à la journée. Le chef d'établissement, qui
ne paie pas les outils, croit qu'ils ne lui coûtent rien.
Ça passe dans le total des journées. De son côté, le
patron compte sur l'embarras du déménagement des
outils (il y a des ouvriers qui en ont une charretée),
pour retenir le compagnon chez lui.

Faites donc faire une grève, pour de pareilles résistances.

Nous savons bien que certaines réclamations sont
absurdes; n'a-t-on pas vu des travailleurs demander
le droit de déterminer le nombre des apprentis; ils
croyaient sincèrement que c'était un moyen de faire
augmenter leur salaire. C'est tellement attentatoire
aux principes de liberté qu'ils vocifèrent, qu'on ne
discute pas de semblables prétentions. Ils veulent
vous imposer le droit de faire chez vous ce qu'il leur
plaira, ils nommeront vos contre-maîtres, détermi-
neront le nombre de vos apprentis, pourvu qu'ils ne
veuillent pas vous donner votre prêt. Partisans de la

---

(1) Faire une perruque, c'est faire un outil pour soi.

sainte liberté et du droit, ne soyez pas si pressés ; quand vous serez en association, vous pratiquerez tout cela, comme vous l'entendrez. En attendant admettez que ceux qui sont à la tête des ateliers, et seuls responsables, ont au moins la faculté de les diriger comme ils l'entendent, et qu'ils ont des droits qu'il faut un-peu respecter pour être juste ; ne trouvez donc pas mauvais que les patrons s'organisent à leur manière, pour ne pas se faire *passer en lunette.*

Pensez-vous que de pareilles prétentions, discutées par les commissions des chambres syndicales, n'auraient pas été éliminées, et que les demandes justes qui accompagnaient ces propositions et qui ont été repoussées n'auraient pas été admises? Certainement si.

Si toutes les parties avaient des chambres syndicales (nous pensons qu'elles en auront bientôt toutes), il y aurait, suivant nous, de très-bonnes mesures à prendre.

Nous tenons à en exposer une au sujet du livret ; nous la donnons sans autre prétention que celle de la croire capable de bons résultats (1).

Le livret de police actuel doit être supprimé, les affaires de travail n'ont rien à voir avec la police. Ceci bien entendu, examinons si le livret certificat que nous proposons ne serait pas d'un bon effet.

Quand vous embauchez un travailleur, vous lui de-

(1) Cette question, quoique très-secondaire, a un but assez sérieux au point de vue du travail et surtout des travailleurs, pour que nous ne nous occupions pas des objections des purs, qui pourront nous rappeler le bon vieux temps des jurandes, des maîtrises, etc.

mandez chez qui il a travaillé, combien de temps il est resté dans les maisons qu'il vous désigne. Si c'est un sublime, il vous dira souvent des mensonges; mais s c'est un ouvrier, il saura bien vous dire : Voyez les signatures de mon livret, elles ne sont pas nombreuses; j'ai fait trois ou quatre maisons au plus, en six ou huit années. L'examen vous confirme que vous avez un travailleur d'ordre et de mérite devant vous; vous pouvez lui confier de la besogne; vous en aurez toute satisfaction.

Mais si vous embauchez le sublime sans livret, d'abord vous ne savez pas qui il est; certes, cette réflexion a bien sa valeur dans les travaux où les pièces à façonner sont coûteuses et où la matière est de haut prix. Il nous semble qu'il est rudimentaire de connaître, soit par des amis, soit par un certificat, soit par son livret, la personne que vous embauchez; ce que nous demandons, c'est une pièce qui fera disparaître ces inconvénients.

La chambre syndicale d'une partie délivrerait à tous les membres de la partie, sur la présentation de deux parrains faisant partie de ladite chambre, un livret-certificat dont nous donnons un modèle :

```
┌─────────────────────────────┬─────────────────────────────┐
│   CHAMBRE SYNDICALE          │                             │
│                             │     (CHAMBRE SYNDICALE      │
│        DES                   │         DES                 │
│                             │       FORGERONS)            │
│     FORGERONS                │                             │
│   Rue. . . . , N°. . .       │                             │
│                             │  Entré le. . . . . . . . . . │
│   ────────────               │  Sorti ce jour . . . . . . . │
│                             │   Paris, le. . . . .        │
│   MARTIN (Pierre-Jean)       │    (Signature du patron.)   │
│     FORGERON                 │                             │
│                             │   ────────────              │
│ Né à Paris (Seine), le 15    │                             │
│       janvier 1832.          │  Entré le . . . . . . . . . │
│                             │  Sorti ce jour . . . . . . . │
│   ──────                     │   Paris, le. . . . .        │
│                             │    (Signature du patron.)   │
│  Paris, le 17 décembre 1869. │                             │
│                             │                             │
│  Le Président de la Chambre, │                             │
│           X.                 │                             │
└─────────────────────────────┴─────────────────────────────┘
```

Sur la première page, l'entête donne l'adresse de la chambre syndicale ; plus bas, le nom du travailleur, le lieu et la date de sa naissance, sa profession et la date de la délivrance du livret-certificat ; les autres pages porteraient deux entrées et deux sorties chacune, le timbre de la chambre serait placé sur toutes les pages, qui seraient numérotées. A l'entrée, le patron porterait la date, sa signature et son cachet ou son adresse ; il rendrait le livret au travailleur, qui viendrait le faire signer à sa sortie.

Quelles seraient les conséquences de cette mesure, c'est que l'inspection du livret vous dirait à qui vous avez à faire, et le temps que l'ouvrier reste ordinairement dans les ateliers vous fixerait. La chambre syndicale des patrons inviterait tous ses membres à l'exiger.

Le livret-certificat servirait aux ouvriers, mais ne serait pas très-agréable aux vrais sublimes qui changent souvent d'atelier. Comme le livret ne pourrait être exigé que moralement, ceux qui n'en auraient pas seraient facilement jugés.

Si les patrons, de concert avec les ouvriers, prenaient cette salutaire mesure et qu'ils tinssent à son exécution, on aurait bien vite raison de ces coureurs d'ateliers, qui en sont la lèpre et qui n'ont d'autre excuse que leur sublimisme pour expliquer leurs changements (1).

Outre les bons résultats, pour les questions de travaux, les chambres syndicales peuvent donner des facilités aux travailleurs pour se procurer de l'ouvrage.

Quand un patron aurait besoin d'un travailleur, il écrirait à la chambre syndicale, et celle-ci indiquerait le nom et l'adresse des ouvriers sans travail qui préalablement seraient venus se faire inscrire.

Les assemblées générales annuelles, pour la nomination du comité et les discussions des questions à l'ordre du jour, dans les réunions bi-mensuelles, initieraient le travailleur à la manière de traiter et de résoudre les

_____

(1) Mais, nous dira-t-on, c'est une organisation pour créer des suspects, c'est affreux. Avec le livret actuel, on le fait. Pensez-vous que si la mesure avait été bien suivie par tous les patrons, beaucoup de travailleurs qui sont devenus sublimes le seraient aujourd'hui? Non. Quand le sublimisme aura disparu, le livret disparaîtra; jusque-là, avec le travail comme nous l'avons, il est utile.

questions qui le concernent ; il verrait qu'il ne s'agit pas de déblatérer contre des mesures prises, mais qu'il faut les approfondir (1).

Nous devons faire suivre ce chapitre de quelques réflexions qui nous ont paru nécessaires.

Avec les chambres syndicales, on arrivera à l'entente pour toutes les questions en litige entre les patrons et les ouvriers, sans avoir besoin de recourir à cette nuisible chose, la grève. Mais pour l'entier succès de cette entente, il faut des chambres syndicales non-seulement à Paris, mais dans toute la France.

Les syndicats doivent être, pour les travailleurs faits, non pas la société secrète des régimes passés, où l'on élaborait les moyens de prendre l'Hôtel-de-Ville, le Palais de justice ou les Tuileries, mais la société au grand jour où on composera le picrate pour faire sauter le sublimisme. Tous les membres d'une partie doivent être titulaires de leur syndicat, ils doivent tous être compagnons du devoir, de l'entente, de la lumière et du droit ; en 1870 on ne conspire plus que pour cela. Plus d'initiés, plus d'épreuves, plus de profanes, tous unis ; les syndicats doivent être la franc-maçonnerie des travailleurs.

Dans une étude sur les travailleurs, il est nécessaire de parler de deux sociétés tolérées (tolérance qui n'est autre chose que le *grapin gouvernemental*, système

---

(1) La nuance est tellement sensible entre un travailleur qui fait partie d'une société quelconque et celui qui vit isolé, que nous engageons les penseurs les plus solitaires à s'entretenir cinq minutes avec un travailleur, nous sommes certains qu'ils ne s'y tromperont pas.

connu), qui ont une certaine influence bienfaisante sur les travailleurs qui en font partie : c'est la franc-maçonnerie et le compagnonnage ; l'une s'occupe des questions élevées, l'autre entre plus dans les questions techniques ; la fraternité est la base des deux. Nous ne faisons partie ni de l'une ni de l'autre ; nous pourrons donc en parler en toute franchise.

Les hommes de cœur entrent dans une société fraternelle plutôt pour rendre des services à leurs semblables que pour en recevoir. Il y a cinquante ans, nous aurions désiré faire partie de la franc-maçonnerie, aujourd'hui que le progrès acquis permet de rendre les mêmes services, nous pensons que bien des dévouements peuvent se produire sans passer par quelques formes qui, quoique naïves et insignifiantes, répugnent à beaucoup. Un bataillon d'élite voudrait modifier profondément ce qui peut froisser et empêcher, comme ils le disent, la franc-maçonnerie de tomber sous « la conspiration du ridicule. » Nous n'avons pas à nous occuper de savoir si la société, se débarrassant de ces formes, serait finie, mais bien de savoir si elle rend des services aux travailleurs. Oui, la franc-maçonnerie rend de sérieux et bons services à l'ouvrier qui en fait partie : elle dissipe les brouillards de son intelligence, elle lui apprend à discuter, à analyser ; elle supprime l'isolement, elle le place dans le cercle de l'attraction, ce grand aimant qui doit solidariser toutes les molécules sociales. Oui, elle en fait un citoyen. Voilà pourquoi elle a toutes nos sympathies les plus sincères. Mais, nous direz-vous, le nombre des travailleurs qui en font partie est bien faible relativement, c'est plutôt une société bourgeoise.

De plus, la maçonnerie ne recevra que les ouvriers et laissera en dehors de ses bienfaits le gros boulet de soixante pour cent de sublimes. Certes. Mais nous voyons le rôle de cette société d'une autre manière pour la grave question qui nous occupe. Supposez que dans le syndicat d'une partie il y ait dix ouvriers francs-maçons. Eh bien, ceux-là qui savent discuter dirigeront l'assemblée et formeront les autres à cette difficile école pour les travailleurs, celle de savoir écouter et analyser. La franc-maçonnerie doit faire tous ses efforts pour s'adjoindre beaucoup d'ouvriers, qui seront dans les syndicats les instructeurs des autres. Voilà une mission réelle et salutaire.

Le compagnonnage touche plus directement notre sujet. Nous ne voulons pas entrer dans l'examen des luttes, souvent terribles, que se livraient les enfants de Salomon de maître Jacques et Soubise, les aspirants et compagnons; mais nous voulons examiner le bon appoint que doivent nous apporter les compagnons pour nos sublimes; car eux aussi n'en veulent pas : il faut être travailleur d'élite pour être reçu, on ne confie le Devoir qu'à des hommes droits et dignes. Le compagnonnage d'il y a une quarantaine d'années pratiquait la solidarité partielle, tous les devoirants étaient frères entre eux, les gavots frères entre eux; mais les compagnons du Devoir exécraient les compagnons du Devoir de Liberté; les bons drilles repoussaient les renards de Liberté; des haines implacables et très-enracinées existaient parmi les travailleurs d'une même partie, même chez les plus sages. Quand on pense qu'Avignonnais-la-Vertu, cet homme de cœur et d'élite qui a passé sa vie

pour amener l'union de tous les compagnons, n'a pu
se débarrasser complétement de ce vieux levain (nous
venons de lire sa réfutation du livre de François le Dau-
phiné), que M. Agricol Perdiguier le prenne en bonne
part ; eh bien, sous ces arguments on retrouve le *gavot*.
Il est vrai que M. Chovin le combat en devoirant acharné.
Que deviennent ces petites questions en présence de
cette vaste association, l'union de tous les travailleurs
par les syndicats?

Que de bonnes choses dans le compagnonnage! quelle
bonne école l'aspirant fréquentait! comme il redressait
celui qui déviait! et dans le travail le patron était forcé,
en présence de l'union, de respecter la justice ; mais,
par contre, il trouvait aussi appui contre les membres
qui le lésaient, le droit et le devoir étant exécutés. Ce
que nous réclamons n'est pas autre chose que ce que le
compagnonnage pratiquait d'une manière exclusive et
même égoïste ; nous le demandons pour tous. Tout
étant compagnon, que le travailleur soit du syndicat de
sa partie ; ouvrez le cercle de vos bienfaits ; ces pauvres
sublimes, il ne faut pas les exclure, ils sont aussi des
frères qui, plus que tous autres, ont besoin d'être sou-
tenus, éclairés, je dirai mieux, *éclissés* par les camarades.

Nous ne savons quel est le nombre des compagnons,
mais nous serions heureux de les voir déteindre par le
syndicat sur leurs camarades d'atelier.

Voilà le rôle social et fraternel que ces deux sociétés
peuvent remplir dans la question sociale ; il excuserait
les quelques reproches dont on les accuse. Nous savons
que cette question a été sous le maillet de quelques

loges. Puisse-t-elle aboutir ! nous le désirons sincèrement.

En politique, changer les hommes qui dirigent, c'est peu, il faut que le peuple, ce grand lapidaire, meule ce diamant qu'on appelle l'administration, cette inertie, puissance énorme qui a vaincu les plus absolus. On nous a raconté que l'empereur, lors de sa visite à la Croix-Rousse, à Lyon, décida que les fortifications seraient rasées. Un des membres de la camarilla, qui connaissait la lenteur des procédés administratifs, avait prévenu les canuts. Ceux-ci, munis de pelles et pioches, firent, séance tenante, une tranchée ; sans cette énergique mesure, ils auraient sans doute attendu des années.

Et nos braves marins, lors de la campagne de Crimée, qui prétendaient que les vaisseaux de l'État étaient faits pour les combats et non pour transporter les troupes ! Et le premier coup de pioche dans le Champ-de-Mars, pour l'installation du bâtiment de l'Exposition de 1867, a-t-il été long à venir ? a-t-on dû enchemiser des dossiers, compulser des lois, ouvrir des tiroirs et des cartons, épingler des notes, retrouver des circulaires ? C'est à en donner la fièvre. Y a-t-il quelque chose de plus renversant que ces empêchements déterrés pour empêcher la construction d'un deuxième chemin de fer dans le bassin de la Loire ?

Vous pouvez changer les hommes, si vous ne changez pas le piano administratif, vous aurez toujours les mêmes airs. Voilà où il faut toucher pour la question politique ; pour la question sociale c'est sur le sublimisme, cette mauvaise matière première que les syndicats doivent travailler.

Voyons comment les choses se passent. Voici une partie bien organisée à Paris; le syndicat propose une augmentation de salaire, la seule prétention légitime du travailleur; l'article fabriqué dans cette partie se fait aussi en province. Il est évident que si vous en augmentez le prix de revient à Paris, vous tuez cette partie, à l'avantage des fabricants de province; alors vous avez le chômage pour les ouvriers parisiens; au lieu d'être un avantage pour eux, c'est un mal. Mais si dans le centre provincial concurrent, il existe un syndicat qui se trouve en rapport avec le syndicat fédéral, qui ne doit être en somme qu'une commission d'union chargée de coordonner les besoins de tous les autres, en même temps qu'une augmentation sera réclamée à Paris, elle le sera aussi dans ce centre; les positions respectives restant les mêmes, la mesure sera bienfaisante pour les travailleurs. Voilà pour le pays. Mais l'étranger, nous dira-t-on, viendra vous inonder de ses produits parce que la main-d'œuvre chez lui est meilleur marché. L'objection a été depuis longtemps prévue et résolue par le moyen que nous préconisons. Le système fédéral international composé de délégués des syndicats fédéraux étrangers fonctionne, et son but tout démocratique est fort bien tracé : équilibrer les salaires de façon que les prix de main-d'œuvre ne puissent avantager les uns au détriment des autres et n'admettre que la supériorité dans les moyens de production et la facilité de se procurer les matières. Une nation qui aura ces deux éléments possédera la seule, légitime et juste supériorité; mais si elle la doit à l'avilissement du prix de main-d'œuvre, elle éteint chez elle l'initiative tout en nuisant aux autres.

On nous dit que l'*Internationale* est devenue une machine politique, qu'au lieu de conserver sa vraie mission, les assises du travail, est l'instrument des passions politiques, et même l'agent de l'aristocratie anglaise pour organiser les grèves dans les centres industriels qui lui font concurrence. Nous ne savons si ces accusations sont justifiées, nous n'y avons vu qu'un grand et puissant moyen qui, pratiqué dans le sens que nous le comprenons, donnerait de bons et sérieux résultats.

Ces grands et démocratiques moyens ne sont pas à l'état de projet, ils sont commencés; oui, là est le contre-poids sérieux que les libres échangistes auraient dû aider, pousser et développer pour éviter les ruines imméritées qui ont été la conséquence du traité de commerce, cet acheminement vers le libre échange, cette justice.

Pourquoi notre gouvernement-providence ne les a-t-il pas pris en main, ces salutaires moyens? Parce qu'il sait bien qu'une fois groupés, les travailleurs seront la citadelle où s'abritera le droit et la justice, et qu'avec de pareils défenseurs unis, ils seront imprenables.

Les chassepots sont bien forts, mais il y a quelque chose de plus puissant que les chassepots, c'est le droit.

Que dit-il, le droit? Il repousse les priviléges, il ne

reconnaît que le talent et le mérite, parce qu'il est la justice.

Aveugles ceux qui ne voient pas que les questions sociales sont en ébullition, qu'il faut s'en occuper, et que tous les citoyens doivent y apporter leur concours et leurs lumières.

Si au contraire vous voulez l'étouffer, faire comme ces personnages, qui ne voulant pas se donner la peine d'étudier une question, et formant leur opinion sur quelques phrases stupides débitées par quelques communistes, demandent qu'on en finisse avec tous ces utopistes (réflexions aussi égoïstes qu'abominables); savez-vous ce qui arriverait si vous pouviez réussir? Vous n'auriez pas résolu le problème, vous l'auriez compliqué.

Le gouvernement de décembre est sorti de la légalité pour se donner le droit de sauver la France. Il y a bientôt vingt ans de cela. Quel pas a-t-il fait faire à la solution du problème social? Consultez-vous, et examinez la situation que vous créerait la mort de l'empereur qui devait tout sauver. Eh bien, vous auriez la *sarabande* (1) dans la rue, les sublimes seraient là avec les aspirations que vous connaissez. Sauraient-ils écouter la voix de la justice? Non! et la situation serait plus mauvaise qu'avant. Vous n'avez donc rien sauvé.

La France a subi ce gouvernement de dépenses, de militaires, de chambellans et de moines pour se retrouver après vingt ans en présence des mêmes questions. Pourquoi? Parce que vous avez cru pouvoir étouffer la question sociale. On n'essaie pas de supprimer un fleuve, on endigue ses rives, on creuse son lit afin d'éviter les inondations. Les révolutions sont comme les inondations, elles sont terribles et bienfaisantes. Avec le suffrage universel vrai, il n'en faut plus, elles seraient des reculements. Les moyens de les éviter, ainsi que les guerres, ces lèpres du vieux monde, c'est de pousser les travailleurs dans ce groupement colossal dont la première pierre est le syndicat partiel.

Voyez-vous un million d'Anglais, un million de Français, autant d'Allemands, Italiens, etc., etc..., liés solidairement par le syndicat international, constituant une formidable association pour délibérer et juger les questions du travail! Nous concevons très-bien que les monarques s'émeuvent d'une pareille puissance, — il pourrait se faire qu'elle ne s'occupât pas exclusivement du travail, — ils ne pourraient pas aussi facilement déclarer la guerre, cette sanglante comédie qui sert à les poser; les soldats du travail pourraient jeter leurs outils dans la balance; les récoltes de gloire seraient moins fréquentes, et les peuples ne s'en plaindraient pas.

Admettez dans votre pensée les syndicats composés de travailleurs sortis des écoles professionnelles; on n'a pas besoin d'être prophète pour prédire la solution du problème.

Les travailleurs groupés et instruits, c'est le blindage de la société contre les boulets de l'arbitraire d'en haut et d'en bas.

C'est dans le syndicat que l'embryon de l'association se formera. Quand les travailleurs auront appris à exa-

miner, que les plus intelligents les auront formés à
leurs devoirs et éclairés sur leurs droits, qu'ils sauront
s'étayer, ils seront bien prêt d'atteindre par l'association ce but si nécessaire, la possession.

Que tous les possesseurs actuels, que la peur rend
injustes et quelquefois féroces, se donnent la peine
d'étudier les questions sociales, ils se convaincront qu'à
côté de quelques énergumènes qui se font les apôtres
de théories malsaines, il y a des applications justes,
possibles et salutaires.

Le peuple est un grand enfant qui bégaie ses besoins,
il les fait sentir grossièrement, brutalement, quelquefois avec haine et colère ; ces besoins sont légitimes, il
faut que les aînés lui fassent son éducation et ne le laissent pas croupir dans son ignorance. Mais si vous ne
voulez pas vous en occuper, et que vous pensiez qu'avec
la force seule vous en aurez raison, un beau jour vous
apprendrez que vous étiez sur un volcan ; vous n'aurez
pas assez d'imprécations pour flétrir ce terrible et maladroit adolescent qu'on appelle le peuple.

Tout le monde à la question sociale, et l'ère des bouleversements sera fermée.

XXIII

LES PRUD'HOMMES

Les syndicats que nous venons d'examiner sont un puissant moyen pour l'élucidation des questions, et ils permettront, quand les travailleurs sauront s'en servir et tiendront à en faire partie, d'éviter la grève, cette lèpre de la désunion. Avec les syndicats bien compris, on pourra organiser les ateliers sur les bases du droit et de la justice par l'entente réciproque des patrons et des ouvriers.

Pour juger les différends actuels, il existe une institution démocratique s'il en fut ; elle doit être conservée et améliorée pour faciliter aux travailleurs la connaissance de leurs droits. C'est le conseil des prud'-hommes.

Les conseils des prud'hommes ont été constitués pour terminer, par la voie de la conciliation, les différends qui s'élèvent journellement soit entre les fabricants et leurs ouvriers, soit entre des marchandeurs, chefs d'ateliers, compagnons ou apprentis. Les membres qui composent le conseil sont nommés par le suffrage universel. Disons de suite que peu de travailleurs se préoccupent d'exercer ce droit, et nous ajouterons que beaucoup de patrons sont aussi négligents.

Le conseil des métaux se divise en cinq catégories, il est composé d'un président et d'un vice-président nommé par l'État; de treize patrons nommés par les patrons, et de treize ouvriers nommés par les ouvriers; d'un secrétaire et d'un commis secrétaire. Ces deux derniers sont seuls rémunérés, les fonctions sont gratuites.

Quinze à vingt fois par mois, un patron et un ouvrier siégent de midi à trois ou quatre heures, suivant le nombre des causes, pour concilier les différends. S'il n'y a pas eu entente, les parties sont renvoyées devant le grand conseil qui se compose du président, de trois patrons et de trois ouvriers. Le grand conseil se réunit en audience quatre fois par mois et décide en dernier ressort pour les questions qui ne peuvent être soumises au tribunal de commerce.

Deux huissiers sont attachés au conseil pour la signification des jugements.

La convocation se fait au moyen d'une lettre qui est remise à la personne réclamante, laquelle la remet à la partie adverse; une somme de trente centimes est perçue par le secrétaire. Une petite caisse a été constituée par la générosité des prud'hommes pour payer les trente centimes à ceux qui ne peuvent les donner.

Avant d'examiner les quelques modifications à faire à l'institution pour la rendre encore meilleure, nous ne pouvons assez féliciter tous les honorables membres qui composent le Conseil des prud'hommes, pour le zèle et la justice avec lesquels ils s'acquittent de leur mission;

car, non-seulement ils font tous leurs efforts pour concilier les parties entre elles, mais encore, ils se rendent
sur les lieux, appellent les parties chez eux, vont dans
les ateliers voir les pièces, sujet de la discussion, se
chargent de la surveillance des apprentis et s'assurent,
par des visites fréquentes, si certains patrons exécutent
bien les décisions prises par eux, quand le différend
leur a été soumis. Cette ennuyeuse mission est remplie
avec beaucoup de zèle et de conscience ; nous connaissons des prud'hommes qui négligeraient plutôt leurs
affaires personnelles qu'une question pour laquelle ils
ont été délégués, soit par un de leurs confrères, soit par
le conseil. Le dévouement, ce bon sentiment, ne fait
jamais défaut en France. Nous aimons à rappeler que
la charge est purement honorifique.

La première modification à faire, serait de confier
la nomination du président et du vice-président à l'élection. Qu'est-ce que le gouvernement a à voir dans les
questions de travail ; il n'a qu'une chose à faire, c'est
de s'assurer que la loi est exécutée ; procurer le local,
faire maintenir l'ordre et procurer des ressources pour
son entière gratuité. Pense-t-il qu'un président sanctionné par tous ses confrères ne serait pas aussi honorable que celui de son choix ? Non ! là n'est pas la question, le gouvernement veut se mêler de tout et avoir
sous sa main la haute direction des institutions qui
pourraient, à un moment donné, ne pas être de son avis.
Laissez donc nommer les prud'hommes, les maires,
les magistrats par le suffrage universel, les élus tiendront à satisfaire l'opinion publique, cette entêtée qui a
toujours raison ; et ne chercheront pas, dans une obéis-

sance peu digne, à plaire à ceux qui les nomment.

Les trente centimes de convocation doivent être supprimés, car il ne faut pas croire que cette légère dépense empêchera le travailleur de demander justice. Tous ceux qui vivent parmi les travailleurs savent que pour ces sortes de questions, ils sont prêts à tous les sacrifices. Cette faible contribution n'a donc aucune raison d'exister.

Une modification très-sérieuse c'est l'augmentation des membres des conseils ; il est urgent d'en doubler le nombre, sinon de le tripler. La première raison, c'est que le conseil ne représente pas toutes les parties générales, car nous ne voulons pas dire que celles de détails doivent être représentées, elles peuvent facilement se rattacher à d'autres. Mais les parties importantes ne sont pas toujours représentées d'une manière suffisante : ainsi la mécanique n'est représentée que par un ou deux membres. Pour les questions de droit, un juge éclairé peut porter une décision ; mais pour les questions techniques, il faut être du métier pour statuer. L'augmentation des membres du conseil aurait l'avantage de pouvoir porter à quatre les membres du bureau de la conciliation au lieu de deux.

La conciliation est en quelque sorte la plus importante des fonctions du conseil, puisque sur vingt convocations on en renvoie deux ou trois en moyenne au grand conseil. Si l'un des deux membres, patron ou ouvrier, ne peut, pour un cas pressant, se rendre à l'audience, un seul se charge de décider ; or, malgré l'intelligence et le bon jugement de celui qui juge, il peut arriver des erreurs ; s'ils étaient plusieurs, ce qui aurait

échappé à l'un serait relevé par l'autre. Chaque partie
a des habitudes ; ce qui peut être admis dans une, ne
s'applique pas à l'autre ; et le prud'homme qui prend
une décision suivant sa conviction, rend dans ce cas
une décision mauvaise, ce qui fait dire à l'ouvrier ou
au patron qu'il est mal jugé et que les prud'hommes
ont des préférences. Les prud'hommes sont une excellente institution pour rendre la justice dans les questions de travaux ; il faut les développer dans le sens que
nous signalons, afin que tous les intéressés sachent que
devant ce simple tribunal on y proclame le droit et
qu'on y rappelle au devoir ceux qui s'en écartent. Avec
un nombre triple des membres actuels, par exemple,
on pourrait siéger en conciliation tous les jours ; le travailleur qui quitte une maison saurait le lendemain à
quoi s'en tenir sur sa réclamation.

Nous désirerions que la conciliation se tînt le soir de
sept heures à dix heures ; le travailleur pourrait dans
la même journée terminer son différend, et il ne serait
pas obligé de perdre son temps pour des choses de peu
d'importance dans lesquelles il croit avoir droit. Une
autre bonne conséquence de cette mesure c'est que la
journée des prud'hommes qui est ordinairement une
journée d'*assommoir*, — et l'on sait s'il est bienfaisant
pour les habitués, — serait par là évitée. Avec les
séances le soir, la journée serait consacrée au travail et
la soirée à la justice.

Pour les patrons qui voudraient bien se dévouer à
cette ennuyeuse mais bienfaisante mission, nous savons
que le sacrifice que nous leur demandons serait d'un
léger poids auprès de leur dévouement. Mais pour ceux

qui pensent qu'ils ont déjà assez de travaux, sans consacrer leurs soirées aux prud'hommes; pour d'autres
dont les négligences portent un sérieux préjudice au
travail et aux travailleurs, et qui se font gloire de n'avoir
jamais été aux prud'hommes, non par suite d'une
bonne organisation de leurs ateliers, mais parce que
leur paresse ou leur indifférence les font passer par les
exigences des travailleurs; — les ficelles que nous
avons signalées se renouvellent souvent au préjudice des
deux intéressés ; — pour ceux-là, s'ils ne sont pas con-
tents de se déranger de leurs soirées pour les convocations de leurs compagnons, ils prendront vis-à-vis de
leurs travailleurs les mesures d'ordre et de justice que
réclame le travail, alors ils n'auront pas à se déranger.

Nous avons dirigé pendant dix ans une spécialité dans
la mécanique; peu de patrons ou de travailleurs étaient
allés aux prud'hommes, on aimait mieux subir toutes
les exigences et les pertes occasionnées par les lubies
des compagnons que d'aller au conseil. Frappé du désordre et des préjudices que de pareils procédés appor-
taient au travail, et surtout aux travailleurs, nous pri-
mes des mesures, qui furent soumises plusieurs fois
aux prud'hommes, lesquels sanctionnèrent notre organisation. Un travailleur croyait-il avoir raison, nous lui
donnions souvent les trente centimes pour les frais de
convocation et nous comparaissions devant la conciliâ-
tion ; là le travailleur apprenait son droit, et surtout
son devoir ; il reprenait son travail et les amis savaient
qu'il fallait se conformer au règlement.

Nous tenons à exposer les mesures principales à
prendre pour avoir une bonne organisation d'atelier.

qui non-seulement sont avantageuse pour le patron, mais surtout pour les travailleurs. Il faut prendre la société comme elle est, et non pas comme on la voudrait; il faut, comme on dit en mécanique, travailler avec son matériel et l'améliorer; mais si l'on veut le changer tout d'un coup, le travail sera interrompu, et il faudra faire de grands sacrifices, ce qu'on ne peut pas toujours supporter.

Actuellement, quand des commerçants, des fabricants font des affaires, le vendeur dit à l'acheteur : Voilà ma marchandise, j'en veux tant; le paiement sera fait au comptant ou à terme. Après l'entente des deux parties, il est évident qu'il y a contrat entre elles. L'exécution loyale de ces contrats constitue les bonnes affaires. De même quand un travailleur vient vous offrir son travail, il peut en déterminer le prix. Vous acceptez, par exemple, et vous lui dites : J'accepte votre offre, à la condition que je vous paierai, soit tous les huit jours, soit tous les quinze jours; je demande en outre que vous me donniez le travail régulièrement et suivant les règles que je vous soumets. Si le travailleur accepte, vous avez un contrat dans le même genre que le contrat commercial cité plus haut. Si les deux parties le remplissent exactement, personne n'a rien à y voir. Le travailleur donne le travail comme il entend et le patron l'accepte dans les mêmes conditions. Si le contrat n'est pas exécuté, les prud'hommes statuent sur le différend et la base du droit est le contrat même.

Combien de fois n'avons-nous pas entendu parler des droits : ainsi un ouvrier a le droit de se faire payer tous les jours; un ouvrier a le droit de fixer le nombre

d'heures de sa journée. Certainement il a ce droit, c'est
incontestable, personne de sensé ne peut le mettre en
doute; mais les patrons ont bien aussi le droit de ne pas
accepter. Au nom de la liberté tant proclamée, celui-ci
est aussi sacré que l'autre. Mais si c'est le droit d'imposer vos exigences, nous le repoussons, et nous lui
donnons son vrai nom : la tyrannie.

Nous entendons les soi-disant amis du peuple nous
dire que le travailleur est bien obligé de passer par les
exigences du patron, que sans cela il mourrait de faim.
Certes, si les mesures sont arbitraires, il est pénible au
travailleur de s'y soumettre, contraint par sa position
précaire; mais si ces mesures sont sages, justes et salutaires, quelle sérieuse objection pouvez-vous faire?
Sans vouloir anticiper, regardez les associations; celles
qui ont prospéré ont été obligées de prendre des mesures d'ordre tellement sévères, que pas un patron n'aurait voulu les adopter; nous les donnerons dans les
chapitres suivants. Les associés ont compris que pour
réussir, il fallait que le travail fût organisé. Oui, pour
bien organiser un atelier, il faut un règlement simple et
juste. Il faut le faire exécuter coûte que coûte.

Que doit-il contenir? Nous allons vous le dire et vous
donner les raisons à l'appui. C'est le contrat sur lequel
les prud'hommes auront à juger :

1º Nul ne sera admis dans votre établissement sans
un livret-certificat. — Il est urgent qu'un chef d'atelier
sache s'il a à faire à un ouvrier ou à un sublime. Sans
le livret, un travailleur qui a de la besogne dans une
maison va souvent essayer dans une autre, sans prévenir son patron qui compte sur lui; si la nouvelle mai-

son ne lui va pas, il retourne dans la première, sans
que les deux patrons s'en doutent. Chez l'un il a apporté
un retard; chez l'autre il a passé du temps à s'installer,
à faire des outils; en somme, deux préjudices qui auraient été évités, si le patron avait exigé le livret pour
embaucher.

2ª Les heures d'entrée et de sortie seront déterminées suivant les saisons, et affichées dans l'atelier. On
donnera les latitudes nécessaires pour éviter aux retar-
dataires la perte d'une demi-journée.

Pour nous, un travailleur peut arriver aussi bien à
l'heure qu'à l'heure et cinq minutes.

Quand l'on commence à six heures du matin, faites
une seconde rentrée à sept heures; il ne faut pas qu'un
ouvrier qui s'est éveillé trop tard perde sa demi-journée. Nous savons que les sublimes en profiteront très-
souvent; mais le contre-maître peut leur signifier que
l'entrée est à six heures, et qu'il ne tolère pas tous les
jours l'entrée à sept heures; que la mesure est prise
pour les exceptions et non pour en user régulièrement.

Si vous ne tenez pas sérieusement à l'exécution de
cette bonne mesure, que les choses se passent comme
chez le patron sublime, et qu'on puisse entrer à toute
heure — on est en train de boire la fameuse goutte du
matin, un demi-heure de plus ou de moins, le sublime
sait qu'il peut commencer quand ça lui plaira, — presque toujours, vous ouvrez la porte aux *bordées;* c'est par
là qu'elles commencent. Au contraire, le travailleur,
qui sait qu'il ne peut pas rentrer une fois l'heure passée
et ne tient pas à perdre une demi-journée, quitte, au
grand regret du marchand de vins.

Voyons les suites de ces absences : si c'est un ouvrier
qui conduit une machine nécessitant un four, il faut
jeter le feu, car si l'on met un autre compagnon à sa
place, ce sont souvent des disputes entre eux, en un
mot, la discorde; si c'est un chef monteur, un riveur,
un forgeron, qui ont tous des aides, ceux-ci sont obligés
d'attendre. Les voyez-vous arriver à huit ou neuf heures
pour commencer? Pendant ce temps, les aides, qui
n'ont rien à faire, donnent souvent le branle, et la *loupe*
fait son effet, la boîte est sens dessus dessous. La fabri-
cation des sublimes se fait de plusieurs manières, en
voilà une : manque d'ordre du patron.

3° Qu'aucun de vos travailleurs, pour quelque motif
que ce soit, ne puisse quitter son travail sans en prévenir qui de droit, sous peine d'exclusion.

Quoique l'imagination des sublimes soit féconde, un
chef d'atelier, fait au métier, voit de suite si la demande
est fondée; si la *loupe* l'a mordu, le refus et quelques
sages observations le remettent presque toujours; encore une bordée de sauvée, et, à la paie, le plus satisfait
c'est le travailleur. S'il avait eu la faculté de suivre son
caprice, la journée se serait passée aux *assommoirs*, et
aurait entraîné celle du lendemain, et pendant ce temps,
le travail, souvent pressé, attendrait.

4° Faire sa paie tous les deux samedis.

Plusieurs manières de faire la paie sont en pratique
dans les ateliers; examinons-les.

Si vous payez tous les jours vos ouvriers, sur dix il y
en aura six qui mangeront tout ou une partie; d'autres
écorneront la journée chez le marchand de vins. Les sublimes aiment ce système; ils viennent préparer leurs

outils pendant un jour ou deux, le soir le *zinc* chaufferait la poche, ils *prendraient la cuite*, et le lendemain ils auraient *mal aux cheveux*. Un autre sera embauché à sa place, il refera les outils, ceux-là ne sont pas à sa main, et ainsi de suite; bon moyen de les ramener au travail. Les sublimes trouvent le moyen de boire sans argent; si vous leur en donnez tous les jours, c'est les faciliter, les pousser dans cette voie.

Malheureusement, la classe laborieuse, en général, n'entend rien à l'épargne; ses détestables mœurs et son ignorance en sont cause. Si un vrai sublime travaillait avec de l'argent dans sa poche, nous crierions au miracle.

Dans la mécanique, et à Paris, si on faisait la paie tous les jours, le sublimisme se développerait avec une rapidité effrayante.

La paie tous les mois, avec à-compte au milieu du mois, ne profite qu'aux ouvriers qui ne prennent pas d'à-comptes; alors ils ont une somme ronde, qui leur permet de faire soit un placement ou tout autre emploi. Pour le sublime, elle est plus nuisible que la paie tous les quinze jours; il prend comme à-compte à peu près ce qui lui est dû; il *carotte* sa femme sur le montant de ce qu'il a pris; le reste sert pour les extra du comptoir.

Régler des comptes au bout d'un mois, quand on a un nombre assez considérable d'ouvriers, est trop long; les erreurs sont plus faciles, la mémoire n'est pas aussi présente. Nous n'admettons pas cette question d'écritures, de balances mensuelles. Nous connaissons une maison, occupant quinze cents ouvriers, qui pratique la paie tous les deux samedis, et qui s'en trouve très-bien.

La paie tous les samedis a aussi de graves inconvénients; le fameux lundi de paie se répéterait trop souvent. Le montant de six jours n'est pas assez important pour faire face à la bombe du terme, par exemple, et pour y arriver, la femme du sublime est obligée d'économiser sur plusieurs semaines. Les sublimes, qui sentent de l'argent à leur bourgeoise, font ce qu'ils peuvent pour lui en soutirer; tandis que, avec le produit de la quinzaine du terme, elle peut le payer tout d'un coup, il n'y a plus à y revenir.

La paie tous les quinze jours est, suivant nous, la plus belle, et nous ajouterons la plus morale. Saint Lundi n'a lieu que vingt-six fois l'an, c'est déjà bien assez; en quinze jours, il y a du rattrapage. Ainsi l'ouvrier mixte, qui est dix à douze jours sans argent, travaille consciencieusement. Si tous les travailleurs étaient comme l'ouvrier vrai, tous les genres de paie seraient bons.

Il y a une objection : mais celui qui vient de chômer et qui n'a pas d'argent? Alors il faut pratiquer le moyen des bons, soit de un franc cinquante ou deux francs, et prévenir les marchands de vins voisins que tous les quinze jours ils seront soldés, par vous, sur la présentation de ces bons. On ne délivrera ces bons que pendant les deux premières quinzaines qui suivront l'embauchage, afin de forcer le travailleur à la prévoyance. Gardez-vous bien de donner de l'argent, le sublime travaillerait le matin; une fois le prêt en poche, l'après-midi se passerait à l'assommoir. Même avec le système des bons, on ne peut obvier aux abus. Pour pouvoir aller rejoindre les amis, il y en a qui vendent les bons au rabais.

5° Pas d'à-compte, le bon ou la paie. L'à-compte, c'est autant de moins dans son budget et autant de plus pour l'empoisonneur. Votre règlement doit le spécifier.

6° Tout ouvrier qui désirera quitter l'établissement, peut le faire immédiatement, mais il attendra la paie pour les sommes qui lui sont dues; réciproquement, s'il est remercié, il devra quitter tout de suite, mais avec le paiement de ce qui lui sera dû.

Il est clair qu'un patron ne peut pas plus forcer un ouvrier qui tient à le quitter, qu'un ouvrier l'obliger à le garder malgré lui : mauvais résultat pour les deux parties.

Mais examinons le côté salutaire de la question du paiement. Supposez qu'il *fasse soif* : « Donner une belle journée comme ça au singe, c'est embêtant; si nous allions à Montreuil? Comment faire? pas un radis. Ils sont cinq ou six dans l'équipe, la *loupe* les a mordus, il est dix heures du matin; un sublime se dévoue, puis il en a assez de c'te boîte-là : « Patron, je vous quitte, mon père est à l'article de la mort, » ou « ma femme est en couche. » Nous en avons connu un qui accouchait sa femme tous les deux mois. Si ce moyen ne prend pas, il vous insulte; alors vous le renvoyez et vous le soldez.

Il avance de l'argent aux autres; voilà toute l'équipe à Montreuil, sans concurrence du lendemain. Préjudice pour le travail et préjudice plus grand encore pour eux (1).

(1) Nous prions le lecteur de bien observer que ce que nous tenons surtout à démontrer ce sont les bonnes conséquences que doit en tirer le travailleur.

Si vous ne l'aviez soldé qu'à la paie, l'équipe aurait travaillé; au lieu de manger le lapin sauté et de *béquiller* la paie à *pied de vigne*, le jour de *sainte touche* on aurait touché davantage. C'est une excellente mesure, très-profitable aux travailleurs.

Cet article devra être complété par cette mention : « Tout ouvrier qui refusera de faire un travail, ou emploiera des moyens grossiers ou violents pour se faire renvoyer, sera considéré comme désirant quitter l'établissement. »

7° Tout ouvrier qui s'absentera pendant un laps de temps déterminé, sans avoir prévenu qui de droit, sera considéré comme ayant quitté volontairement l'établissement et ne pourra exiger ce qui lui sera dû que le jour de la paie.

Supposons qu'un travailleur qui conduit une de vos machines, dont le produit est nécessaire pour donner de la besogne aux autres compagnons, se mette en bordée; il ne vous a pas prévenu; vous ne pouvez cependant attendre indéfiniment; vous en embauchez un autre; faudra-t-il, quand il lui plaira de revenir, renvoyer le nouvel embauché? Certes, non. S'il sait qu'en manquant il peut avoir son argent, il manquera; dans le cas contraire, il sera plus réservé et se tiendra à son ouvrage.

Oui, toutes ces mesures sont nécessaires et très-salutaires.

L'envie de *tirer une bordée* prend un sublime; mais n'ayant pas d'argent, il rentre travailler, et, le lendemain, la *loupe* étant musclée, le plus satisfait c'est lui; intérieurement, il sent qu'on lui a rendu un service.

Nous connaissons l'opinion des puritains du droit, de nos réunions publiques, sur de pareilles mesures : à leurs yeux c'est de l'esclavage au premier chef, de la tyrannie au suprême degré. Voyons, sublime des sublimes, calmez-vous, nous nous mettons sous la protection du règlement des associations des travailleurs; si vous êtes juste, vous conviendrez que ce qui est bon pour les associations est aussi bon pour le travail exécuté par les patrons.

Que pensez-vous de ce fragment du règlement des associations que nous donnons en entier dans le chapitre suivant?

« Les règlements d'un association de travailleurs
« librement acceptés par tous ne sauraient être un
« obstacle à la liberté du citoyen; chacun sait que l'or-
« dre et l'économie sont les conditions de la production
« à bon marché. »

Ce ne sont pas seulement des gens sensés qui ont rédigé ce règlement, ce sont des gens pratiques.

Le règlement, une fois arrêté, il faut en faire plusieurs exemplaires et les afficher dans l'atelier; de plus, afin d'avoir la conviction que le travailleur n'en ignore, le transcrire sur un registre, et le faire signer en entrant.

Le travailleur accepte librement la loi de l'atelier.

Le patron doit être l'esclave de son règlement.

Alors les prud'hommes n'ont qu'à faire remplir les engagements réciproques; de cette façon les questions se simplifient.

On s'est toujours fait un monde des prud'hommes; le patron et l'ouvrier ont tout intérêt à apporter devant ce modeste tribunal leurs différends. L'ouvrier y apprendra ses droits, le patron se pénétrera de ses devoirs et des mesures à prendre pour administrer ses travailleurs, suivant les règles de la justice. Après trois ou quatre séances, le travailleur et le patron seront édifiés sur l'impartialité des prud'hommes, et les préjugés de préférences tomberont. Si vous avez négligé de vous mettre en règle, et que vous n'ayez pris aucune mesure nécessaire pour éviter les malentendus, tant pis pour vous; on doit être plus sévère pour un patron qui représente un intérêt multiple que pour un travailleur dont l'intérêt est personnel.

Si le sublimisme se développe, les patrons négligents y contribuent pour au moins autant que les patrons sublimes. Que d'affaires qui prenaient des proportions énormes chez le marchand de vins, et que les prud'hommes ont réduites à néant dans une simple conciliation!

Les prud'hommes sont les tribunaux démocratiques du travail; il faut les développer et les appeler dans toutes les questions touchant le travail.

Avec notre éducation actuelle, sur cent causes soumises à la juridiction des prud'hommes, plus de la moitié concerne les apprentis. Notre projet d'apprentissage supprime tous ces différends.

Une question grave qu'il serait urgent, nécessaire de soumettre au conseil des prud'hommes, c'est l'expertise concernant les accidents; nous ne voulons nullement mettre en doute les hautes capacités juridiques des experts actuels, mais nous leur dénions formellement la compétence. Nous voudrions que le tribunal confiât aux prud'hommes l'examen des sinistres. Un patron et un ouvrier du conseil et de la partie attaquée seraient délégués; ils se rendraient sur les lieux, s'éclaireraient sur les causes et circonstances qui ont occasionné l'accident; ils feraient un rapport qui serait discuté en grand conseil et envoyé au tribunal. Les juges auraient une base véritable pour prendre une décision.

Nous avons entendu un expert, homme fort honorable du reste, ancien officier ministériel, prétendre que les organes d'une machine qui présentent le moindre danger devraient être couverts; certes, c'était un bon sentiment qui lui dictait sa décision, mais allez donc couvrir les engrenages d'un tour parallèle, il faut les manœuvrer à chaque instant; autant rendre responsable le patron cordonnier des entailles que l'ouvrier se fait avec son tranchet. Toutes les machines en fonction sont dangereuses, mais nous pensons qu'il y a une certaine limite qu'il n'est pas permis au plus philanthrope de dépasser; est-ce un ancien huissier qui peut le dire? nous répondons : non, c'est à un ouvrier ou à un patron de la partie à décider. Alors on aura de la bonne justice.

Lisez ce fait, vous nous direz si l'on ne sent pas dans ce jugement que la compétence des prud'hommes serait nécessaire.

Un mécanicien vend une locomobile de huit chevaux à un industriel qui, après trois ou quatre années de service, fait changer le foyer par un autre constructeur, par conséquent, timbrée à nouveau par les employés de l'État. La machine est vendue par cet industriel à un fabricant qui s'en sert pendant un temps assez long;

une négligence reconnue du chauffeur, première victime, amène une explosion. Plusieurs morts sont la
terrible conséquence du sinistre. Hé bien, le tribunal
a condamné non-seulement le fabricant, puis l'industriel, mais encore le mécanicien après quatre années
de livraison. Si nos magistrats avaient pu se rendre
compte de l'effet de leur jugement sur tous les mécaniciens, ils auraient pu se pénétrer combien était
salutaire et encourangeante une pareille condamnation (1). Il y a quelque chose d'anormal qui ne ten-
drait à rien moins qu'à tuer le commerce et l'industrie.

Il faut vivre dans l'industrie, avoir passé par les tribunaux civils pour être convaincu des modifications
sérieuses qu'il faut apporter dans les lois, dans les
procès de contrefaçon où le concours des praticiens
devient aussi nécessaire que celui des légistes. Au tribunal du travail à remplir cette mission.

(1) Ce n'était pas de l'étonnement, mais de la consternation.

XXIV

LES ASSOCIATIONS

Avec nos écoles professionnelles, nous constituons des travailleurs instruits. Il est dès lors facile de prévoir non-seulement les résultats moraux, mais on devine l'immense développement apporté au travail avec des travailleurs formés dans les écoles.

Avec les syndicats, vous enlacez le travailleur dans la machine du redressement, il est forcé de marcher, l'isolement qui tue n'existant plus, il faudra qu'il apprenne.

Avec les prud'hommes bien constitués, la justice lui est assurée prompte et facile, il sait que ses droits seront respectés.

Voilà trois choses qui sont excellentes pour l'organisation du travail, elles sont l'apprentissage pour arriver au but.

Ce but peut être atteint de bien des manières : par l'individualisme ou l'association.

L'individualisme étant l'exception, nous ne nous occuperons que de l'association.

La première condition pour constituer une association, c'est l'argent, qui entre comme principal associé,
et sa part est déterminée soit par un intérêt fixe, soit
par un intérêt et une part dans les bénéfices. Cette
première condition obtenue, dix, vingt, trente, cent et
même mille individus se groupent, nomment leurs
chefs, s'organisent et forment une association de travailleurs dont tous les membres partagent les bénéfices.
S'il y a entente intelligente et ardeur, l'association
prospère et voilà un nombre de possesseurs qui certainement ne seront pas sublimes. Laissant de côté leur
ignorance, nous dirons que la question la plus difficile
pour eux, c'est de se procurer de l'argent ou du crédit.
Nous n'avons pas la prétention de discuter cette grave
question avec tous les détails qu'elle comporte; mais
nous tenons à l'exposer comme nous la comprenons;
de plus compétents que nous l'ont élucidée à fond.
Certains socialistes radicaux la résolvent en supprimant
d'un seul coup l'intérêt, ceci est bientôt dit.

Descendons des hauteurs et écoutons leurs raison-
nements. Supposez, disent-ils, que tous les ans, cinquante mille Français, par leur intelligence, arrivent
chacun à amasser une fortune de cent mille francs.
Une fois ce capital bien placé, les cinquante mille
heureux se retirent du travail et vivent sur leurs revenus. Que produit-il? C'est un capital de cinq milliards
retiré du travail, et cinquante mille parasites de plus,
puisqu'ils vivent du revenu et non du travail; mais
comme c'est le travail qui doit payer l'intérêt du capital, puisque pour l'obtenir il faut le livrer aux travailleurs, c'est donc un surcroît de charges sur l'ensemble

du travail, et des travailleurs de moins, car la population sous la griffe de l'aigle est resté stationnaire. En d'autres termes, accumulation du capital dans les mains d'une aristocratie financière qui peut seule disposer du travail, puisqu'elle est maîtresse de son élément principal, le capital; or, en tenant compte des revenus accumulés, on arrive à l'absorption du plus clair des bénéfices que produit le travail. Ainsi un individu intelligent peut gagner, de vingt à trente ans, cent mille francs, se retirer à cet âge, et à soixante ans avoir doublé, quadruplé son capital sans avoir consacré une journée au travail, les tripotages de bourse aidant, on arrive à des fortunes scandaleuses. Il aurait donc prélevé sur le travail des autres de quoi vivre d'abord, et ensuite le surplus pour arriver à augmenter son capital. Si l'intérêt n'existait pas, qu'aurait-il fait? S'il avait voulu se retirer, il aurait mangé son capital qui serait retourné au travail, mais en présence de cette diminution, peu d'individus valides resteront indifférents; ils reprendront le travail; des capitaux et une intelligence active de plus dans la production, développement et progrès. Ce raisonnement nous paraît d'une logique écrasante. Ils pourraient ajouter : les associations que vous proposez, une fois qu'elles auront enrichi leurs membres, retomberont sous le mal que nous signalons. Ceux-ci devenus possesseurs, voudront aussi jouir du repos garanti par le revenu.

Les associations n'arriveront pas à faire des rentiers; si elles arrivent à procurer à leurs membres le nécessaire, l'utile et peut-être l'agréable, nous trouvons que le but social sera atteint. Prenons un exemple. Admettez qu'un patron, ayant cent travailleurs et gagnant trente mille francs chaque année, cède son établissement à cinquante de ses ouvriers, chaque associé recevra six cents francs. On voit qu'il faudrait travailler longtemps pour arriver à être rentier.

Examinons pourquoi il n'est nullement besoin des lois supprimant l'intérêt.

Que voyons-nous dans l'état universel actuel? Que les peuples les moins travailleurs sont ceux qui paient l'intérêt de l'argent le plus élevé. Ainsi à Constantinople, il est de quinze à vingt pour cent, en Espagne de dix à quinze, en Italie au moins de dix. Eh bien, en Angleterre, le pays des affaires par excellence, il est de trois et moins. Pourquoi? parce que les affaires donnent des bénéfices, et que ces bénéfices, prélevés sur le monde entier, s'accumulent dans les mains des intelligents de la nation anglaise, et que l'abondance des capitaux n'en permet pas le placement facile. Alors que font-ils, ces marchands insulaires? Ils les laissent dans les affaires auxquelles ils consacrent leur intelligence pour qu'ils rapportent davantage. Ils ont donc par la persévérance dans le travail constitué le formidable levier, le capital, qui les fait les prêteurs européens par excellence.

Que conclure de ce fait? C'est que le travail organisé et développé doit produire progressivement la baisse de l'intérêt.

Supposez toutes les industries de la France aux mains d'associations bien organisées, elles feront des bénéfices qui leur permettront d'augmenter leur importance et le nombre de leurs associés; elles n'auront pas besoin des capitaux empruntés pour marcher. Alors les détenteurs seront bien obligés de se consacrer au travail pour ne pas manger leur capital, et le développement du travail sera immense, puisqu'il sera provoqué par un plus grand nombre, qui aura les éléments principaux qui assurent la réussite, l'expérience et les capitaux. Quand on réfléchit que la chose est possible, on reste émerveillé devant d'aussi splendides résultats. Il y a donc malentendu de la part des socialistes radicaux; il ne faut pas supprimer l'intérêt, il faut faire le nécessaire pour qu'il se supprime seul; commencer par le commencement et non par la fin. Voilà le nœud de la question sociale.

Nous vivons avec des mœurs qui sont la conséquence de siècles d'ignorance, nous avons été élevés avec des habitudes résultant de ces mœurs, et vous voudriez d'un coup de décret renverser l'échafaudage qu'un temps si long a dressé? Non! c'est impossible. Que faut-il pour arriver à des résultats certains? Il faut introduire dans les mœurs les mesures qui sont bonnes. On n'instruit pas les travailleurs en une année, pas plus qu'on ne peut constituer des associations sérieuses dans le même temps. Nous repoussons les alchimistes sociaux qui veulent prendre la société tout entière pour expérimenter leurs moyens sociaux. Le bonheur commun ne se constitue pas en un tour de main. Nous allons plus loin, nous les maudissons, ces détenteurs de la panacée universelle, parce qu'à côté d'une idée juste comme celle que nous citons plus haut, leur conclusion et leur remède sont immédiats, et qu'ils jettent la peur et pro-

voquent les représailles des intéressés qui se trouveraient atteints par les mesures qu'ils proposent. Prenez
leur conclusion, et venez dire que l'épargne est un vice
social, ou encore que la République ne sera possible
qu'à la condition que la propriété ait disparu et soit
remplacée par la possession de l'instrument du travail
et la liberté de posséder son produit (1). C'est cela,
plus de propriété, la communauté. Tous les Français
n'ont pas le tempérament de se faire moine.

Quel est l'homme sensé qui ne haussera pas les
épaules? Mais les intéressés et les ignorants vous exé-
creront, et vous nuirez à ceux qui ont des idées pratiques et que l'on confondra avec vous. Il vous est permis de vous draper dans vos ingénieuses combinaisons;
mais si vous croyez être utiles au peuple et pouvoir faire
avancer la question sociale, détrompez-vous : vous en
êtes l'entrave la plus redoutable et l'épouvantail le plus
certain (2).

Comment les associations doivent-elles constituer

---

(1) Conclusions de systèmes que vous avez approfondis, mais que
peu de personnes étudient et que nous n'admettons pas. Les deux
phrases de Proudhon : « La propriété c'est le vol. — Dieu c'est le
mal, » ont plus fait pour renverser la République que toutes les
trames des jésuites républicains du 25 février. Les théories et les
discours, voilà notre mal. Les réussites sont bien autrement concluantes.

(2) Prêcher le communisme en 1870 en France, si l'on est sin è-
rement dévoué à la cause du progrès, c'est non-seulement une ma-
ladresse, mais une faute énorme. Aux États-Unis d'Amérique, ça
se comprend. Les Américains sont taillés pour tout entendre, les
Français ont du chemin à faire. Au reste, il y a une grande différence à faire entre un peuple qui boit du vin et celui qui boit de la
bière.

leur capital? Le plus sûr moyen, et le plus moral, c'est l'épargne. Supposez trente ou cinquante ouvriers d'une partie; ils s'entendent pour fonder une association; ils nomment deux d'entre eux, les plus capables, et l'on convient de souscrire soit cinq francs par semaine pendant un an ou dix-huit mois, pour former le capital nécessaire. Une fois ce capital acquis, ils forment l'association. Trois ou quatre membres seulement commencent avec le gérant, qui est nommé lors de la signature de l'acte d'association. Les travaux marchent, le nombre des ouvriers s'augmente jusqu'à l'embauchage complet des cinquante associés. Si le travail se développe, on prend des auxiliaires qui, après un stage, seront admis comme associés. Nous ne disons pas : Voilà ce qui devrait se faire; nous disons : Voilà ce qui se fait, ce qui coupe court à toutes les objections des incrédules.

Certes, c'est long, il se produit des découragements; mais malgré l'échec de certaines associations, d'autres ont fort bien réussi. Qu'a-t-il manqué pour l'entière réussite de toutes celles qui avaient pu se constituer? Le crédit et moins de sublimes.

Que faut-il faire pour éviter ces retours désastreux? Dominer les sublimes et constituer une caisse collective des associations, une banque du travail.

Examinons sa constitution. Il faut au moins trois années à une association ayant eu des travaux, pour être en plein développement. Son outillage est achevé, sa clientèle est bien commencée, à ce moment elle fait des bénéfices palpables. En administration sage, elle doit en consacrer une part pour l'amélioration de son matériel ou pour augmenter ses marchandises, une autre part pour la caisse collective, le surplus est distribué aux associés. Admettez que cinquante associations fonctionnent depuis quelques années, et que ces cinquante groupes aient fondé la banque des associations; qu'elles consacrent à la formation de ladite banque 10 p. 100, par exemple, des bénéfices; que ces 10 p. 100 soient versés jusqu'à concurrence d'une somme déterminée par les statuts; ce n'est pas exagérer d'admettre que chaque association versera au moins mille francs par année. Ainsi, en quelques années, un gros capital sera constitué; les gérants réunis des cinquante associations nommeront un gérant de ladite banque, qui aura pour but de prendre le papier que les associations auront souscrit ou reçu, remettra les fonds en échange du bordereau, en prélevant seulement un léger droit, qui aura pour but de payer les frais de la gérance. Nul papier ne pourra être négocié par ce gérant, il sera chargé d'en faire opérer l'encaissement; ni escompte, ni commission de banque ne seront prélevés. A part le droit pour les frais, les associations auront créé pour leur usage un crédit gratuit. Il est bien entendu que nulle association ne pourra avoir un découvert supérieur au capital de première mise, sans le consentement du conseil de surveillance de la banque.

Que font-elles actuellement? Elles paient 1 p. 100 au-dessus du taux de la Banque de France, avec un, un demi, un tiers, un quart ou un huitième de commission. Calculez les sommes laissées aux banquiers par une association qui fait trois ou quatre cent mille francs par an, car il y a des associations, qui fonctionnent, qui ont atteint et dépassé le million (1). C'est donc grever le travail au bénéfice d'intermédiaires dont il peut très-bien se passer s'il arrive à s'organiser.

Nous savons bien que ce que nous proposons n'est pas nouveau, et que cette question a été étudiée à fond par des esprits très-compétents. Parmi les solutions qu'ils ont données, il y en a de très-ingénieuses; nous avons été frappé de ces avantages, et nous pensons qu'ils ne doivent pas être négligés par les travailleurs.

Le moyen le plus sûr d'anéantir les objections de ses adversaires n'est pas de prêcher indéfiniment une théorie, mais de la mettre en pratique; le succès est la conclusion la plus déterminante. Nous savons que la chose n'est pas très-facile, mais nous sommes convaincu qu'elle est possible. Du moment que des ouvriers ont été assez persévérants pour constituer des associations avec leurs propres ressources, il n'est pas permis de douter de la réussite. Ils ont réussi à constituer des établissements de production, ils sauront constituer leur crédit.

Pour ceux qui n'ont pas la foi dans la puissance de l'association et qui réclament le concours et les ressources du budget, nous leur dirons: Vous seuls êtes la cause du peu de développement des associations. Sans vos théories, nous n'aurions pas perdu vingt années, et aujourd'hui le problème serait en bonne voie.

Comment les associations doivent-elles payer leurs membres et répartir leurs bénéfices?

(1) L'association des ouvriers maçons et tailleurs de pierre.

Dans une affaire commerciale où il y a plusieurs associés, les prélèvements se font par parts égales : en s'associant, les membres reconnaissent que le concours de
chacun est nécessaire à la réussite de l'entreprise. Les
bénéfices, par conséquent, doivent être également répartis. Mais ce qui peut être logique, jusqu'à un certain
point, pour deux, trois ou quatre chefs qui dirigent, ne
l'est pas pour cinquante ou cent associés qui travaillent
manuellement et donnent leur concours direct à la production.

Plusieurs moyens sont en présence :

1° Égalité des salaires et des bénéfices;

2° Salaires suivant la production et égalité des bénéfices;

3° Salaires suivant la production, et bénéfices suivant la somme de production représentée par la somme
des salaires.

Prenons le premier de ces moyens.

Quand nos penseurs sociaux s'élèvent par leur conception dans les régions de l'idéal, ils arrivent, par un
sentiment d'égalité et de justice exagéré, à formuler des
principes curieux, sinon grotesques. Que pensez-vous
de cette formule communiste : « Le travail est pour
« l'homme une récréation, le paresseux est assez puni
« de ne pouvoir goûter ce bonheur; mais il a des
« besoins, la société doit lui donner les moyens de les
« satisfaire. » Avec l'équivalence des fonctions, nous
avons le paresseux égal au travailleur. Ce n'est plus
de la discussion, c'est de la bouffonnerie.

D'autres viennent nous dire : Pourquoi une journée
de cinq, huit ou dix francs? pourquoi telle ou telle pièce

vaut-elle, pour la façon, tel ou tel prix? où prenez-vous
le droit de fixer, de déterminer la valeur de la main-
d'œuvre? Nous le prenons dans les habitudes et les
mœurs de la société qui se sont formées pendant des
siècles. Descendons des hauteurs fantastiques et ren-
trons dans la pratique. De toutes les théories sociales
qui méritent attention, aucune ne nous a paru aussi
injuste que celle de l'égalité des salaires et de l'équivalence des fonctions.

Mettez à deux étaux voisins un ouvrier et un sublime,
donnez-leur le même nombre de pièces à faire; l'ouvrier,
qui est consciencieux, travaillera plus que le sublime,
lequel tirera des *loupes* pendant le travail; mais comme
son voisin peut servir de comparaison au patron ou au
contre-maître, l'ouvrier sera traité de *peloteur* : « Il
masse comme ça, c'est pour le faire balancer; » il ameu-
tera au besoin les autres contre le soi-disant *mufe*. Les
réflexions aidant, l'ouvrier se dira : « C'est vrai, il gagne
autant que moi, pourquoi donc en ferais-je plus que
lui? » Ce n'est pas le fainéant qui cherche à suivre le
piocheur, c'est le travailleur qui se rapproche du paresseux. Salutaire émulation.

Mais, nous direz-vous, la partie d'élite, les charpentiers que vous nous citez, travaillent avec le principe de
l'égalité des salaires. Nous répondrons que ce qui les
constitue d'élite, ce n'est pas l'égalité des salaires,
mais bien leur instruction et leur union. Soyez persuadés que plus d'un de ces honnêtes compagnons s'est
dit : « Si un tel vaut six francs, étant plus actif et plus
intelligent que lui, je dois en valoir dix. » Chacun doit
être rémunéré suivant sa production, là est la justice.

Ce principe est tellement dans nos mœurs que nous
tenons à citer quelques fragments de l'*Organisation du
travail*, de M. Louis Blanc, le Pierre l'Ermite de l'égalité des salaires.

« Dans chaque atelier social, les chefs seront nom-
« més à l'élection, et la *rémunération du travail* se
« fera sur le pied de l'égalité des salaires.

« Aujourd'hui cependant, et provisoirement, comme
« l'éducation fausse et antisociale donnée à la géné-
« ration actuelle ne permet pas de chercher ailleurs
« que dans un surcroît de rétribution, un motif d'ému-
« lation et d'encouragement, la différence des salaires
« serait graduée sur la hiérarchie des fonctions, une
« éducation toute nouvelle devant, sur ce point, changer
« les idées et les mœurs. »

Après le principe, les restrictions; il faut changer les
mœurs. Nous affirmons qu'il n'y a pas d'autre motif
d'émulation qui vaille celui du gain. Nous ne pouvons
comprendre un ouvrier qui travaille pour la gloire. Elle
sont nombreuses les personnes vivant dans le travail, qui
ne comprendront pas l'efficacité d'un pareil stimulant.

L'éminent écrivain, dans sa théorie des ateliers sociaux, fait erreur quand il pense qu'une nouvelle éducation peut changer ce désir d'arriver qui fait partie de
la constitution de l'homme. On peut avec l'éducation
changer les mœurs, développer, diriger les instincts;
les supprimer, jamais! Le travail avec l'égalité des
salaires, c'est le cheval travaillant à un manége, dépen-
sant sa force physique dans un même cercle et stimulé
par le fouet; c'est l'appauvrissement, c'est la négation
du progrès, en un mot, la suppression du marchan-

dage, cette seule et juste solution du travail rémunéré suivant l'activité et l'intelligence données.

Prenez les deux mêmes travailleurs cités plus haut, et au lieu de l'égalité des salaires, dites : Le prix de la façon de ces pièces vaut tant. Vous verrez l'effet différent, l'ouvrier y apportera non-seulement une plus grande activité, il s'ingéniera pour trouver des moyens qui abrégeront sa besogne, il deviendra chercheur, et nous n'apprendrons rien à personne, en disant qu'une bonne partie des inventions nouvelles est due à l'initiative des travailleurs.

Mais, nous direz-vous, ces avantages acquis ne profitent pas toujours à celui qui les trouve, c'est souvent le patron qui en retire les bénéfices. —Certes, mais dans les associations, elles lui profiteront doublement et comme associé, et comme travailleur. En principe, nous n'admettons pas le travail à la journée; nous savons bien que l'on ne peut pas mettre tous les travailleurs au marchandage, mais nous sommes convaincu que sur cent parties, on peut en mettre au moins quatre-vingts aux pièces, ce qui constitue la règle; les autres sont l'exception et avec un peu de bon vouloir, on peut en diminuer le nombre.

Nous n'admettons pas les marchandages avec un maximum de journée, dit à l'anglaise; tous les ouvriers savent qu'il est facile de régler son activité pour ne pas dépasser le maximum. Quand un travail peut se mettre aux pièces, nous ne comprenons pas que l'on prenne des hommes à la journée valant quatre, cinq, six ou huit francs pour faire le même travail. Non! la justice et la logique disent que cette pièce ou ce travail vaut, bien fait, dix, vingt, cinquante ou cent francs; si un travailleur le fait en un tiers ou moitié moins de temps qu'un autre, il sera rémunéré suivant sa valeur réelle. Voyez-vous ces habiles ouvriers dans l'article de Paris, qui arrivent à gagner dix et douze francs par jour, réglés à cinq ou six francs, parce que tel ou tel sublime ne peut arriver à plus. De pareils résultats ne sont pas admissibles.

Mais, dira-t-on, le marchandage a été un moyen de faire baisser les prix et d'exploiter les travailleurs. — Quand les travailleurs étaient dans l'isolement, ces faits se sont présentés, mais depuis quelque temps, qu'avons-nous vu? Les chambres syndicales ont composé des tarifs et les ont imposés aux patrons par la grève, et presque tous ont accepté. Soyez persuadés qu'il leur est impossible de revenir sur cette acceptation, en présence de la solidarité des travailleurs.

Assurés de ce côté, les travailleurs trouvent dans le marchandage le seul juste moyen d'être payés ce qu'ils valent. Par contre, il est la médecine du sublimisme.

Le deuxième moyen : salaires suivant la production et égalité des bénéfices, n'est guère discutable. Pourquoi une logique boiteuse; tout l'un ou tout l'autre.

Le dernier moyen, salaires et bénéfices suivant la production est le seul juste. Les associés arrêtent ensemble un tarif; tous les quinze jours, chaque associé touche la somme déterminée pour le nombre de pièces faites au prix du tarif, et, à la fin de l'année, les bénéfices sont proportionnés à la somme totale de l'année, comparée à celle des autres; lesdites sommes repré-

sentant l'ensemble de la production. Oui, il faut que
les travailleurs fassent tous leurs efforts pour arriver
aux marchandages qui sont la justice distributive de
leur intelligence et de leur activité, car ce qui est bon
pour une association l'est aussi pour les autres travailleurs. Plus de petites ou grandes journées! le marchandage!

Quel doit être le règlement concernant le travail des
associations. Lisez le préambule du règlement d'une
association dans le fer, et vous nous direz si les ouvriers
qui l'ont rédigé connaissent les sublimes.

« La bonne tenue, l'ordre et l'intérêt d'une associa-
« tion exigent que tous les associés conviennent des
« règles à établir entre eux, pour la bonne exécution
« du travail, afin que chacun, connaissant d'avance la
« fonction qu'il a à remplir, s'en acquitte avec con-
« science et dévouement.

« Les règlements d'une association de travailleurs,
« librement acceptés par tous, ne sauraient être un
« obstacle à la liberté du citoyen. Chacun sait que l'ac-
« tivité, l'ordre et l'économie sont des conditions de la
« production à bon marché, et que celle-ci, dans une
« société bien ordonnée, est la source du bien-être de
« tous.

« Tous nos soins doivent tendre vers ce but, qui est
« celui-là même que nous nous proposons d'atteindre
« en associant nos efforts. Cependant, si le bien-être
« est le but que nous poursuivons, nous ne le cher-
« chons pas seulement pour satisfaire aux besoins ma-
« tériels de nos familles et de nous-mêmes, nous le
« désirons surtout pour arriver par lui au développe-

« ment complet de nos facultés intellectuelles et mo-
« rales pour préparer nos fils à devenir des hommes
« libres et indépendants par leur travail et leurs con-
« naissances, nos filles à devenir des épouses coura-
« geuses et dévouées, des mères tendres et éclairées.
« En conséquence, les règlements, tout en laissant à
« chaque associé la liberté complète de ses actes en
« dehors du travail, doivent cependant réprimer les
« faits qui seraient de nature à amoindrir la considéra-
« tion que doivent mériter l'association et chacun de
« ses membres.

« L'ivrognerie est le premier de tous les vices que
« doit proscrire l'association ; en ôtant la raison à
« l'homme, elle l'avilit, elle le dégrade et le rend in-
« digne de l'estime de ses concitoyens. Les injures et
« la violence, en provoquant le désordre et les rixes,
« engendrent l'antipathie et la haine entre les conci-
« toyens, elles sont antisociales et attentatoires à la
« dignité de l'homme. Les paroles obscènes chez celui
« qui s'en sert ordinairement sont une des sources les
« plus actives de démoralisation pour les jeunes gens,
« c'est un poison du cœur que tout père de famille doit
« écarter de ses enfants avec autant de soin qu'il en
« met à écarter le poison du corps.

« La paresse ne doit pas entrer dans l'association,
« c'est le frelon qui vient dévorer le travail de l'ouvrier
« laborieux ; le paresseux doit être chassé de l'atelier
« comme le frelon de la ruche.

« L'insoumission à la loi commune menace les inté-
« rêts de tous. Si l'associé doit être libre comme citoyen,
« il doit savoir se soumettre à la discipline qu'exige le

« travail. La garantie de son indépendance est dans sa
« participation à la confection des règlements ; mais
« ceux-ci une fois adoptés, chacun doit s'y soumettre
« avec respect comme étant l'expression de sa propre
« volonté et de la volonté de tous. »

L'ivrognerie, les injures et la violence, les paroles
obscènes, la paresse et l'insoumission sont bien les vices
capitaux qui sont le bagage du sublimisme. Avant de
déterminer les règles qui doivent régir le travail, les
associés, qui connaissent mieux que personne les conséquences désastreuses de ces vices, ont commencé par
les flétrir. On ne peut mieux dire.

Laissant de côté les nombreux articles de détails,
nous allons donner les principaux qui concernent l'organisation de l'atelier.

« La journée commence à six heures du matin et
« finit à six heures du soir ; sa durée est de onze heures
« de travail et une heure pour le repas, qui aura lieu de
« onze heures à midi.

« Tout associé doit être à son travail à l'heure indi-
« quée pour l'arrivée et ne peut quitter avant celle
« fixée pour la sortie ; toutefois, il est accordé cinq mi-
« nutes de grâce à l'arrivée.

« Une amende de vingt-cinq centimes sera appliquée
« à tout associé qui ne sera pas à son travail après les
« cinq minutes de grâce et pour la première heure ;
« de quinze centimes pour chacune des heures sui-
« vantes.

« L'amende sera du double pour le gérant, pour son
« suppléant et pour le chef d'atelier.

« L'entrée des ateliers est interdite à tout individu

« non associé; l'entrée de la maison et de la cour est
« interdite à tout associé en état d'ivresse; celui qui
« s'y présenterait serait, pour la première fois, puni
« d'une amende de cinq francs, et son exclusion serait
« proposée à l'assemblée générale s'il s'y présentait
« une seconde fois ou si même, à une première fois, sa
« présence avait provoqué un scandale nuisible à l'in-
« térêt de la société.

« Le travail est généralement fait aux pièces et payé
« suivant le tarif adopté.

« Tout associé dont la conduite serait de nature à
« compromettre l'honneur, la réputation, le crédit ou
« l'intérêt de la société, pourra être exclu par l'assem-
« blée sur la proposition du gérant ou sur celle de trois
« membres de la société.

« Les motifs de l'exclusion sont :

« L'insoumission aux règlements et statuts qui sont
« la loi commune à tous les associés, et auxquels cha-
« cun doit se soumettre comme étant la volonté de tous
« et la mesure d'ordre nécessaire à la conservation des
« intérêts communs. Les injures graves adressées par
« l'un des associés à un autre membre quelconque de
« la société. L'ordre et l'harmonie ayant pour base le
« respect de chacun envers ses associés; celui qui man-
« querait à ce respect au point de blesser la dignité et
« amoindrir la considération d'un membre de la société
« compromettrait l'harmonie nécessaire et pourrait,
« pour ce fait, être exclu.

« La violence étant de nature à compromettre l'ordre
« encore plus que les injures, l'associé qui s'oublierait
« à commettre un acte de violence envers un co-associé

« pourra être exclu, et, suivant la gravité des cas, en
« attendant que l'assemblée ait prononcé sur l'exclu-
« sion, il pourra être immédiatement exclu des ateliers
« par le gérant, sur l'avis conforme du conseil de sur-
« veillance.

« L'inconduite, ayant toujours pour conséquence le
« manque d'assiduité au travail, porte un préjudice
« certain à l'association, indépendamment de la dé-
« considération qui en résulte nécessairement dans le
« monde extérieur, tout associé qui, par des habitudes
« d'ivrognerie, de paresse ou tout autre vice, compro-
« mettrait la réputation de la société, pourra en être
« exclu.

« La calomnie envers un co-associé, ou même envers
« une personne étrangère à l'association, pourra être
« également punie par l'exclusion.

« L'infraction aux présentes dispositions pourra,
« suivant la gravité des cas, donner lieu à trois sortes
« de peines. »

« 1º L'avertissement donné par le conseil de surveil-
« lance ;

« 2º Le blâme infligé par l'assemblée générale;

« 3º L'exclusion.

« L'improbité; tout acte d'improbité, soit envers
« l'association, soit envers un co-associé ou un tiers,
« sera puni de l'exclusion. »

Voyons, y a-t-il un patron assez féroce pour oser
exécuter un règlement aussi sévère? Non, il n'y a que
les travailleurs pour pouvoir être aussi durs. Quand ils
ont fait ce règlement ils connaissaient le défaut de la
cuirasse. Ce que nous proposons dans notre chapitre

des prud'hommes est loin d'être aussi draconien. Nous
sommes heureux de voir que les travailleurs eux-mêmes
reconnaissent le besoin d'organiser le travail, et que
cette indépendance promise par quelques énergumènes
n'est pas plus applicable aux ateliers privés qu'aux associations pour obtenir des résultats.

Nous vous avons dit comment les associations peuvent se former; nous pourrions vous fournir des chiffres magnifiques sur celles qui ont réussi. Nous avons
sous les yeux le tableau de la répartition des bénéfices
de celles des maçons et tailleurs de pierre, de 1852 à
1868, et leur soixante-dix co-associés; il nous montre
les résultats financiers que l'on peut attendre des associations, sans parler d'autres d'une importance moins
grande. Nous laisserons de côté les arguments des
détracteurs des associations qui peuvent conclure à
l'impossibilité de leur réussite, en citant les chutes de
celles qui manquaient des éléments nécessaires pour le
succès (1).

Une autre question très-sérieuse complète notre pensée, nous tenons à la soumettre aux intéressés. Nous
vous disions, dans notre chapitre des apprentis, qu'une
des causes de l'infériorité de notre industrie était en
partie occasionnée par une solution de continuité. La
création d'un établissement est longue, sa réussite est
la conséquence de l'intelligence, du travail et de la
persévérance du créateur de cette maison; une fois

(1) On dit aussi, ce qui est arrivé, que des co-associés travaillaient moins pour eux que quand ils étaient chez les autres. Ça ne
prouve rien.

cet établissement de production fondé, agencé et en bonne marche, il ne devrait pas se liquider, mais bien se continuer ; ce qui a coûté tant de peines, tant de temps à créer devrait servir à d'autres. Supposez que nous n'ayons plus que dix pour cent de sublimes, et que les ouvriers sortent des écoles professionnelles : voici un patron qui veut se retirer, son fils n'a pas les aptitudes nécessaires, il ne trouve pas d'acheteurs assez riches, ou n'ayant pas les capacités pour continuer son affaire. Au lieu de liquider, que diriez-vous de son intelligence, s'il prenait son contre-maître et son comptable et qu'il vienne leur dire : « Vous êtes depuis longtemps à mon service, vous avez collaboré à ma fortune, mais comme en affaire il n'est jamais question de fraternité, je viens vous proposer une combinaison toute de confiance, qui fera mon affaire et la vôtre. Vous allez fonder une association de travailleurs sous vos deux noms et compagnie ; vous prendrez comme associés les dix, vingt ou trente de mes meilleurs et plus anciens compagnons que je connais et dont voilà les noms. Je vous vends au prix de ..... francs, je vous fournis le roulement nécessaire ; vous me rembourserez en tant d'années, vous me paierez l'intérêt de mes fonds, de manière qu'au bout d'un certain temps vous serez possesseurs. Vous constituerez une association qui pourra étendre le nombre de ses membres, et les statuts (1) diront que ceux qui voudront se retirer n'entraîneront pas la chute de l'établissement. » Que diriez-vous de cet industriel ? Eh bien, nous dirons qu'il serait

---

(1) Les constitutions de sociétés d'association ne manquent pas.

très-intelligent pour ses intérêts, car il a autant de sécurité, et même plus, qu'en vendant à un étranger (1) et de plus il aurait fait une bonne action sociale.

Nous soumettons à l'appréciation des hommes sérieux, cette solution que nous extrayons du numéro du mois de mars 1870 de l'*Harmonie sociale* :

« Dans les derniers mois de l'année 1868, la maison Borchert, de Berlin (*Neues Messingwerk*) a été mise par son propriétaire et directeur en actions, de manière à permettre aux employés et ouvriers d'en devenir co-propriétaires, et les bénéfices ont été répartis entre le capital et le travail, selon une proportion débattue par les intéressés. Voici comment M. Borchert a procédé. Il a commencé par convoquer tous ceux qui, à quelque titre que ce fût, étaient occupés dans son établissement, et il leur a soumis son plan. Le principe était celui de la participation de tous, non pas seulement aux bénéfices, mais encore à la propriété. M. Borchert évalue donc ses établissements, et admet qu'ils représentent un capital de 300,000 thalers. Ce capital, il le divise en 6,000 parts de 50 thalers, qu'ouvriers et employés pourront acheter. Pendant la première année (1868), 600 parts pourront être acquises par ceux qui auront été dans la maison depuis une année. Ceux qui voudront se rendre acquéreur d'une action auront à payer 6 thalers le premier mois, puis 4 thalers par mois, pendant les onze mois restants. On sera libre d'ailleurs de s'acquitter en une fois ; on sera libre aussi d'acheter deux, trois, quatre actions ou davantage. Les propriétaires de toutes ces actions constituent une société, qui élit dans son sein un comité de trois membres.

« Une action donne droit à un vote : deux à trois actions, à deux votes ; quatre à six, à trois ; sept à dix, à quatre ; dix à vingt, à cinq ; vingt à trente, à six, etc. Un comité est élu pour une année. Ce comité, dans la situation provisoire où la

(1) Qui ne donne souvent qu'une partie de l'achat.

Société se trouve pendant la première année, est réuni au moins une fois par mois par le directeur, M. Borchert. Celui-ci le met au courant des affaires et le consulte; plus tard, de voix consultative il aura voix délibérative, et il se transformera en véritable comité directeur. La Société discute elle-même ses statuts et lois, puis se constitue comme elle l'entend.

« Quant à la répartition des bénéfices, voici d'après quels principes M. Borchert a agi. Il conserve à tous ses ouvriers et employés leur salaire convenu. Il propose à la société de rester lui-même directeur de l'établissement avec des appointements de 3,000 thalers. Les appointements divers payés, on prélève sur le bénéfice restant la somme nécessaire pour couvrir les assurances, l'entretien et le renouvellement du matériel, etc., etc. Ce qui reste est réparti, par égales parties, entre les actionnaires d'une part et entre les travailleurs (ouvriers et employés) de l'autre. La somme qui est partagée entre les actionnaires, le dividende, l'est proportionnellement aux actions. Le *bonus* (c'est le nom que M. Borchert donne aux sommes qui seront réparties entre les travailleurs), est partagé entre tous ceux qui travaillent dans l'établissement, proportionnellement à leur salaire, et avec cette particularité que les ouvriers payés à la pièce reçoivent une part proportionnellement moindre que les ouvriers payés au mois, attendu, dit M. Borchert, que les salaires à la pièce sont déjà un tantième prélevé sur la recette brute.

« Dans le cas où il n'y aurait pas de bénéfices à la fin de l'année, on ne répartirait évidemment ni dividende ni *bonus*; dans le cas où les dépenses dépasseraient les recettes, ce seraient les capitaux des actionnaires qui seraient attaqués les premiers; il ne pourrait être question de diminuer les salaires. S'il devenait nécessaire de réduire l'importance de l'établissement, on congédierait d'abord les ouvriers non actionnaires. Si des ouvriers ou employés qui sont ouvriers quittent l'établissement, ils n'en restent pas moins actionnaires.

« Je passe des articles de détail en grand nombre, qui n'ont qu'une importance secondaire; et j'ajoute que toute cette organisation, provisoire pendant l'année 1868, doit conduire, par diverses transitions, les ouvriers et employés de l'établissement Borchert à devenir co-propriétaires de l'usine, et co-directeurs de leurs affaires par le comité élu qui siége à côté du directeur nommé par eux.

« Tel est le plan que M. Borchert a soumis en 1868 à ses ouvriers. Ceux-ci l'acceptèrent. L'essai fut tenté. Or, le succès fut si complet, si étonnant, que, dès la fin de l'année 1869, le nombre d'ouvriers participant aux actions augmenta dans une proportion considérable, et que l'organisation, de provisoire qu'elle était, devint définitive. Je me suis procuré les chiffres du bilan de cette première année. Ils sont curieux et instructifs : 32 ouvriers et employés avaient pris des actions; ces actions ont rapporté, outre l'intérêt à 5 p. c., un dividende de 8 p. c. environ. De plus, le *bonus* rapporta également une somme importante, 10 p. c. à peu près; ce *bonus* se répartissait entre 63 ouvriers et employés.

« Voici quelques chiffres plus spéciaux : l'établissement paya 21,405 thalers d'appointements et de salaires (sans compter la direction et les employés supérieurs). A ces 21,405 thalers s'ajoutèrent 2,106 thalers de dividende. Les ouvriers touchèrent proportionnellement à leurs salaires, les uns 14 p. c., les autres 10, puis 7, enfin 3.

« Si nous défalquons les appointements des employés pour ne prendre que les salaires des ouvriers, nous trouvons que l'établissement a payé 20,425 thalers de salaires, plus 128 thalers d'intérêts du capital, plus 1,843 thalers de *bonus*, plus 228 thalers 18 sgros de dividende; en tout 22,626 thalers 18 sgros. Et nous trouvons encore qu'il a été réparti, dans cette année, en dividende et en *bonus*, 2,073 thalers 18 sgros, sommes qui, avec l'ancien système, ne seraient pas revenues aux ouvriers, mais au seul propriétaire, et qui constituent donc le bénéfice net que les ouvriers ont retiré de cette combinaison; 7,670 francs, qui ont été répartis entre 69 personnes, et qui ne l'eussent point été autrement. Or, cette année 1868 n'a été qu'une année d'essai.

« Je demande maintenant, — ces faits étant constatés, ces expériences étant enregistrées, d'autres essais semblables

ayant réussi en Angleterre, la question sociale menaçant de
se troubler et de se compliquer de passions, de rancunes,
d'éléments impurs enfin, — je demande, dis-je, si d'autres
établissements ne pourraient pas tenter ce que M. Borchert a
tenté à Berlin ; si d'autres industriels ne pourraient pas étudier et soumettre à leurs ouvriers une espèce de constitution
comme celle que ce Prussien a étudiée, et qu'il applique? «

Comme on le voit, la question sociale a une infinité
de solutions.

Continuons la nôtre.

Nous pensons que dans cette époque de sublimisme,
aux ouvriers seuls est réservée l'initiative, car nous
sommes persuadé qu'une association où il y aurait seulement vingt-cinq pour cent de sublimes, ne réussirait
pas. Les soupçons, les défiances, les invectives et souvent les coups de poing ont été la récompense du dévouement des gérants qui avaient été nommés à l'élection.

Une fois l'association bien organisée, les sublimes qui
y seront admis seront bien obligés de se soumettre ; du
reste, ils seront tenus de faire un stage comme auxiliaires, ce qui permettra de juger des capacités et de la
conduite de celui qu'on admettra dans l'association. Sur
dix associations qui n'ont pas réussi, les sublimes en
ont tué au moins huit. Le sublimisme est un dissolvant.

Que les ouvriers actuels se lancent dans la voie des
associations, et qu'ils ne se bercent pas d'illusions
fausses. La fée encensée dans les réunions publiques
par certains cerveaux détraqués, qui doit verser le bien-
être à pleines mains, doit être mise de côté. Les ouvriers ont du bon sens, du jugement; qu'ils analysent
la possibilité de pouvoir instantanément changer leur

misère en bien-être, sans commettre des millions d'injustices, qui n'auraient d'autre base que la force et qui
deviendraient le crime.

Voyons, supposons que ces législateurs d'occasion
puissent, à la suite d'une révolution qu'ils reconnaissent nécessaire pour leur procurer la force, donner les
fonds aux travailleurs pour fonder le travail. A vous
les ouvriers, le sentiment de votre dignité ne vous dira-
t-il pas que ce qui vous a été donné, n'est pas légitime,
quand vous penserez aux difficultés que vous avez eu à
mettre de côté les économies que vous aviez ? quand
vous songerez au mal que se sont donné vos parents,
pour amasser les quelques sous qu'ils vous laisseront ?
Oui, mille fois oui ! on ne passe pas facilement l'éponge
sur les sentiments de justice d'un honnête homme.

Il en est de même de l'égalité des salaires : si vous
êtes à côté d'un ouvrier plus capable que vous, vous
vous direz : « Il n'est pas juste, tout de même, que je
gagne autant que lui ; » s'il est assez sage pour ne pas
s'indigner, vous, vous en serez honteux. Les moyens
actuels sont mauvais, il faut les abandonner ; il faut
prendre les bons, les puissants, que l'expérience a déjà
sanctionnés en petit, l'association, là est le salut.

Savez-vous ce qui nous afflige le plus dans les théories
des liquidateurs sociaux, ce n'est pas la théorie, qu'au
nom de la liberté chacun a le droit d'émettre, mais le
calme du bon sens, du jugement des auditeurs qui ne
font pas, par une désapprobation générale, justice
d'absurdités qui ne tiennent pas devant le raisonnement. La justice est un ballon en caoutchouc, on peut
par la force l'aplatir ; la pression supprimée, il reprend

sa véritable forme. Nous savons bien que soixante-quinze ou cent individus, qui demandent la liquidation sociale, ne sont pas dangereux ; mais ce qui nous touche, c'est que certains travailleurs se bercent de ces illusions et ne s'occupent pas des moyens pratiques pour se grandir ; ils attendent.

Laissant de côté la justice, pensez-vous donc que cette bourgeoisie que vous voulez liquider se laissera faire ? Cependant 48 vous a montré qu'elle ne laisse à personne ce soin ; vous vous dites le peuple, elle pense qu'elle en fait partie, et comme le peuple est la justice, elle paie de sa personne pour la faire respecter. Non ! il ne faut plus de révolutions de cadavres, il n'en faut qu'une, celle des mœurs, celle-là est longue, parce que les institutions sont lentes à se développer. La vraie, la seule révolution possible, est celle que les mœurs opéreront ; mais les travailleurs doivent ne compter que sur eux-mêmes pour les créer ; et cependant il y a des lois qui entravent la liberté si nécessaire à la création de ces institutions. Avec le suffrage universel, les travailleurs sont armés, ils doivent se défendre, un coup de vote est plus certain qu'un coup de fusil. Le gouvernement devrait être la résultante de l'opinion publique.

Il y a des *mais* très-sérieux dans l'ensemble des chapitres précédents, nous vous en avons montré une partie. Le principal, qui les domine tous, c'est le sublimisme avec ses vices, ses turpitudes, ses désunions, ses ingratitudes, ses éreintements et son désordre qui a étayé l'arbitraire, mais qui sera bientôt obligé d'abdiquer, quand on aura l'union et l'entente que nous entrevoyons.

XXV

LES ASSURANCES

La bête de somme, d'avant 1789, qu'on appelait le travailleur, était dans un tel état d'abrutissement et d'isolement, que les maladies ou les accidents qui le frappaient le réduisaient à la plus terrible misère, le seul recours qu'il avait, était d'implorer la charité.

Quand la grande fournaise eut consumé une partie des priviléges, des abus, des plates niaiseries qui étaient la base du régime sombre, que le grand communisme ultramontain faisait peser sur le peuple depuis des siècles ; quand la grande tourmente eut porté par sa proclamation le terrible coup de massue à cette rampante domesticité de cour, à cette valetaille titrée, qui croyait être grande à force de s'aplatir ; après la proclamation des droits de l'homme ; le travailleur était debout, la dignité humaine était scellée ; l'ébullition des idées, résultat obtenu par ce triomphe, fut à son comble. Les philosophes, les penseurs, les administrateurs, les philanthropes, purent produire leurs généreuses et bienfaisantes idées.

La justice était la base de toutes ces décisions, de ces projets, de ces aspirations ; la solidarité, le moyen de les fixer sérieusement : 89 a mis le peuple sur la voie. Les idées philanthropiques, plus que toutes les autres, ont été à l'ordre du jour ; des abus sans nombre ont été réprimés, mais de puissants rejetons sont repoussés depuis, et c'est à nous de les extirper.

Heureusement, tous les bons grains n'ont pas été écrasés dans cette laborieuse besogne de l'élagage. Quelques-unes de ces généreuses idées sont aujour d'hui en pleine activité. Le peuple dans ses peines, dans sa misère, en face de maladies et des accidents de la vie, n'avait qu'un moyen, la pitié, qu'un recours, la charité. Les partisans de la dignité lui ont appris que c'était l'humiliation, qu'il y avait des moyens plus honorables de se mettre à l'abri des malheurs imprévus ; qu'il ne fallait rien attendre des autres, mais tout de soi-même ; qu'il fallait s'entendre, s'unir, se cotiser et constituer par une modique somme mensuelle la prévoyance collective. Ce que l'économie et l'ordre d'un seul n'a pu faire, le concours de plusieurs le fera. En un mot, il faut constituer des sociétés de secours mutuels, pour venir en aide aux malades.

On les compte aujourd'hui en France par dizaine de mille ces heureuses institutions, et les services rendus sont incalculables, et ce qu'il y a de plus remarquable, c'est que ces secours n'ont rien d'humiliant ; voilà ce que produit le groupement.

Ainsi un travailleur, pour trente-six francs par année est certain en cas de maladie de recevoir trois francs par jour, les visites du docteur et les médicaments.

Il y a loin de cette situation à celle de l'isolement où il faut tendre la main, les hommes de cœur reculent toujours devant une semblable extrémité. Mais ce qui est triste à constater, c'est que celui qui s'y résoud s'expose à en faire un métier, et souvent l'obole des âmes généreuses sert à nourrir des parasites très-valides.

En démocratie, aucune solution n'est possible par la charité. Nous parlons en principe; nous sommes loin de repousser les institutions, les créations de certains philanthropes riches et généreux qui consacrent une partie de leur fortune au bien-être commun; loin de là, nous les admirons; mais nous aimerions mieux que ces institutions fussent créées par tous et qu'on ne les dût pas à la générosité d'un citoyen.

Les sociétés de secours mutuels sont aujourd'hui un fait acquis et sanctionné par la pratique, et les bienfaits en sont reconnus et incontestés; elles finiront par englober tous les travailleurs. L'examen du développement de ces institutions montre combien les débuts sont lents; mais une fois reconnues bonnes, elles se développent rapidement. Voilà de quoi rassurer les impatients. Mais à côté du bienfait, l'abus se glisse; ainsi nous avons connu des sublimes qui prolongeaient leur convalescence, se basant sur ce qu'ils gagnaient plus à ne rien faire qu'à travailler; ils étaient de deux ou trois sociétés qui chacune leur apportait leur rétribution. Heureusement les camarades et amis, membres comme eux des mêmes sociétés, les ramenèrent au travail par leurs sages observations. Dans le groupement sont la sécurité et le plus puissant levier pour agir contre le sublimisme. Si le sublime abuse de la société des secours, au lieu d'une surveillance impossible du comité, il a celle des camarades, qui le surveilleront et lui reprocheront ses manquements. Ainsi : s'il n'assiste pas à l'assemblée générale du syndicat de la partie, et qu'on l'ait vu chez le marchand de vins, on lui adresse de vertes remontrances. S'il ne se présente pas au scrutin pour la nomination des prud'hommes ou des députés, on lui renvoie durement sa négligence en pleine figure; il n'a plus le droit de se plaindre. S'il a trouvé le moyen de faire un *pouf* à la sociale ou association du manger, ou au boulanger de la coopération, il est tellement serré de près par les camarades qui le suivent pas à pas qu'il est obligé de payer. S'il n'acquitte pas ses cotisations en donnan pour raison sa misère : Où as-tu pris l'argent pour *t'emplir* pendant trois jours la semaine dernière? S'il refuse et se laisse rayer, il est mis au ban et repoussé de tous. Si les travailleurs sont généreux en face des peines imméritées, ils sont pour celles occasionnées par les vices, les mauvais vouloirs, implacables et souvent même féroces. On riait quand des préjudices étaient faits aux patrons; on ne rira plus quand ils seront supportés par tous. Quand on parle du sublimiste aux apôtres des réformes sociales et qu'on leur demande comment ils agiront pour les obliger aux règles d'ordre qui sont nécessaires dans toute société? Ils y seront contraints par la force : les autoritaires ne reconnaissent que ce moyen sommaire.

Pensent-ils que ce que nous signalons n'est pas mille fois préférable? La force morale est bien autrement puissante que l'autre. Oui! quand tous les travailleurs

seront groupés, associés pour leurs approvisionnements, leur manger, leurs travaux, leurs tarifs, leurs
secours, etc., on sera surpris des immenses résultats
moraux et matériels que produira cette organisation.
Nous le répétons, là est le salut, le remède; le sublimisme tombe en présence de ce formidable enlacement
du plus grand nombre. Oui! dans l'avenir, tout le travail sera dans les mains des associations; l'individualisme n'a pas à redouter cette solution. Tant que le sentiment de la justice ne sera pas éteint chez l'homme,
les intelligents et les actifs seront toujours les premiers
et les mieux rémunérés. Qu'importe à un homme sensé
que le travail soit exécuté par un ouvrier ou par un
groupe, du moment qu'il est assuré que, s'il déploie de
l'activité, qu'il montre l'intelligence, les droits acquis
seront respectés.

Continuons : les travailleurs ont donc constitué des
sociétés de secours mutuels pour les cas de maladies;
c'était recourir au plus pressant. Mais d'autres malheurs les frappent qui ne peuvent être compris sous
cette dénomination générale, la maladie. Les accidents
occasionnés dans les ateliers incombant en partie aux
patrons, des sociétés se sont formées en vue de mettre
à l'abri de la misère celui qui en est frappé, et des
pertes celui qui doit en supporter les conséquences.
Ces nouvelles sociétés sur les accidents ont pris depuis
cinq ou six ans un certain développement; elles ne
sont pas, constituées sur les mêmes bases que les sociétés de secours mutuels. Plusieurs capitalistes forment une société pour assurer le patron avec le concours des ouvriers contre les accidents; l'affaire rap-

porte, et l'administration émarge des sommes importantes.

Le gouvernement élabore en ce moment un projet de société générale ayant le même but, et nous croyons que la question des invalides du travail y est à l'étude aussi. Toujours le gouvernement-providence! Malheureusement, nous serons encore longtemps avec ces idées de tout attendre de lui. Prenons les sociétés actuelles, en attendant que les travailleurs puissent, par leur initiative propre, les constituer. Le but est connu; quels sont les moyens?

Vous avez, par exemple, cinquante ou cent travailleurs; dans certains métiers le travailleur est exposé à des accidents graves, même terribles, puisque les cas de mort sont malheureusement assez fréquents. Vous faites avec ladite compagnie un contrat de cinq ou dix ans, vous vous engagez à payer par chaque travailleur un demi-centime à l'heure et à parfaire la différence à la société, si l'ensemble des sommes versées par elle, pour les accidents, a dépassé le montant des prélèvements, différence déterminée au prorata des heures entre tous les patrons assurés.

Nous avons pratiqué plusieurs années l'assurance sur les accidents, et les sommes versées par le patron sont à peu près les mêmes que celles versées par les travailleurs. La société a donc perçu environ un centime par heure, ce qui nous paraît énorme; mais le fait s'explique quand on examine les dépenses attribuées à l'administration. On prélève donc sur la paie du travailleur environ quinze francs par an pour son assurance contre les accidents, et autant sur le patron par chaque homme.

Dans le cas d'un sinistre, la société donne : pour un accident dont les suites sont guérissables, 2 fr. 50 cent. par jour; dans le cas de la perte d'un membre, une rente de 300 francs par an, et, dans le cas de mort, une somme de 7,000 francs à la veuve ou aux héritiers. De sérieuses objections ont été faites sur ce grave et intéressant sujet ; la plus importante est celle-ci :

Vous patrons, vous êtes responsables des préjudices causés à vos ouvriers quand, travaillant chez vous et pour vous, ils se font des blessures graves ; les travailleurs n'ont donc pas à y concourir. Voyons si ce qui paraît logique à première vue est bien la vérité, et si l'argument est sérieux.

Il y a quelque part dans le code un article qui dit que celui qui porte un préjudice à autrui lui doit réparation. Prenons dix exemples d'accidents, et si ces dix sinistres ont pour cause l'imprévoyance du patron, il sera juste que lui seul en supporte les conséquences. Nous avons été nous-même témoin de ces accidents.

1º Un forgeron, en soudant une pièce, reçoit dans l'œil une paille de fer incandescente. Quatre mois de maladie.

2º Un ajusteur, en mettant dans son étau une pièce de cinq kilos, la laisse tomber sur son pied. Deux mois de maladie.

3º Un mortaiseur, en affûtant un outil, se prend la main dans la meule. Trois mois de maladie.

4º Un frappeur, voulant éteindre son feu, jette un

seau d'eau dessus sans avoir soin de se retirer et s'é-
chaude la figure. Un mois de maladie.

5° Un tourneur, en crochetant une pièce, embarque
trop son outil et se prend les doigts : amputation de
l'index et du majeur. Six mois de maladie.

6° Un raboteur, par un oubli inconcevable, cherche
à regarder les marques du tracé sans arrêter la machine ; sa tête est prise entre l'outil et la pièce. La
mort !...

7° Un manœuvre, en portant un panier de vingt
kilos, trébuche, tombe et se casse la jambe. Huit mois
de maladie.

8° Un jeune tourneur, confiant en son habileté, se
croit assez adroit pour remettre en marche, sans arrêter
la machine, la courroie de commande tombée, et cela
malgré les défenses formelles. Le contre-maître l'aperçoit mettre l'échelle contre l'arbre, lui crie de ne pas
monter ; mais en une seconde il est en haut ; le contre-
maître rebrousse chemin pour arrêter la machine, il
était trop tard, il avait un bras de cassé, et l'amputation
dut être faite. Quatre ouvriers avaient été renvoyés
pour avoir voulu, contre toutes les défenses, remettre
de la même manière leurs courroies en marche.

9° Un perceur eut les doigts pris dans un engrenage
de sa machine, lesdits engrenages n'étant pas couverts.
Trois mois de maladie.

10° Un poinçonneur est pris dans le volant de sa
machine, dont les abords n'étaient pas garantis. La
mort.

Ainsi, voilà dix accidents qui sont à peu près les plus
généraux qui arrivent dans les ateliers. A part les deux

derniers cas, y a-t-il un tribunal, une justice au monde qui puisse rendre le patron responsable de ces tristes préjudices ? Mais, s'il en était ainsi, nous déclarons que tout travail serait impossible, nulle industrie ne pourrait tenir, les indemnités, les rentes à faire absorberaient souvent au delà des bénéfices. Le travail serait la ruine, mieux, ce serait la mort de toute industrie.

Deux cas sur dix seraient attribués aux patrons ; alors, que feront les huit autres ? et comment soulager la misère qui en est la conséquence logique ? Et puis vous pourriez venir impunément engager les travailleurs à refuser l'assurance contre les accidents, quand ce sont eux qui en profiteront le plus. Non, une pareille propagande n'est pas celle d'un homme clairvoyant. Laissez-les, pour 15 francs par an, se garantir l'avenir ; si la société de secours mutuels leur donne 3 francs par jour de maladie, les 2 francs 50 centimes qu'ils recevront de l'assurance contre les accidents ne seront pas de trop. Dans les métiers périlleux, le travailleur aura la consolation de savoir que, si le malheur vient à le frapper, sa femme et ses enfants seront soulagés.

Nous n'avons pas parlé d'une maladie endémique qui afflige tous les travailleurs se servant du marteau, celle du durillon forcé ; eh bien, les forgerons de pièces spéciales, par exemple, en sont atteints tous les dix-huit mois, deux ans au plus : c'est six semaines à deux mois de bras en écharpe. Pense-t-on que les deux francs cinquante et les trois francs soient exorbitants, quand il y a femme et enfants ? Les arguments ne tiennent pas devant les faits. D'autres objections, très-vraies, sont faites au sujet des moyens. Pourquoi le travailleur est-il obligé de s'assurer à la société de secours mutuels et encore à la société contre les accidents? Certes, il y a là une confusion qui ne s'explique que par notre inexpérience des institutions philanthropiques. Les maladies, les accidents, devraient se compléter par les invalides du travail.

Toutes ces questions s'élaborent dans les cerveaux humains d'une façon puissante, depuis cinquante ans; aujourd'hui seulement nous commençons à apercevoir le résultat de ce travail intellectuel. Mais le temps est proche où toutes ces idées passeront à l'état de fait accompli. Cependant, il ne faut pas trop compter sur la fraternité, l'égoïsme des hommes est trop enraciné; il ne faut plus compter que sur le besoin, la nécessité et l'intérêt : ces mobiles-là nous donneront seuls les moyens puissants d'action. Il faut que le travailleur soit obligé de se grouper, non par un pur sentiment de fraternité, mais par celui de l'individualité.

Quand on se met à examiner certaines positions sociales, on ne peut rester insensible devant les nombreuses misères qui se présentent en foule sur nos pas. Ainsi, vous avez connu, il y a vingt ans, un compagnon, bon travailleur, ouvrier habile, gagnant de bonnes journées; vous le retrouvez aujourd'hui vieux, presque infirme, grattant des pièces, attelé à l'étau, malgré ses cheveux blancs et sa débilité; vous apprenez que son fils est mort, qu'il a encore sa vieille femme, et qu'ils n'ont pour vivre, lui et sa compagne, que la modique journée de trois francs au lieu de celle de six francs qu'il gagnait autrefois. A cette vue, votre cœur se serre;

en présence d'une position si pénible, on mesure la hauteur du calvaire qu'il a dû gravir; on serait tenté de désespérer du sort du travailleur; on s'explique certains
découragements; on devine les frissons des voisins, qui
prévoient un pareil avenir pour eux. Les commotions
sont violentes, le cœur et le cerveau fermentent, instinctivement on cherche le coupable; il doit y en avoir un,
ce doit être le gouvernement. Où la passion domine, la
justice est exclue. Mais quand on regarde l'avenir, et
que l'on pense qu'avec la prévoyance organisée on peut
éviter ces pénibles situations, on n'a plus qu'un but,
apporter son concours pour pousser les travailleurs
dans le groupement régénérateur.

Résumons donc ce que doit faire le travailleur et
quelle somme il devra y consacrer.

Être membre du syndicat de la partie pour organiser
le travail et sa rémunération, soit neuf francs par an;
de la société des secours mutuels, soit trente-six francs
par an.

Être assuré contre les accidents, soit quinze francs
par an.

Les invalides du travail, soit cent francs (1) par an.

Soit environ cent soixante francs par année à prélever
sur un salaire de douze cents francs. C'est impossible,
nous direz-vous. Premièrement, quand les travailleurs
seront organisés, les salaires augmenteront; naturellement, les choses nécessaires à la vie augmenteront aussi,

(1) Nous avons fixé cette somme approximativement; elle peut
varier, si l'on constituait une société générale qui résume les trois
principaux cas : maladies, accidents et vieillesse.

mais pas dans la même proportion; donc le budget des recettes sera plus élevé. Nous considérons ce point comme secondaire pour notre démonstration.

Mais quand les travailleurs seront associés, — nous ne voulons pas parler des associations donnant le travail, nous voulons dire quand ils seront associés pour le manger, pour le pain, pour les fournitures de ménage, pour les logements, les approvisionnements de toute sorte, — ils obtiendront un bon marché qui dépassera la somme que réclame la prévoyance du présent et de l'avenir. Oui, avec le même budget, si les travailleurs savaient s'organiser, ils pourraient, en pourvoyant aux nécessités présentes de la vie, s'assurer pour plus tard le bien-être.

Ne demandez pas les moyens; ils sont pratiqués, en petit il est vrai, par les plus intelligents; il faut les développer, pour que tous puissent jouir des bienfaits du groupement. Si la liberté vous manque pour vous éclairer, si l'instruction et l'éducation vous font défaut, il faudra bien que ceux qui la refusent la donnent, parce que personne ne veut plus de bouleversements et que c'est le moyen de les éviter. Or, la nécessité est une loi impérieuse, qui soumet même les plus forts. Rappelez-vous que vous avez une arme, le vote, qui doit tout pacifier; servez-vous-en.

XXVI

L'AVENIR

> « Vivre c'est le droit, travailler c'est le devoir.
> « Avec le travail tout, sans lui rien. »

Y a-t-il un sujet qui passionne plus les hommes que la politique? Non, nous ajoutons que tout homme qui ne s'intéresse pas aux affaires publiques est un mauvais citoyen. A ceux qui se font un mérite de leur indifférence en politique, on peut leur répondre que les indiffents et les ignorants sont seuls la cause des catastrophes qui ont accompagné et suivi les revendications du droit. Au lieu d'un mérite, c'est une honte. Les préoccupations politiques de tout l'ensemble des citoyens sont très-salutaires, elles appellent la lumière, elles provoquent l'étude, elles donnent des solutions. L'indifférence étaye, autorise, soutient l'arbitraire, laisse violer le droit et entrave le progrès. Loin de regretter de voir toutes les intelligences occupées à ce grand sujet, il faut s'en féliciter; c'est l'école, nécessaire

à tous, qui doit prémunir l'avenir contre les mala-
dresses, les absurdités, les actes de violence et d'injustice des inhabiles et des ignorants qui ne connaissent pas les pratiques du droit qui leur est conféré.

Ah! nous savons bien que les passions, surexcitées
par quelques rêveurs insensés, peuvent produire le
désordre. Eh bien! nous sommes profondément convaincu que si une certaine effervescence, quelques
violences se sont produites dans ces laboratoires politiques qu'on nomme réunions publiques, elles sont
dues aux restrictions de la loi. On y a tout discuté,
on y a prêché la destruction de la propriété, de la
famille, etc.; on y a fait toutes les apologies, on y a
même fait des appels aux armes, on y a prêché la haine,
on y a mis tous les hommes honorables au ban, on les
a voués au mépris; des bravos même frénétiques ont
appuyé les théories les plus absurdes et même les plus
violentes; mais il n'est pas, que nous sachions, arrivé
un seul trouble dans la rue. Savez-vous pourquoi ces
trépignements, cet accueil fougueux aux orateurs de
l'éreintement? Parce qu'au lieu d'avoir cinquante, cent
réunions par jour, vous en aviez une ou deux, et que vous
y aviez introduit un commissaire de police. Alors les
cinq ou six cents admirateurs des réformateurs s'y donnaient rendez-vous et formaient le cortége approbateur des sommités de la parole de la pléïade à système.
Ils étaient chez eux, ils fabriquaient des triomphes.
Plus les théories étaient absurdes, plus les insultes
étaient grossières, plus les *hurahs* étaient énergiques.
Le reste de la salle était comme abruti. Dans les com-
mencements, la tribune leur appartenait, mais, depuis

quelque temps, des gens sensés se sont hasardés à combattre quelques-unes de ces théories.

Pourquoi un agent de l'autorité qui force l'orateur, qui veut se gagner la bienveillance et les bravos de la salle, à invectiver le gouvernement? Il se passe des faits curieux dans les réunions publiques. Aux Folies-Belleville, un tribun d'une belle pantomime, se démenait comme un fou, et, indirectement, engageait les auditeurs à prendre le fusil. Toute la salle et lui-même regardèrent le commissaire avec un air de défi; le commissaire, au lieu de donner un avertissement qui aurait mis le feu aux poudres, sourit et haussa les épaules. Deux minutes après, l'assemblée retirait la parole à l'orateur. Avec la demi-liberté qui régit les réunions publiques, on a fait un piédestal à quelques obscures individualités qui ont le don de la parole facile et qui s'en servent pour la pose à l'ami du peuple. Il faut pour que les réunions publiques soient utiles, la vraie liberté. Peu importe qu'il y ait des méchants et des imbéciles, il y en a toujours eu, il y en aura toujours. Du moment qu'ils ne troublent pas l'ordre, laissez-les développer leurs idées comme ils l'entendront; ce n'est pas à l'autorité à s'en mêler, c'est à l'auditoire à se faire respecter. Avec la liberté il le fera. Il y a, en politique, deux espèces d'individus passionnés à l'excès, qui sont très-nuisibles (1), c'est l'éreinteur quand même

(1) A côté de ces énergumènes, on peut hardiment placer ces êtres odieux, vermine immonde, qui pratique la provocation et la délation, payés par on ne sait qui, assurément chiffrés et classés au livre rouge, concurrents des policiers des fonds secrets. Il faut les flétrir, ces boutiquiers rongés d'ambition, ces courtiers d'assuran-

et l'encenseur quand même ; l'un vous indigne, l'autre vous fait vomir. N'avez-vous pas entendu le premier, aveuglé par la passion, ne rien admettre de bien fait par ses ennemis politiques, ne reconnaître aucune faute à ses amis, mettre tout sur le compte du parti opposé et éreinter tout? Et le second, parlant de la Révolution, ne trouve aucune expression assez odieuse pour la flétrir? Entendez-le parler de ce génie de l'étiquette, de cet organisateur de la valetaille, c'était un grand roi, ce goinfre à perruque (1) qui faillit attendre; il n'a que des éloges pour le successeur du cul-de-jatte Scarron, quand il fait massacrer des dizaines de mille de Français dans le midi, au nom d'un infernal bigotisme. Et cette prostitution pourrie que son bien-aimé Louis XV étale au grand jour, elle ne lui arrache qu'une excuse, sans parler des bénédictions qu'il prodigue à des actions plus récentes. La Révolution c'est l'abomination de la désolation; mais les grands règnes, voilà des exemples que l'on doit donner à nos enfants.

Le jour approche où nous aurons une histoire vraie qui fermera la bouche aux encenseurs.

Les entraves les plus sérieuses à la solution du problème social sont donc les exagérations des uns, et les

ces, mielleux, colporteurs de calomnies, qui sèment la désunion. Font-ils assez de mal ces mouchards amateurs? Combien de patriotes ont été victimes de ces ulcères sociaux, qui fournissent à l'ombrageuse police politique des détails intimes, Judas venimeux qui vont tendant la main avec une impertinente audace! Ils sont plus que nuisibles, ils sont exécrables.

(1) M. NEC PLURIBUS IMPAR, ce ver solitaire royal, avait un appétit monstrueux; le buisson de côtelettes était servi en guise de hors-d'œuvre.

restrictions des autres, dictées par la peur que leur inspirent les premiers. Le nombre n'en est pas si grand que nous puissions désespérer de la solution, le bon sens n'a pas encore abdiqué chez les Français. S'ils n'ont pas encore fait de grands progrès dans la pratique, les idées ont marché depuis quelques années ; on peut dire que la partie intelligente de la nation a compris que le règne de la force touchait à sa fin et qu'il faut résolûment entrer dans la voie du droit. Oui, tous les esprits éclairés, non-seulement de France, mais de toute l'Europe civilisée, ont senti que l'enlacement général que nous signalons dans notre chapitre des syndicats, et qui s'est affirmé par de bons débuts, était la véritable solution qui s'imposera par le temps et le vouloir des travailleurs, le jour où ils auront la liberté, la justice et l'éducation qui leur manquent. Insensés les gouvernements qui n'entreront pas dans cette voie.

Oui ! le mal est immense, nous le voyons et sentons aussi bien que personne ; nous ne sommes pas plus de l'avis de ces optimistes qui voient tout en beau, qui encensent tout et qui se cramponnent à des institutions caduques, que de celui de ces esprits chagrins qui dénigrent, qui distillent le découragement, la haine et qui voient tout en mal.

Le sublimisme nous a donné souvent à réfléchir ; malgré son effrayant développement, nous sommes affermis dans notre conviction que la misère effrayante qui ronge le travailleur disparaîtra par l'application de ce puissant moyen, la solidarité obligatoire, en présence de la nécessité. Malgré tout ce qu'il peut y avoir de pénible dans la situation actuelle, nous regardons l'avenir avec plus de satisfaction, depuis que nous avons consacré une partie de nos réflexions à l'examen du redoutable problème. Si nous avons fait un rêve brillant, superbe et même grandiose pour le siècle prochain, ce rêve régénérateur n'a rien d'utopiste, il est la conséquence normale de la progression constante des idées; nous ne pensons pas qu'on puisse nous taxer de songe-creux, d'absurde, quand nous viendrons dire, par exemple, qu'en l'année 1950, un homme qui ne saura ni lire ni écrire sera, en France, aussi rare qu'un centenaire.

Laissez-nous vous dire tout ce que nous avons vu dans ce rêve, vous hausserez les épaules si vous croyez que ce n'est qu'un rêve; mais si vous ne le croyez pas insensé, mais possible, vous envisagerez l'avenir avec cette satisfaction qui donne l'assurance, la conviction de la fin des peines.

Oui, le sublimisme doit disparaître dans un temps donné, la solidarité et le travail s'en chargeront; le travail est l'outil qui doit donner la puissance; il est persévérant et salutaire, ce grand ennemi de tous les vices, ce vaccin de l'ennui, rongeur effrayant des classes privilégiées et des sublimes. Il faut que les travailleurs l'organisent, que les intelligents et les possesseurs le provoquent, que le gouvernement lui facilite les moyens de grandir en instruisant ses membres; les travailleurs en le donnant assureront l'avenir de justice que nous entrevoyons. La solidarité et le travail, tout est là.

Oui, l'avenir nous promet une solidarité, non pas nationale, mais européenne, et au besoin universelle;

la semence est jetée, et aveugles ceux qui ne veulent
pas voir le vigoureux rejeton qui sera dans le siècle
prochain le pivot du droit et de la justice. Ce que les
gouvernants n'ont pu faire, les États-Unis de l'Europe,
les travailleurs le feront, sans secousse, sans froisse-
ment, par la puissance de leur union ; ils y arriveront
lentement, par la force des choses, les peuples ne seront
pas seulement pour nous des frères, ils seront nos intéressés, ce qui sera plus solide et plus durable. Là est
le grand moyen ; mais un puissant auxiliaire lui est
acquis, c'est le génie de l'homme.

Oui, l'avenir nous promet non-seulement un travail
comme il est actuellement, mais un travail intelligent ;
non pas un labeur qui déforme, qui épuise, qui tue
même, car aujourd'hui, dans plus de la moitié des travaux, l'ouvrier emploie sa force animale, son intelligence sommeille. Chez certaines natures courageuses,
ces excès, cette dépense outrés amènent la déformation,
l'épuisement et souvent la mort.

Dans le travail de l'avenir, que demande-t-on à
l'homme ? Son intelligence, sa science, en un mot, son
génie. Que faut-il pour cela ? Des machines, encore des
machines, toujours des machines. Nous ne pensons
certes pas que les machines puissent tout faire : « tout »
serait trop exclusif et même absurde, mais nous sommes convaincu que tous les travaux où l'homme est
bœuf seront remplacés par les machines.

Oui, voilà l'incomparable puissance qui apporte son
formidable concours à la résolution du problème social ;
et ce concours sera d'autant plus intelligent et rapide

que ceux qui le produiront seront plus instruits et plus forts.

Quand on regarde la lenteur décourageante du progrès on est péniblement affecté. Mais pour ceux qui luttent depuis longtemps contre les difficultés des travaux et qui ont pu juger des améliorations et des développements que le génie de l'homme y a apportés, ils éprouvent un frémissement de satisfaction, en envisageant les gigantesques résultats qui auraient été acquis, si toutes les cervelles qui concourent au travail avaient été ouvertes par l'instruction. Nous dirons, à tous les méchants qui redoutent les rayons de ce glorieux flambeau, à tous ces formalistes de bonheur commun, qui veulent le passer à la jauge et au gabarit : La rédemption est dans le genre humain, c'est la froide et lente puissance qui doit renverser la lourde pierre qui couvre le sépulcre dans lequel des siècles d'ignorance et de superstitions tiennent le progrès enfermé (1).

Cette assurance vient-elle de ce que nous sommes mécanicien? Cependant, pour les incrédules, il y a l'exemple de tout ce que les machines ont remplacé depuis cinquante ans; que de progrès, que d'améliorations ne leur doit-on pas? ces faits, très-visibles et indiscutables en présence des résultats, doivent cependant les faire réfléchir.

Prenons un exemple entre mille. Tout le monde connaît la façon de faire le pain actuellement; voyez-vous ces robustes individus, provoquant par un râlement

_____

(1) Un peu de grandes phrases des réunions publiques. Quand on se fait apôtre, un peu de pathos ne nuit pas.

caverneux les efforts considérables qu'ils sont obligés
de faire pour battre et mélanger la pâte, eh bien, le
plus fort mitron doit quitter le métier à quarante ans ;
il est épuisé, non, il est souvent tué. Aujourd'hui, chez
certains boulangers intelligents, le plus frêle jeune
homme fabrique dans une nuit deux mille kilogrammes
de pain avec quelques hectolitres de charbon, son intelligence et son attention, sans cette dépense exagérée de force animale qui abrutit, brise et anéantit l'individu.

Toutes les fois que vous verrez une machine remplacer la force brutale de l'individu, dites : voilà du
progrès. Quand nous pensons qu'on peut mettre en
doute ce que les machines font et peuvent faire pour
l'avenir, nous sommes pris d'un rire de pitié. Nous ne
voulons pas détailler tout ce qu'elles font déjà, les résultats sont là et on peut les juger. Mais ce qu'elles seront
dans l'avenir, peu éloigné, nul ne peut le deviner, on
peut seulement le pressentir.

Nous n'apprendrons rien aux esprits intelligents,
quand nous leur dirons que la solution de la question
agricole est une question de machine ; pour cette mère
nourricière, elles seront les bras qui manquent, que
l'armée et le couvent lui prennent et que l'industrie lui
enlève ; il faut qu'elles lui rendent cette force, cette
puissance de production, par l'intelligence et la force
des engins qui sont appelés à les remplacer. Quand les
machines seront rendues pratiques, ne soyez pas impatients, la nécessité dit : il le faut ; le génie de l'homme
n'a jamais failli à ce solennel commandement. Chaque
commune aura son mécanicien entrepreneur qui fau-

chera, fanera, labourera, sèmera, sarclera, piochera, récoltera, moissonnera, à tant l'are ou l'hectare.

Il y a vingt ans, un homme battait un hectolitre de blé dans sa journée; aujourd'hui trois ou quatre individus en battent cinquante mécaniquement. Se rappelle-t-on les cris, les lamentations, les défiances de la routine contre les altérations des produits des machines : la paille était mauvaise, le blé était avarié, le pain, pétri par la machine, était indigeste, etc. Le besoin a soutenu le progrès, les améliorations sont venues aujourd'hui, les dénigreurs d'hier sont les encenseurs de ces auxiliaires indispensables, qui, s'ils venaient à faire défaut, porteraient un préjudice et des perturbations considérables dans la production élémentaire. Les machines sont la matière première du progrès, le génie humain en est le machiniste. Dans l'industrie, les machines feront presque tout : elles sont déjà tailleurs, cordonniers, sabotiers, boulangers, menuisiers, brodeuses, blanchisseuses, etc., etc.; on pourrait faire un volume de tous les métiers qu'elles savent bien remplir. Ne soyez pas inquiets, elles seront dans l'industrie tout, et, dans cette branche, plus vite qu'autre part.

Il y a cela de curieux dans les inventions, c'est qu'on ait trouvé la photographie et que nous n'ayons pas encore la machine à casser les pierres pour les routes. On dirait une série de caprices. Tout viendra à son heure et en raison de l'urgence des besoins. La vitesse du progrès inventif est proportionnée au nombre des intelligences qui ont les aptitudes spéciales pour le donner; augmentez ce nombre par l'instruction, elle sera plus rapide. Pour les sciences et les arts, elles apporteront

un concours immense, — car remarquez que sous le nom
générique de machine nous entendons non-seulement
l'ensemble des mouvements, mais aussi le concours de
tous les éléments, le produit chimique comme le moteur.—Il y a cent ans, un médecin qui serait venu dire :
je me charge de vous couper un membre sans aucune
douleur, aurait été taxé de fou ou peut-être de sorcier,
et comme tel enfermé à la Bastille ou rôti en place publique. Cependant aujourd'hui le chloroforme se charge
de l'opération. En mécanique le mot *jamais* ne doit
s'employer que très-rarement.

Les machines seront plus, elles seront les défenseurs
de la patrie; c'est une machine qui doit tuer les armées
permanentes, cette honteuse lèpre subie avec tant de
résignation par les populations écrasées.

Qu'on le dénie tant que l'on voudra, le monde appartient maintenant aux mécaniciens; dans cent ans, les
historiens constateront la colossale puissance de l'invention. Ce pauvre génie militaire, tout chamarré d'or,
de cuir et d'acier, fera triste mine, relégué comme antiquité dans nos musées nationaux, lui si fier, si adulé,
si triomphant aujourd'hui. Si actuellement le sabre est
la faucille de la gloire, vous verrez peut-être, brillants
moissonneurs, le jour où il faudra le cintrer pour en
faire la faucille du grain. Qu'il sera plus glorieux d'être
le boulanger de l'humanité que d'en être le boucher!

Les machines sont les puissants auxiliaires de la civilisation. Pour le sublimisme, elles sont sa plus certaine
destruction. Elles ont cela de bon, que l'apprentissage
disparaît pour ainsi dire; vous demandez au travailleur de l'intelligence, de l'habileté, tous les hommes en

ont à différents degrés; recherchez des machines qui
en demandent le moins possible, de façon que le premier venu puisse les conduire. Il arrive alors que le
travailleur qui la conduit, gagnant bien sa vie et sa-
chant qu'on peut le remplacer facilement, tiendra à
garder sa place lucrative. Si au contraire, comme dans
une masse de parties actuelles, il sait que vous ne pouvez pas vous passer de lui à cause du métier qu'il sait,
il vous pose toutes les conditions qu'il lui plaît, et vous
êtes encore bien content quand il daigne vous donner
son travail.

Dans une partie, quand les travailleurs possèdent, de
par les difficultés du métier, le droit d'imposer leurs
caprices et que l'on est obligé de les subir, ils disent
que la partie est libre. Pour nous, la liberté d'une partie
ainsi expliquée, c'est le triomphe du sublimisme, qui est
lui-même la conséquence logique de ce pouvoir. Mais
si les sublimes ne nous inspirent pas beaucoup de sympathies, nous devons mettre à leur actif une grande
quantité d'inventions. Ici le bien naît du mal. Prenons
un patron intelligent, avec beaucoup de travaux en
commande et pressés. Les bordées se succèdent dans
son atelier; si les travailleurs ne sont pas nombreux,
que la partie soit libre, comme chez les parqueteurs,
par exemple, où quand un compagnon a donné le trait,
il peut nocer à son aise, certain que pas un autre
ne travaillera sur sa besogne sans son consentement
(l'exemple que nous donnons dans notre chapitre des
grosses culottes est concluant), le patron se trouve
dans l'embarras, sa première exclamation est celle-ci :
Ah! si l'on pouvait faire mes pièces mécaniquement.

Voilà son esprit en quête; il veut à tout prix s'affranchir de la bienfaisante liberté de la partie, le tyran! Les essais se succèdent, et souvent la réussite couronne ses efforts; et à force de modifications, de perfectionnements, la machine remplace complétement les hommes indispensables du métier. La partie dès lors n'est plus libre, elle est organisée et possible, ce qui vaut mieux.

Il faut répondre aux bordées par des machines : voilà pour le sublimisme un moyen qui a bien sa valeur.

Au point de vue économique, on pourrait dire que l'introduction des machines dans une partie apporte une certaine perturbation et un préjudice aux travailleurs qui ont fait un sacrifice pour apprendre le métier. Certes, le travailleur ne peut plus compter sur le fameux pouvoir que lui conférait le métier, mais il peut compter sur son intelligence et son exactitude, et se mettre aux machines; du reste, comme toutes les bonnes choses sont longues à prendre, malgré cette transformation, l'équilibre se fait lentement et permet au travailleur de reporter son labeur dans une autre voie.

Tout le monde se souvient des jérémiades, des frayeurs des aubergistes, maîtres de postes, producteurs de chevaux, voitures, lors de l'établissement des chemins de fer. C'en était fait de tout commerce, de toute production chevaline. Si quelques-uns se sont trouvés lésés, combien d'autres ont trouvé un débouché à leur ardeur, un écoulement à leurs produits! Le développement a été immense, jamais on n'a tant employé de chevaux, et jamais on ne les a achetés si cher. En provoquant les affaires, en facilitant les transports,

ils ont provoqué les exploitations de toutes sortes, et les
voyages dans des proportions si gigantesques, qu'aujourd'hui si une nation les supprimait, elle se suici-
derait.

Voilà ce que savent faire les machines; elles nous
donneront des résultats identiques pour tout ce qu'elles
entreprendront. Au point de vue moral, elles auront
des avantages énormes que l'on ne peut prévoir; croyez-
vous que celui qui a inventé le télégraphe électrique,
pensait que son invention serait un moyen actif pour
empêcher les escrocs et les assassins de commettre leurs
crimes? Certes, non, mais l'expérience en a développé
les applications, et aujourd'hui, le scélérat qui part
en Amérique, trouve, à son débarquement, dame justice qui le met en lieu sûr. Dans le temps, le misérable
comptait sur les lents moyens de la justice pour s'assurer l'impunité; aujourd'hui, il réfléchit et souvent le
crime est terrassé. Qui peut savoir le nombre d'infamies qui ont été évitées par ce seul motif? De combien d'autres heureux moyens la science a doté la
justice! La photographie avec la multiplicité du signa-
lement, la chimie par ses analyses, ont éclairé les jurés,
et la perspective de cette analyse scientifique écrasante a fait trembler plus d'une main d'empoisonneur.

Mais au point de vue de la question sociale, elles sont
indispensables, elles sont le complément qui assurera
l'harmonie.

Les hommes ont des besoins; qui leur donne les éléments de les satisfaire? La production. Qui peut la
donner abondante et économique? Les machines. Dans
le temps on demandait beaucoup de bras, on ne pouvait

les improviser; aujourd'hui il faut des machines, on peut les fabriquer. Les produits étant abondants et à bon marché, il serait rationnel qu'au lieu d'un petit nombre, tous en profitent. Là est le nœud gordien, le fameux rébus que nous devinons et dont le mot est association.

Ce que les machines font au profit de quelques-uns, elles le décupleront au profit de tous, quand tous sauront les appliquer au leur. Les machines sont les robustes bras que réclame le siècle du travail intelligent. L'eau, l'air, le feu, les gaz, les fluides, voilà les éléments qui doivent servir le génie de l'homme. A peine sommes-nous sortis de l'enfance pour l'emploi de ces divers agents; savons-nous, soupçonnons-nous ce que l'avenir nous donnera, nous dira de tout, et spécialement des fluides que nous avons à peine saisis?

Dans un siècle et plus, si vous le voulez, en admettant que le développement intellectuel et matériel suive la progression immense qui s'est manifestée depuis quatre-vingts ans; eh bien, en 1970, il faudra des milliards de kilogrammètres de force et des millions d'intelligences pour les diriger, les appliquer à la production. Mais, direz-vous, la production ne doit pas être exagérée. Certes, nous comprenons très-bien que le trop de production avilit les prix et jette des perturbations dans l'économie commerciale du pays, et les crises désastreuses qui se produisent suivant des périodes plus ou moins rapprochées, ont souvent pour base ce trop plein de produits. Ceci est une question d'économie, chaque producteur intelligent, à moins de pertes, doit régler sa production suivant les besoins.

Mais les besoins grandissent suivant la civilisation ; le Cafre, le Huron, se préoccupent peu de vêtements, de savon, de peignes, de livres, de peinture, et même de logement, et de ces infinités de choses qui sont pour nous une nécessité et dont nous sentons les besoins.

Ne prenons pas les exemples si loin. Nous avons connu un vieillard qui est mort il y a une quinzaine d'années, qui, à l'âge de trente ans, n'était pas sorti des murs de ronde de la capitale. Aujourd'hui le premier négociant venu se décide à quatre heures, et part à huit pour Alexandrie, Londres, Madrid ou Saint-Pétersbourg. Dans vingt ans, le premier épicier venu ira à Calcutta, comme il y a cinquante ans on allait à Fontainebleau. Dans le siècle dernier, il n'y avait que les privilégiés qui pouvaient se procurer du sucre ; aujourd'hui le plus malheureux en fait usage. Quand on regarde la France, ce pays de la civilisation par excellence, qu'on réfléchit à ce qui reste de routes d'exploitation et de travaux à faire, on est rassuré sur l'avenir de nos fils et petits-fils. Mais en Europe, en Afrique, en Amérique, en Asie, où des richesses incalculables attendent le travailleur pour les exploiter, la marge est rassurante.

Les machines sont donc les auxiliaires matériels les plus certains pour l'extinction du sublimisme. Le travail ayant fait la position à chacun, l'enlacement dont nous parlons dans les précédents chapitres ayant mis tous les travailleurs à l'abri des malheurs les plus imprévus, la misère, si effrayante aujourd'hui, atteindra le plus petit nombre et seulement les incorrigibles, car la disparition complète est bien difficile ; la nature a des

bizarreries que l'homme ne peut qu'atténuer. Le sublimisme, en un mot, ayant disparu, les plaintes, les dégradations, les découragements, les hontes, et même
les crimes qui en sont la conséquence, disparaîtront,
la lèpre n'existant plus. Pendant que les travailleurs
s'associeront, se grouperont, pendant qu'un grand
nombre grandiront, deviendront possesseurs, soit par
leur initiative, soit au moyen de l'association, le bien-
être moral et matériel montera.

Il faudra bien que les résistances de nos gouvernants
tombent en présence de cette puissance de l'entente;
ceux qui seront délégués pour faire les lois qui doivent
nous grandir ne pourront pas faillir à leur grande mission. Les travailleurs pourront puiser dans leurs philanthropiques et intelligentes conceptions les éléments
pour arriver plus rapidement à la grande et juste solution, aspiration légitime de tous les travailleurs. L'éducation d'un peuple est longue, le vrai progrès est lent;
cette splendide entente l'activera.

Aidez-vous donc les uns les autres, et vous serez bien
aidés. Plus de sublimes! Quel avenir grandiose! Plus
de sublimes, plus d'abonnés, plus de lecteurs de journaux insensés, plus de passionnés pour la lecture de
ces romans ignobles, où on pose le forçat sur un piédestal; cette prose émolliante jetée au panier, elle tombe,
elle s'annule devant l'indifférence et le mépris. Cette
flagellation du public apprendra aux écrivains que leurs
lecteurs demandent des choses qui les instruisent, les
grandissent, les moralisent, leur développent les bons
sentiments. Plus de sublimes! la tribune de la plume
ne se livrera plus à un dévergondage d'idées plutôt à

effet que sincères; les appels aux mauvaises passions deviennent nuls. L'écrivain licencieux, le journaliste éreinteur, haineux, ne sont pas les coupables, c'est le lecteur; pour lui, sa marchandise s'écoule, donc elle plaît. La presse est le piton après lequel est suspendu la balance de la justice; pour rien au monde il ne faut la supprimer : la justice aveugle, sans sa balance, frapperait au hasard. La presse, cette conspuée, cette méprisée, honnie, emprisonnée, déportée, aurait-elle fait encore cent fois de mal comme celui qu'on lui reproche, qu'il faut à tout prix la soutenir et lui assurer sa liberté. Si l'on était réduit aux journaux encenseurs, que deviendraient les faibles en présence de la lettre de cachet d'un préfet de police, devant les brutalités d'un sergent de ville ou les abus de pouvoir d'un représentant de l'autorité?

Puisque nous parlons des abus de la police, laissez-nous vous raconter comment elle s'y prend pour faire aimer une dynastie.

En mai ou juin 1856, le Congrès de Paris délibérait sur les conséquences de la guerre de Crimée. Nous étions employé chez l'ingénieur Oudry, qui demeurait rue du Bac. Nous fûmes chargé d'aller place Vendôme prendre des renseignements pour le fameux pont de Brest.

Muni des documents, nous voulûmes traverser le jardin des Tuileries. Deux lignes de curieux bordaient l'allée centrale, l'empereur rentrait. Nous attendîmes, silencieux derrière les curieux, que le chemin fût libre pour gagner le Pont-Royal. L'homme de Décembre et son cortége étaient à trente mètres de nous. Sur-

vint un de ces sombres personnages moustachus
qui portent leur estampille jusque dans leur chaus-
sure, qui a un cachet tout spécial; il précédait le cortége, mais derrière le public, et en passant disait :
« Découvrez-vous, messieurs. » Notre attitude indiffé-
rente (remarquez que nous n'étions même pas mêlé à
cette foule avide de voir) le choqua sans doute; il nous
dit d'un ton de commandement : « Découvrez-vous
donc. Même indifférence. » Il s'approcha de nous d'une
façon sournoise, et d'un coup de poing envoya rouler
notre chapeau à cinq ou six pas. Nous ramassâmes notre
couvre-chef et nous fûmes faire le grand tour par la
place du Carrousel, sans même nous retourner : nous
ne tenions pas à faire connaissance avec les gardiens de
Mazas. Tous ceux qui n'ont pas une éponge sous le sein
gauche devineront ce que nous avons éprouvé. Nous ne
pûmes desserrer les dents qu'arrivé dans la rue du Bac.
Ces aimables procédés entretiennent l'amitié. Trop de
zèle, messieurs, dans l'exercice de votre noble mission;
vous communiquez un virus rabicopolitique qui se guérit difficilement.

Que deviendrait l'artisan en présence des injustices et
infamies dissimulées de l'évêque ou du curé? Que pourrait faire le voyageur contre ces compagnies qui vous
transportent avec moins de soin que des marchandises,
et qui vous imposent, de par leurs priviléges, d'absurdes et dures conditions, si ce n'est de subir en payant
l'insolence de leurs employés? Sans la presse que devient la morale? Qui peut condamner les tripoteurs
d'affaires, qui savent passer à travers les articles du
Code, que la justice ne peut atteindre, mais que l'opi-

nion publique appelle des fripons (1)? Comment flétrir
ces individus de talent qui vendent leur conscience, qui
se prêtent honteusement à toutes les lâchetés de ceux
qui les paient? La presse sociale seule peut mettre en
évidence le vendu et le maquignon. Comment ridicu-
liser ces paillasses de la vanité, qui croient être des
personnages parce qu'ils viendront audacieusement
étaler une brillante batterie de cuisine, qu'ils ont souvent mendiée dans les antichambres des chancelleries?
La presse est le pilori auquel on doit clouer toutes ces
turpitudes, toutes ces infamies. La presse doit être l'assistance judiciaire des faibles, la lumière des simples
et l'instruction des éclairés. Ce qu'il faut pour que la
presse se conquière l'estime générale, c'est qu'il n'y ait
plus de sublimes. Plus de sublimes! plus de galerie,
plus d'auditeurs, plus de fanatiques approbateurs, plus
de triomphes à ces tribuns de la violence, de l'éreintement et du bouleversement; la tribune des réunions
publiques sans les sublimes devient une tribune moralisante d'entente, d'instruction, de lumière, un pilori
des immoraux et des méchants. Plus de sublimes! plus
d'admirateurs, plus de chanteurs de gaudriole inepte,
malsaine et démoralisante. Plus de sublimes! plus de
ces trépignements frénétiques, plus d'applaudissements
pour des chanteuses de saletés, débitées avec des gestes
crapuleux; de l'indifférence, voilà tout. De pareils poètes
et interprètes, au ruisseau du mépris! Plus de sublimes! plus de noces à Montreuil; au lieu de flâner
aux barrières, on se rend à sa conférence, à son orphéon,

(1) Le graissage des pattes est une calamité du siècle.

à son expérience, à son cours de science, à la réunion publique, au théâtre où on joue *le Cid* et *la Joie fait peur*, ou à l'exposition de peinture pour y voir un tableau représentant la bataille de Jemmapes ou de Valmy, où les soldats-citoyens sauvent la patrie. Voilà mon rêve.

A tous les réformateurs qui crient, pour arriver à la régénération tant proclamée : Plus de capital, plus d'intérêt, plus de Dieu, plus de famille, plus de propriété, nous répondrons par le cri de nôtre conscience et de notre profonde conviction :

PLUS DE SUBLIMES!!!

FIN

APPRÉCIATIONS DE DIVERS JOURNAUX

SUR *LE SUBLIME*

———————————

Nous pensons être agréable au lecteur en lui soumettant les diverses appréciations de la presse.

Le Siècle du 12 mai 1870 s'exprimait ainsi :

LE SUBLIME

« Une fois — c'est il y a longtemps déjà — nous parlions de faire un livre au peintre Chenavard, qui connaît tant d'hommes et a vu tant de choses; celui-là seul que dans nos grands jours sitôt morts, Ledru-Rollin avait trouvé capable d'écrire l'histoire et les destinées du monde sur les murailles nues et restées nues du Panthéon? « Un « livre! et pourquoi donc? nous dit Chenavard avec ce rire sourd « qui le distingue. Ils sont tous faits, les livres! Les nouveaux, « qu'on ne lit guère, se font avec les anciens, qu'on ne lit plus. « C'est comme les tableaux, » Il avait bien un peu raison dans son paradoxe, ce charmant savant sceptique. Le vieux neuf, en effet, nous inonde. Rien qui frappe désormais, rien qui porte, rien qui vaille, rien qui puisse tenir et faire honneur. En politique, en culte, en art, en vertus, en vices, en mœurs, en institutions, en constitutions, en révolutions, tout est connu, tout a servi, tout est déteint, tout est râpé. Nous n'avons plus que de la friperie. Selon quelques-uns, c'est bon signe. De tranquilles et naïfs philosophes ne manquent point pour nous dire que l'extrême médiocre est l'annonce assurée du très-bien : comme sans doute aussi décrépitude serait un prochain présage de jeunesse!... C'est séduisant à dire aux vieux, mais il ne faudrait pas s'y fier.

« Pour revenir aux livres, en voici un pourtant dont Chenavard ne dirait pas qu'il est fait avec d'autres. Pleinement original, celui-ci, par la forme et par le fond. Une langue personnelle et brutale au service d'observations particulières et inconnues. Au lieu de la plume, une pointe; au lieu d'encre, de l'eau-forte. Un témoignage raide et sévère comme sous serment et devant la justice. Sans haine, nous l'espérons, et sans crainte assurément. Rien que la vérité, mais toute la vérité. Des hommes qui marchent, et qui agissent, et qui se perdent, et qui se tuent, là, sous vos yeux. C'est terrible. Le Sublime veut dire le travailleur tel que trop souvent il est et que ces vingt années dernières et déplorables l'ont fait. A leur frottement malsain, à leur haleine empoisonneuse, peu à peu, toujours plus, l'ouvrier ancien s'est éteint et le sublime s'est engendré. Spontanément. Ces vastes immondices sont fécondes et bien des bêtes en naissent, mais plutôt mauvaises que bonnes. Jolies à voir parfois et aimables même, en passant. Des artistes, à ce qu'elles disent! Tous les mots servent à tout. Il y a le sublime comme il y a le bohème. Bohêmes de la littérature et du théâtre, de la peinture et de la sculpture; sublimes des métaux, du meuble et de la mécanique. Et de même que les bohêmes, les sublimes prennent de haut leur raison d'être et leur noblesse. Génie, lumière, mission, prophétie, sacerdoce! Initiateurs et conducteurs! Volontiers ignorants, mais éloquents. Des tribuns ou des bardes.

Le mot vient d'une chanson. Ces poëtes sont pleins de dangers. Un Béranger du tour de France, comme Pierre Dupont, comme Charles Vincent, M. Tisserand, avait dit :

« Le gai travail est la sainte prière
« Qui plaît à Dieu, ce sublime ouvrier.

« Or, c'est bien le moins, quand on est Dieu, de ne travailler qu'à ses heures; et de même fut un lundi pour certain mécanicien

en goguette, fait comme nous tous à l'image de Dieu, à ce que dit
la Bible. Celui-ci donc se proclama ouvrier *sublime,* parce qu'il ne
travaillait guère. L'adjectif était tombé, l'auteur l'a ramassé. De là
le titre de l'ouvrage. Un bon titre.

« L'auteur était alors contre-maître à Belleville. Franc-Comtois
carré, aux attaches solides, bâti pour n'avoir rien à craindre d'un
homme ni de deux. Le regard droit et franc. Et le cœur, dit-on,
parle dans le regard. Je le crois du sujet que voilà. Il est aujourd'hui
constructeur de machines-outils à La Villette, et son nom, qu'il n'a
pas voulu mettre sur son livre, a compté des premiers dans les
médailles d'argent de Paris l'universel en 1867 et du Havre en 1868.
Ce n'est donc point un gourmandeur, ni un conseilleur sans autorité. Il sait et il a vu, sinon il ne parlerait pas. Il n'a pas fait ceci
parce qu'il avait des loisirs, mais parce que sa conviction l'a pressé.
On voit sa fin dans ses premières lignes : « Nous avons, dit-il, mis
« en tête de ce travail l'énigme posée par la nécessité au dix-neu-
« vième siècle : QUESTION SOCIALE. == Le terrible sphinx qu'on
» nomme le peuple en attend *patiemment* la solution. » Le mot
patiemment vient ici comme ironie, sans doute, ou comme
politesse. Le contraire serait plus vrai. Tous les jours les grèves
le prouvent et coups de fusil n'y peuvent. Le salariat se débat,
mais sa fin est visible. L'association arrive pour le culbuter. La
question sociale est tout entière dans ce remplacement. On ne peut
nier, mais à quoi servirait ?

« Aux champs comme à la ville, c'est l'avenir. Usines et grandes
fermes le sentent. Les gros mots pour et contre n'y feront plus rien.
Elle bout et fermente cette cuve immense des idées, brassant, quoi
qu'on dise et veuille, l'abondant et définitif breuvage où se désalté-
rera un jour l'humanité délivrée. Ce travail, notre auteur en convient, est certainement fait pour troubler et effrayer les gens qui,
plus peureux que sensés, s'arrangeaient du silence et des fêtes, et
vantaient le dogme de la tranquillité absolue. Gens occupés d'eux
et chez eux, lesquels lisent, comme les ministres, les réunions
publiques dans les journaux gouailleurs, et ne veulent pas que les
soupapes *gueulent,* selon l'énergique expression du chauffeur ; sans
savoir, ces pauvres riches, que lorsqu'elles ne *gueulent* plus sous la
cale qui les oblitère, c'est que la machine est bien près de sauter.

« Seulement aujourd'hui encore et provisoirement, le salariat est
la loi sociale, de l'empereur à l'homme de peine. Et tant qu'une loi
de ce genre n'est pas abrogée, il faut la suivre. Autrement tout s'en
irait. C'est pourquoi le mécanicien de La Villette a fait ce livre.
Républicain en même temps que socialiste, et probe par dessus les
deux, il craint que ceux qui, parmi les salariés, ne comprennent
point ou n'observent point les devoirs ordinaires du salariat, ne se
trouvent guère mieux disposés, un jour, pour les devoirs solidaires
de l'association. Il voudrait les ramener, les corriger, leur faire
honte; les empêcher, tout au moins, d'être contagieux et de mauvais
exemple, en sa croyance honnête et ferme que si l'on a violé un
engagement, on les violera tous. Et c'est ainsi qu'il met son livre
comme un miroir devant ces ouvriers irréguliers, afin qn'ils y
voient, et d'autres aussi, leur visage, pour les uns en rougir, et les
autres s'en détourner.

« Et ce n'est pas en peintre qui flatte et qui outre, je vous en
réponds! mais bien et rudement et impitoyablement en photo-
graphe, impassible commissionnaire du soleil! Pour le moment
l'espace nous manque, et jamais autant je ne l'aurai regretté, afin
aussi de faire passer devant nos lecteurs cette galerie vivante, mou-
vante et parlante de profils enlevés sur place aux ardents rayons de
la vérité toute nue. Ceux auxquels il convient que l'on ressemble et
ceux dont à tout prix il faut garder soi-même et les siens. L'ouvrier vrai, qui accomplit ses trois tâches d'engagé, d'homme et de
citoyen; l'ouvrier proprement dit qui transige avec elles; l'ouvrier
mixte, qui se démet de l'une ou de l'autre. Puis le *sublime*, famille
dévorante, parasite, gourmande et vantarde, comprenant cinq
variétés : le sublime simple, le sublime descendu, le vrai sublime,
le fils de Dieu, enfin le sublime des sublimes! Mais nous y reviendrons, parce qu'il le faudra, parce que cela n'avait jamais été dit.

« Jusqu'ici, les écrivains qui font des livres et les avocats qui
font des discours avaient parlé de l'ouvrier en mal ou en bien, et
presque toujours avec trop de l'un ou de l'autre : haine ou amour,
malédiction ou apothéose; les gémonies ou le Capitole. Quand ce
n'était point passionné, c'était rebutant. Quand ce n'était pas un
plaidoyer, c'était un réquisitoire. Et toujours à grand fracas, comme
un prospectus. Pierre d'attente et piédestal, avec le nom dessus :

« un tel, candidat, *fecit !* » Celui qui n'est que témoin, qui ne fait métier ni de parler ni d'écrire, est le premier qui soit venu dire les choses telles qu'elles sont, et les rattacher bravement à leurs vraies causes. Avec un accent, un attrait, un piquant si vifs et si nets, qu'une fois le livre ouvert on s'y plante jusqu'au bout. Vaste champ ouvert à d'autres après lui ! Vaste et profond, mais difficile. »

Le Moniteur universel du 15 juillet 1870, publiait les lignes suivantes :

LE SUBLIME

« Tel est le titre d'un livre que son auteur présente comme une étude sociale. Le sublime, mot qui évoque tout ce qui est beau et grand dans l'œuvre de Dieu comme dans celle de l'homme; le sublime, contraction de sublime ouvrier, est, à ce qu'il paraît, en argot d'atelier, synonyme de noceur.

« Le sublimisme, c'est la noce.

« L'auteur de l'ouvrage nous faisant ces révélations signe D. P. et se donne pour un ancien ouvrier mécanicien devenu patron ; il a divisé son livre en deux parties distinctes que l'on pourrait à la rigueur intituler le *Mal* et le *Remède.*

« La première partie, essentiellement descriptive, aspire au pittoresque du mot et de l'idée; elle essaie de dépeindre d'une façon chaudement colorée la vie de l'ouvrier, bon, médiocre, sublime, et même celle du sublime des sublimes, c'est-à-dire de l'homme vivant aux dépens de quelque malheureuse femme.

« D'après l'auteur, le sublimisme s'est quadruplé en moins de vingt ans, et il entre aujourd'hui 60 p. 100 de sublimes dans la composition de tout atelier; en présence d'un mal social faisant de semblables progrès, il faudrait donc aviser au plus vite, si l'on ne veut que la société moderne ne disparaisse au milieu de quelque épouvantable cataclysme social.

« D'après l'ancien mécanicien, les remèdes à employer contre l'envahissement du sublimisme sont de trois sortes.

« Il faudrait :

« 1° Consacrer 30 millions par an à la création d'écoles professionnelles, remplaçant l'apprentissage et évitant la démoralisation précoce que l'apprenti gagne au contact journalier des sublimes;

« 2° Développer, augmenter, féconder les conseils de prud'hommes;

« 3° Créer des syndicats d'ouvriers, des associations d'ouvriers des assurances et des coopérations entre ouvriers.

« On voit, par cette simple énumération, que l'auteur inconnu ne propose aucun moyen nouveau pour arracher l'ouvrier à la paresse, à l'escroquerie, à la débauche.

« De plus, la mise à exécution des remèdes proposés ne semble pas des plus faciles; ainsi, d'après les calculs établis par le mécanicien réformateur, chaque apprenti coûterait à l'État 2,500 fr. par an, soit, pour quatre années d'apprentissage, 10,000 fr. (1). Autant vaudrait alors constituer à chacun d'eux une rente de 500 fr.; de cette sorte au moins, on sauverait le capital.

« L'auteur faisant, ainsi qu'il le dit, un beau rêve, déchire les voiles de l'avenir et nous assure qu'en 1950, l'Europe sera constituée en grande fédération; que l'*outillage de Badinguet*, lisez les canons, auront été fondus pour faire des machines; que partout le *cheval-vapeur* aura remplacé l'*homme-bœuf*; que, grâce aux écoles professionnelles, le sublime aura disparu pour faire place à l'*ouvrier savant*; que les trois lèpres sociales du *sabre*, de la *toge* et de la

_____

(1) Le lecteur a pu remarquer que nous donnons le chiffre de 2,500 comme ensemble, il jugera du sérieux de la critique du *Moniteur*, qui transforme le chiffre 2,500 en 10,000. L'esprit de parti pousse à la mauvaise foi.

soutane auront été emportées par le vent de la régénération sociale ;
que partout enfin régneront la liberté, l'égalité et la fraternité.

« Ainsi soit-il! et ne réveillons pas un homme bercé par de si
beaux rêves.

————————

Le Journal de Paris du 7 juillet 1870 donnait à ses lecteurs l'appréciation suivante :

« LE SUBLIME, *ou le travailleur comme il est en 1870, et ce
qu'il peut être*, par D. P. — Paris, Librairie Internationale, 1870.

« Qu'est-ce que le *Sublime !* Malgré l'explication dont l'auteur a
fait suivre son titre, ce mot déroute l'esprit. Il est bien connu des
ateliers parisiens, mais les curieux qui s'arrêtent aux vitrines de la
Librairie Internationale le prennent tout d'abord pour un terme de
la langue littéraire. Le *Sublime* est l'ouvrier amateur, qui s'élève
au-dessus des obligations vulgaires du travail et de la famille. Pour
un peu, il traiterait de *bourgeois* celui qui vit honnêtement du
prix de sa journée, et qui partage avec les siens. En un mot, c'est
le mauvais ouvrier ; et, comme le vice a ses degrés, l'auteur distingue entre le *Sublime simple*, le *Sublime flétri*, et le *vrai Sublime*,
d'après ce que chacun de ces types compte, dans l'année, de jours
de paresse, d'ivresse et de détresse.

« Ce livre, où les divisions sont trop nombreuses, où les définitions manquent et sont remplacées par des portraits qui se con-
fondent, n'en est pas moins un des plus curieux et des plus instructifs parmi ceux qui traitent de ce qu'on appelle la question sociale.
L'auteur, un chef d'atelier de Paris, qui a commencé par être un
ouvrier, confesse qu'il n'a point appris à écrire ; mais il a pu étudier
son sujet chaque jour, ayant vécu toute sa vie au milieu des tra-

vailleurs. « Les écrivains, dit-il, parlent du travail avec imagina-
« tion et sentiment;, quelquefois avec justice, généralement avec
« esprit; nous ajoutons : rarement avec une sérieuse connaissance
« du sujet. » Pour nous, nous n'hésitons pas à dire que cette question sociale, qui sollicite tant d'esprits, ne nous a jamais paru aussi
vivement exposée, et même expliquée, que dans l'ouvrage de ce
chef d'atelier, qui ne sait parler que de ce qu'il connaît, et le fait
souvent avec une franchise d'expression très-heureuse.

« On lira avec un singulier intérêt toute la partie de son livre où
il a noté l'idiome propre à la classe dont il décrit les mœurs, celle
des ouvriers en fer et des fondeurs. Cette langue bizarre, sorte de
français en haillons, respire surtout la misère emphatique et mena-
çante. Mais c'est aux remèdes que l'auteur propose à toutes les
plaies qu'il nous décrit que le lecteur s'attachera de préférence.
Instruire l'apprenti en multipliant les écoles professionnelles ; protéger l'ouvrier par l'établissement sérieux de syndicats; assurer
l'épargne par l'association et les assurances; voilà les moyens
principaux que le livre du *Sublime* propose, non point pour supprimer la misère, mais pour faire qu'elle ne s'attache pas de préférence au travail.

« Plus de *sublimes !* s'écrie l'auteur en terminant. C'est là un
vœu honnête et qui veut dire que l'ouvrier doit lutter contre ses
vices, comme un simple mortel ; mais il ne faut point espérer non
plus pour lui, la perfection, et il est plus raisonnable de souhaiter
pour la paix publique moins de paresseux vantards, c'est-à-dire
moins de *sublimes*. »

Le Figaro du 20 avril 1870 s'exprimait ainsi à son tour :

LE SUBLIME

OU LE TRAVAILLEUR COMME IL EST EN 1870

« Je viens de lire les épreuves d'un livre qui paraît demain sous ce titre étrange chez Lacroix, et qui est de nature à jeter une vive lumière sur la question sociale, si universellement agitée en ce moment. Ce livre est signé seulement D. P., et c'est encore une des particularités qui lui donnent plus d'attrait. L'auteur est un ouvrier, qui combat éloquemment les travers des ouvriers, et notamment cette habitude qu'ont prise quelques-uns de ceux qui, précisément travaillent le moins, de se croire appelés à une mission providentielle. Parodiant une chanson populaire, ils disent eux-mêmes : « Ce qui plaît à Dieu, c'est le sublime ouvrier ! » Plus de sublime ! dit l'auteur, mais du raisonnable.

« M. D. P. a une doctrine que je dois ainsi résumer en tête de ce compte rendu :

« Faites des apprentis loin des ateliers, dans des écoles profes-
« sionnelles, où ils apprendront non-seulement le métier, mais
« l'importance du rôle qu'ils sont appelés à jouer, sans s'avilir
« comme quelques-uns, sans se gonfler outre mesure comme
« d'autres. L'atelier est devenu un foyer d'agitations stériles et
« d'ambitions excentriques. Préservez la jeunesse de ses dange-
« reuses leçons, de ses pernicieux exemples. »

. . . .

« J'ajoute que M. D. P. est un partisan de l'association entre ouvriers. Il en cite plusieurs dans son livre qui ont réussi, et notamment celle des maçons et des tailleurs de pierre. Il n'est pas éloigné de considérer l'assurance comme une panacée universelle, et je trouve qu'il n'a pas absolument tort. Il voudrait que le syndicat réglât les coutumes professionnelles, et tous les syndicats non oc-
cultes ont moralisé les professions qui les ont élus. Enfin, suppri-

mant l'apprentissage, il n'a que du bien à dire de la jurisprudence des prud'hommes, et je crois que là-dessus tout le monde lui donnera raison.

« Il me reste à dire deux choses fort délicates de ce livre, qui demain sera un événement.

« La première, c'est que l'auteur est un républicain qui ne pardonne pas à l'Empire son origine, ce qui ne l'empêche pas d'être un homme d'ordre et un juste appréciateur du rôle réel de l'ouvrier dans la société.

« La seconde est que ce livre est aussi intéressant, aussi amusant que les chapitres les plus réussis des *Mystères de Paris*, d'Eugène Sue, ou que les *Scènes populaires* d'Henry Monnier. Seulement, au lieu d'être une collection de peintures colorées ou de croquis fantaisistes, c'est un recueil de photographies d'après nature et sans retouches.

· ·

Après de nombreuses citations, le **Figaro** terminait ainsi :

« Puisse ce livre, si digne d'être lu et médité, servir de document pour l'étude et la solution de la question sociale. »

———

La Cloche des 29 juin et 26 juillet 1870 publiait les lignes suivantes :

LES SUBLIMES.

« Il ne faut pas être dur aux travailleurs de Paris. Leur enfer a des cercles terribles. Ce n'est pas tout que d'en parler à l'aise et, comme disait notre pauvre Fernand Desnoyers, « le dos appuyé « sur sa chaise. » Posture de celui qui ne fait rien. Non. Il faut avoir vu. Alors on devient indulgent et clément.

« Exigez, si vous voulez qu'un homme soit sans relâche au bois ou à la pierre, nous l'admettons. Le bois a des complaisances que le menuisier, le tourneur et le sculpteur connaissent. La pierre n'est pas insensible aux bons traitements.

« Mais le fer, mais le feu ! Point l'un sans l'autre, on le sait : et pour s'en défendre, le forgeron, le mécaniacien, l'outilleur, les hommes à marteau enfin n'ont qu'un ami, le vin ! Ne trouvons point coupables si ces pauvres gens en boivent. Je les ai tant de fois vus, à moitié nus, trempés de sueur dans leurs haillons, souillés de rouille et de suie et de cendre, les cheveux brûlés ; les yeux sanglants, pleurants, aveuglés, n'ayant plus de cils, et au-dessus plus de sourcils ; les mains, les bras, la poitrine, le visage couturés, tailladés, jaspés de paillettes que le marteau fait jaillir rouges en frappant et que la peau déchirée garde ensuite, mémorable et douloureuse mitraille !

« Qu'ils boivent donc et se reposent souvent, ces cyclopes ; ce n'est pas nous qui le leur reprocherons et le leur mesurerons. Qui n'a jamais eu chaud, les lapide si bon lui semble. Le malheur, c'est qu'à leur soif, qu'on peut dire professionnelle, rien ou presque rien de sain ni de bon n'est offert. Des voyageurs, pas toujours sûrs, racontent comment dans certaines fonderies, martelleries et verreries d'Allemagne, la chrétienne attention des chefs a placé des reposoirs où plusieurs fois le jour les hommes, las d'endurer et de respirer la flamme, peuvent rafraîchir leurs membres et soulager leur soif hygiéniquement et gratuitement. Toujours le pays des poètes et des rêveurs, cette Allemagne ! Le sentiment s'y fourre jusque sur l'enclume. Ils savent trop lire ; c'est ce qui les perdra. Nous n'avons point de ces tendresses familières et ridicules. Nous sommes austères. Nous tenons la vie de famille pour particulièrement exquise, adorable et jalouse, et ne permettons pas que celle des ateliers lui ressemble. Nos usines sont des plantations et l'on s'y conduit à la créole. Les nègres y sont à peu près blancs, voilà tout. Puis nous avons de la religion et croyons que le travail est

une punition divine. Il convient donc de ne point l'adoucir. Ce serait aller contre le roman de la Genèse, chapitre « Après la pomme
« mangée. » On ne corrige pas la Bible.

« Et voilà pourquoi chez nous les ouvriers du marteau vont au
cabaret. Le cabaret par lui-même n'est point une mauvaise chose.
On y a la réunion, la communion, la liberté, l'entente. On s'y
connaît, on s'y rencontre, on y parle. Ses murs ont moins d'o-
reilles que ceux de l'atelier. Par-ci, par-là, sur les tables, un journal d'opposition ordinairement.

« Par malheur la conversation excède toujours la halte raisonnable et le besoin satisfait. On est bavard entre souffrants. On est
fier de même et poli. Chacun vaut autant que son frère, et une
tournée en appelle une autre. Puis il y a des jeux, des cartes,
choses damnables et damnées qui, devant nous, arrivent toutes
seules si nous sommes assis. Et, quand on a de la fatigue, il faut
bien s'asseoir. On ne se repose pas debout.

« Et voilà que le cabaret devient funeste, pour y boire et y perdre
l'argent et le temps.

« L'argent n'est pas encore grand'chose, on le regagne. Mais le
temps !

« Sans compter que le vin n'est pas toujours bon, bien s'en faut.
Il est vrai que le reste est pire, grâce à l'impôt.

« Et peu à peu ainsi l'ouvrier du marteau devient un *sublime*.

« A qui la faute ?

. . . .

« Le contre-coup de la boîte a retenu l'adjectif et en a fait un
mot. De lui d'autres l'ont pris, et désormais dans la profession il y
a l'ouvrier et il y a le sublime. L'ouvrier, qui est bon, le sublime,
qui est mauvais.

« Le tout, parce qu'un mécanicien *tombé dans la liqueur*, comme
disent harmonieusement les Anglais, avait mal compris ou mal retenu le refrain de la chanson de M. Tisserand. C'est rude.

« D'autant que, parmi ceux-ci, comptent et abondent des hommes superbes. Qui ne se souvient du rapport adressé par leurs délégués à la suite de l'exposition de 1867 ? Un véritable livre, un
traité, un manifeste, un monument. Ils étaient huit qui l'ont signé,
et leurs noms valent ceux de tous les penseurs, de tous les mo-

ralistes, de tous les peintres : Aubert, Binet, Boullanger, Criès, Deschamps, Larck, Saunier, Sircoulon. Cherchez cela. Lisez leur tristesse et leur douleur, à ces constructeurs de forces productrices et pacifiques, quand ils virent exposés au plus beau rang, gardés et soignés à donner envie, et bêtement admirés de la foule, tant d'instruments de carnage qui furent payés sans marchander, croyez-le bien, tandis qu'à faire le travail bon et humain, personne aujourd'hui, ou guère, ne gagne plus seulement de quoi vivre. A côté de l'histoire et des prodiges de la mécanique, fleuris et enrichis mieux que par aucun de nous, de descriptions saisissantes et de réflexions qui font rêver, voyez là-dedans quelle affirmation brave du génie natif de nos hommes et quelles preuves de la puissance critique de ces batteurs de fer si dédaignés, par leurs chefs, fruits secs de l'École polytechnique et choux-blancs de l'École centrale, des fils de famille, des protégés, des crevés, des idiots. Et si vous saviez quelle misère ! Personne, ou presque, ne prend souci de leur sécurité; de leur bien-être, encore moins, ce serait trop de luxe !

« A peine quelques précautions pour que les prudents ne se tuent pas parmi ces fournaises, ces volcans, ces tournants dans le jet et le trajet de masses brûlantes qui pèsent des milliers, et traversent pourtant l'air comme ferait un fétu, à ces laminoirs qu'un jour j'ai vu prendre au corps un pauvre colosse et nous le rendre feuille de papier, à ces marteaux, pilons ingénieux et terribles qui, selon que vous le voulez, cachètent une lettre ou mettent en poussière un lingot. Savez-vous, songez-vous que de toutes les législatures qui sont passées, pas une n'a dit aux chefs d'usine de répondre des malheurs causés par leur criminelle indifférence, de témoigner au moins quelque pitié, de masquer et cuirasser, comme font les Anglais, les faces périlleuses de ces appareils inexorables. Comme si les ouvriers estropiés, mutilés, broyés étaient de simples fables ! Comme si durant l'exposition même un curieux qui s'approchait n'avait pas eu le bras coupé !

« Reprocher aux gens un verre de vin de trop entre les heures d'une telle vie, c'est y mettre bien de la vertu !

. . . .

« On a la main vive quand on est jeune ; la main et le verbe

aussi. Le *contre-coup de la boîte* de Belleville, devenu chef d'u-
sine, parmi les meilleurs, et inventeur renommé, résolut de faire
un livre pour dénombrer et distinguer les ouvriers selon son cœur,
d'une part ; de l'autre, les *sublimes* selon sa rancune, plus ou moins
descendus. Et quoique n'étant pas du métier, il l'a fait et bien fait,
ce livre, crânement pensé, rudement écrit, avec de la colère un peu'
mais de la foi surtout et beaucoup. Un bon et utile ouvrage neuf
de fond et de forme, ce qui est deux fois rare ; un manifeste éloquent, honnête, concluant et convaincu.

« Les hommes de labeur se trouveront bien de le lire, et les
hommes de loisir aussi ; ceux qui sont payés et ceux qui paient.
Il y a pour tous des leçons énergiques et terribles. L'étiquette est
sur les sacs et les points sont sur les *i*. Tant mieux, car le temps
presse et la mort vient !

« Il ne s'agit plus de barguigner. Donc lisez ceci et n'ayez peur.
L'auteur est Franc-Comtois, du pays de Courbet : point d'ennui
avec ces hommes-là. La plume de l'un fouette le sang comme le
pinceau de l'autre. La chose s'appelle : « QUESTION SOCIALE. —
« Le sublime ou le *travailleur*, comme il est en 1870, et ce qu'il
« peut être. » Un titre mal fait, et qui a le tort de trop généra-
liser. Il ne fallait pas dire le *travailleur*, il fallait dire le *mécanicien*.

« D'abord l'*ouvrier vrai* ; un genre qui s'en va, une antiquité
bientôt, une légende, un phénix, une chimère. Le type par excellence et d'honneur, dit l'auteur. Il en a vu, il en était. Celui-ci
travaille par an trois cents jours pleins, sans accroc, et ne doit
rien à personne. Il a toujours une avance, au contraire, et pourrait
en prêter, au besoin. Il vit en famille et ne sait pas prendre un
plaisir sans ses enfants et sa femme. Il a des livres et s'en sert. Il
se tient propre et bien mis, dans sa personne, ses habits et ses discours. Il est juste. Il sait son droit, mais il sait aussi son devoir et
commence par remplir l'un avant de réclamer et d'affirmer l'autre.
Il est régulier en tout et ne fait rien par empressement ; au contraire des travailleurs à saccades qui donnent des *coups de massage* et *tirent une loupe* après.

« Il est citoyen et à charge, bien entendu de la rendre, il emprunte une demi-journée pour opérer ou vérifier son inscription

électorale. Il est républicain et il sait pourquoi. Les trois mots
flamboyants qu'on adore, il ne les prend pas à la lettre ; il les discute. La liberté finit pour lui quand elle commence à nuire aux
autres. L'égalité est dans les droits, non dans les hommes ; lui,
par exemple, qui fait six jours par semaine et vit sobrement ne
saurait avoir pour égal un sublime qui n'en fait que trois et se grise
les quatre autres. La fraternité viendra, mais, en attendant, ayons
la justice.

« C'est pourquoi ceux qui ne lui ressemblent pas le haïssent. Et
même ils le calomnient. Par induction, tout au moins. Ils l'appellent *roussin*, qui veut dire être de la *rousse*. Il est bien mis :
roussin. Il a de l'argent : toujours roussin. Il n'est pas de l'avis des
sublimes : roussin. Il a voté le dimanche pour travailler le lundi :
« On t'a donc inscrit, toi ? lui dit l'un d'eux. T'as de la chance
« C'est pas possible, t'es donc de la rousse ? » Qu'il y en a parmi
nous-mêmes dont on explique ainsi la vie ! A tout embarras ce mot
salutaire répond : Police.

« Et comme le dimanche, son seul jour de repos, il croit avoir
mieux à faire que de vivre au cabaret, c'est un *aristo* et un *mufe*.
Il fait sa *sophie*.

« S'il a un fils, autant que possible il l'élève dans son état, et le
commence lui-même, tout jeune, au temps libre des soirs ou des
dimanches matin. Quand l'enfant sera grand, ils seront deux amis.
Parfois la mère en rechigne ; de cet aîné, elle aurait voulu faire
un gratte-papier, parce que dans la mécanique on est noir ! « Mais
« non, a dit l'homme. Tu veux donc que ce pauvre garçon meure
« de faim ! Chieur d'encre ! Le dernier des états ! Le diable me
« brûle si jamais Henri devient une marionnette à paperasse. Avec
« un métier manuel, on a toujours le pain au bout des bras. »

« Non pourtant qu'il soit un homme soumis, loin de là. Le présent le serre et l'étouffe ; mais le passé lui répugne et n'est pas
sûr. S'il laisse à d'autres l'action, il garde et cultive la raison.
Assez sont du parti ; il veut être de l'entente et de la lumière. C'est
ainsi qu'il aspire à la position, par son travail uni au travail de ceux
qui lui ressemblent. Sans cet accord et cette harmonie, rien. Lorsque,
en 1848, l'association des mécaniciens reçut 25,000 francs du gouvernement provisoire, il dit : « C'est de l'argent perdu. L'associa-

« tion ne réussira pas ; il y a trop de *fripouille* parmi. Avant dix
« mois ils se *mangeront le nez.* »

« C'est arrivé.

« Après l'exception si restreinte de l'*ouvrier vrai*, vient la quantité heureusement assez forte de l'*ouvrier* proprement dit. De
même que l'autre, celui-ci fait trois cents jours de travail annuel.
Mais sa chronométrie est moins régulière ; elle avance et retarde
par-ci, par-là. Il pratique peu la réserve et la caisse d'épargne ne
le voit pas souvent. Cependant quand il fait des dettes, il désire les
payer et il les paie. Sa famille a son estime et son respect, mais
c'est court : les soins de l'intérieur et la culture morale des siens
le laissent assez indifférent.

« Bien que le dimanche, il les mène volontiers au *Lapin vengeur,*
un restaurant de la porte de Belleville, et quelquefois en revient
la pompe ayant donné deux ou trois coups de trop. Il est gai, et il
est propre ; mais sa tenue ne vaut pas celle de l'autre. Les marchands de vins, par contre, le connaissent davantage. Toutefois il
ne boit point à crédit, et même quand les *coteries* y vont trop fort,
et si quelqu'un parle de *monter la feuillette,* il *se déguise en cerf;*
ce qui est s'enfuir, en argot d'atelier. Langue qu'il parle comme un
romancier.

« Avec ses habitudes un peu lâches, le terme du loyer est sa
douleur. Que de peines et d'épreuves pour mettre de côté tant d'argent ! C'est trop aussi, il faut en convenir. Trente ou quarante
pour cent de la vie. Proportion exorbitante et absurde. Y tiendriez-
vous, messieurs les patrons ? Ce mécanicien fait trois cents jours
au prix de quatre francs que vous lui donnez en espérant ses actions de grâces, total douze cents francs. Ils sont quatre ; le loyer
en prend le tiers. Huit cents francs leur restent pour vivre à quatre;
deux francs vingt centimes par jour ; habillement, chauffage et
blanchissage compris. O la belle existence ! Comme les grandeurs
de Paris qui la lui font doivent le rendre fier, ce patriote. A ge-
noux devant toi, propriété sainte !

« Si la famille a l'appétit de manger quatre livres de pain, elle
n'en mangera que trois, pour l'honneur du terme. On ne peut donc
pas se serrer le ventre ? La quittance ou le congé, souverain de mal-

heur ! Du bœuf, de quoi ? Est-ce que la viande de cheval est faite pour les chiens ?

« Sauf cette ruine inévitable et périodique, terreur sans cesse sur sa tête, assommoir au bout d'un fil prêt à se casser tous les trois mois, les choses vont à peu près pourtant. Il est jeune, il est fort, il se porte bien, il est aimé, il aime. Moins citoyen peut-être, mais plus tendre.

« Tant qu'il peut il établit sa femme crémière, épicière, fruitière, blanchisseuse. Une industrie double l'autre. La paie de l'homme fait aller le commerce de la femme. Les petits y aident, tout marche. On voit des ouvriers qui sont concierges, la femme tient la loge, lui se charge du gros ouvrage, avant de sortir ou en rentrant.

« Paris, sachons-le bien, est le trou où l'on travaille le plus. E le plus dur aussi. Écoutez-en parler, après un mois ou deux, ceux qui sont venus de la province.

« Et vous, heureux paysans, si méprisants quand vous dites : « Si « ces beaux Parisiens étaient obligés de tenir cinq ou six heures « par jour les cornes d'une charrue, ils n'en auraient pas pour « longtemps ; » venez-y donc voir ! Au bout de vingt ans de travail aux pièces, dans cette terrible mécanique, il est possible qu'un homme ne soit pas encore mort !...

« Mais à coup sûr, il est tué. »

Le Nord du 1er mai 1870 s'exprimait ainsi :

BIBLIOGRAPHIE. — « La librairie A. Lacroix, Verboeckhoven et Cie vient de mettre en vente un ouvrage qui a produit un certain retentissement et qui le mérite tant par l'actualité des matières qui y sont traitées que par l'honnêteté et la compétence dont fait preuve l'auteur. Ce livre est intitulé *le Sublime* et a pour but de développer, dans une série de chapitres, parfaitement distincts, la situation de l'ouvrier dans les grands centres, les différentes catégories parmi lesquelles il peut être classé au point de vue du travail et de la moralité, les vices qui rongent le bien-être de la classe ouvrière, le vin, le chômage, etc., etc.; l'influence de la femme sur l'ouvrier, la proportion des travailleurs avec les ouvriers paresseux et incapables, autrement dit les *Sublimes* ou les *Sublimes des Sublimes*, dénomination orgueilleuse que toute une classe d'ouvriers s'attribuent pour se distinguer de leurs camarades consciencieux et réguliers, auxquels, s'il faut les en croire, ils sont de beaucoup supérieurs.

« Ce n'était pas, certes, le premier venu qui pouvait se livrer, en connaissance de cause, à un examen aussi complexe ; hâtons-nous de dire que l'auteur du *Sublime*, qui conserve d'ailleurs l'anonyme, est un ouvrier qui a passé successivement par les différents degrés de l'organisation des ateliers et que son travail a fait patron. De là cette vérité d'accents, cette justesse du terme propre, cette connaissance approfondie des habitudes et du langage de la classe ouvrière, que l'on remarque dans toute cette première partie de l'ouvrage.

« Nous disons première partie, parce que l'auteur, considérant l'ouvrier des grands centres comme un malade à traiter, après avoir scrupuleusement étudié sa constitution et le mal dont il souffre, a consacré les derniers chapitres à chercher le remède : après le diagnostic, le médicament. Eh bien! comme médicaments dans l'ordre politique, l'auteur du *Sublime* demande la réduction des armées, la profusion de l'instruction, la diminution de l'influence du clergé, l'élection de la magistrature par le suffrage universel ; et, dans un ordre plus particulier à l'ouvrier, il réclame des écoles professionnelles, des syndicats, de nombreuses modifications dans les conseils de prud'hommes, des associations ayant pour point de départ dans l'épargne, un grand développement donné aux assurances par les sociétés de secours mutuels.

« Il est facile de voir, d'après ce rapide examen, que de choses il y a dans ce volume le *Sublime*, à quelles questions brûlantes il touche. Ces questions les a-t-il résolues? Le lecteur appréciera. La classe ouvrière souffre, cela est incontestable, d'un mal qui s'accroît tous les jours. Si quelques esprits contesteront les remèdes indiqués par l'auteur du *Sublime*, dans la seconde partie du volume, on ne songera pas à contester la sûreté de coup d'œil et les profondes connaissances dont il fait preuve dans tout le cours de l'ouvrage.

« A un autre point de vue, celui de la forme, le *Sublime* mérite des éloges sans restrictions; c'est un langage clair et sobre, très-approprié au sujet. »

Le Gaulois des 4, 5 et 9 juin 1870 donnait à ses lecteurs l'appréciation suivante :

LE SUBLIME

« N'ayez pas peur; il ne s'agit pas ici, bien entendu, du *Sublime* de Longin, traduit par Boileau. Boileau et Longin ne sont plus dans le mouvement. La question dont je veux vous entretenir est d'une actualité plus palpitante.

« Connaissez-vous ces quatre vers, qui sont le refrain d'une chanson populaire :

« Enfants de Dieu, créateur de la terre,
« Accomplissons chacun notre métier.
« Le gai travail est la sainte prière
« Qui plaît à Dieu, ce sublime ouvrier. »

« Il paraît que les ouvriers de Paris, quand ils s'offrent une tournée chez le marchand de vins, et que l'un d'entre eux hésite ou refuse, emploient ce dernier argument : Viens donc, espèce de mufle, tu ne sais donc pas que ce qui plaît à Dieu, c'est le sublime ouvrier.

« De cette plaisanterie, plusieurs fois répétée, est sorti le nom de *sublime,* que l'on applique à l'ouvrier fainéant et godailleur. L'autre, le bon, le travailleur honnête et consciencieux, s'appelle tout simplement l'*ouvrier.* Du *sublime* est né le *sublimisme,* pour exprimer cet esprit de paresse et d'inconduite qui constitue le *sublime.*

« Ces détails nous sont donnés dans un ouvrage très-curieux qui a pour titre : *Le Sublime ou le Travailleur en* 1870. Il n'est pas signé; mais l'homme qui l'a écrit est un ancien ouvrier, qui est à son tour devenu patron; c'est lui-même qui le déclare : « Pendant « plus de vingt ans, dit-il, nous avons collaboré avec plus de dix « mille travailleurs, d'abord comme compagnon, puis comme « chef. »

« Il aurait pu, comme un autre, faire de belles phrases sur la question sociale et donner dans les théories aventureuses. Il a préféré nous dire les mœurs des ouvriers, leur vie de tous les jours, et leurs chagrins, et leurs plaisirs, et leur argot. Il a écrit un livre unique, bien plus vivant que les statistiques officielles, bien plus instructif que les spéculations des philosophes humanitaires et autres.

« Je l'ai lu et relu avec une curiosité passionnée, et je crois faire plaisir au public qui n'a pas le temps d'étudier ce volume en choisissant parmi ces renseignements de toute sorte les plus caractétistiques et les plus amusants.

« L'auteur divise ses ouvriers en huit classes ou types :

« 1. L'ouvrier vrai,

« 2. L'ouvrier,

« 3. L'ouvrier mixte,

« 4. Le sublime simple,

« 5. Le sublime flétri et descendu,

« 6. Le vrai sublime,

« 7. Le fils de Dieu,

« 8. Le sublime des sublimes,

« Cette classification est un peu arbitraire, comme on pense bien, mais elle est commode. Les trois premiers types montrent le bon ouvrier, à trois échelons ; les trois suivants montrent le sublimisme, tombant de chute en chute, au dernier degré de l'abjection ; les deux derniers représentent l'ouvrier instruit, mais d'une nstruction fausse et incomplète, qui met son intelligence au profit des théories souvent absurdes, toujours autoritaires ; qui mêle presque toujours à la dissipation du fainéant et du débauché les prétentions de l'apôtre.

. . . .

« De tous les saints du calendrier, celui que fête le plus volontiers le sublime est le Saint Lundi ; chacun sait ça. L'auteur du livre met en fait que le sublime simple, qui est encore pour lui un bon ouvrier, mais sur une mauvaise pente, ne fait guère plus de deux cents à deux cent vingt-cinq jours de travail par année. — Les autres jours sont des lundis, qui se prolongent souvent jusqu'au mercredi soir.

« Du dimanche, il n'en faut point parler.

« Le sublime, il est vrai, le respecte en ne travaillant pas. Mais ce jour-là, il ne se *met point en bordée*, pour user de son argot. Ce n'est pas que l'envie lui en manque ; mais les amis sont dispersés. Chacun fait ses achats, ses courses, les affaires du ménage. Le lundi, au contraire, ils arrivent tous pour travailler.

« On se rencontre à la porte de l'atelier ; tous sont dans les meilleures dispositions du monde. On ne parle que d'abattre de la besogne ; mais auparavant, il faut se rafraîchir et se donner du cœur au ventre.

« Le *mastroquet* n'est pas loin. On y entre.

« — Allons ! dépêchons-nous ! C'est moi qui régale !

« Ils accourent, se bousculant, chez le marchand de vins ; ils ont tous l'air de se presser :

« — Voilà la cloche ; filons ! dit un sage.

« — Qu'est-ce qu'il nous *enmoutarde* donc, celui-là, avec sa cloche ? Si je me casse un abattis aujourd'hui, ce ne sera pas dans *la boîte !*

« J'ai fort entendu parler des sublimes, depuis que j'ai écrit sur eux les articles que vous avez lus.

« — Voilà qui est bien, m'a dit un homme sensé, un de mes anciens camarades d'école, le même qui donne en ce moment au public savant une nouvelle et définitive édition de Virgile, Gustave Benoist, professeur à la Faculté de Nancy. Mais crois-tu donc qu'il n'y ait de sublimes que chez les ouvriers en fer? Il s'en trouve dans toutes les classes, dans toutes les conditions, dans tous les métiers, le sublimisme est, à vrai dire, le mal français par excellence. Et, nous mettant à philosopher là-dessus, nous en vînmes, pour examiner la question sous toutes ses faces, à chercher les éléments dont le sublimisme se compose.

. . . .

« Le vrai sublime — c'est mon auteur qui parle — est vantard en diable et *crâneur* comme pas un. Au comptoir du marchand de vin dont il fait ses galeries, il dit que ce n'est pas lui qui bouderait devant un coup de tampon. — « Ah! si on l'embête, il cassera les « reins à toute la boîte! » Pure crânerie, dite pour *épater* son auditoire, car il est bon diable, au fond. Mais dame! *gueulard* et *esbrouffeur*, comme disent les autres.

« Dans un atelier, s'il a travaillé à une machine, n'y eût-il mis qu'une goupille, c'est lui qui l'a faite. Écoutez-le raconter ses hauts faits :

« — C'est lui qui montait les presses chez Saulnier, de la Monnaie; c'est lui qui a monté la colonne de Juillet; si Julien ne l'avait pas eu il y a longtemps qu'elle serait en bas; c'est lui qui a monté le pont des Saints-Pères. Polonceau l'aimait bien; c'est lui qui a forgé la mèche pour le puits de Grenelle : son patron en a été décoré.

« A la pompe à feu de Chaillot ça n'allait pas, on est venu le chercher, il était chez Chose; en deux heures il a trouvé le joint, ça marche encore comme il l'a arrangé.

« M. Lebas allait faire un *lou*, il a été le trouver, il lui a expliqué son truc; il a compris et s'en est servi, sans cela l'obélisque n'aurait pas bougé. Il a bien le droit à son petit bout de ruban, etc., etc.

. . . .

« Sublimes, les incompris qui se plaignent toujours du destin.

Sublimes, les ministres qui étalent des programmes magnifiques, qui sont pénétrés de leur importance, qui ont sans cesse le *je* ou le *moi* à la bouche, et n'avancent à rien, ceux dont le ministère a été si plaisamment nommé : *le ministère des calendes grecques.*

« Sublimes, en un mot, tous ceux dont le proverbe dit qu'ils font plus de bruit que de besogne, qui unissent, à quelque degré que ce soit, ces deux éléments si pleins d'affinité l'un pour l'autre, la paresse et la pose.

« Que de sublimes en France !

« Ne crions donc pas contre les ouvriers; ils n'ont pas plus de sublimes que la bourgeoisie. Le sublime, chez eux, semble plus dégradé. C'est tout simplement que ses manières sont moins bonnes ; les mœurs sont les mêmes, dans les deux classes, et je ne donnerais pas plus cher de l'une que de l'autre. »

La Presse grayloise du 17 février 1872 contient les lignes suivantes :

« Un de nos compatriotes a publié, sous le titre *le Sublime*, un ouvrage remarquable par une observation sagace et méthodique de la classe ouvrière, et la recherche consciencieuse des moyens et des institutions propres à en faire disparaître une grande cause de démoralisation. A l'inverse de cette littérature de mauvais aloi, qui n'a présenté au peuple que l'image séduisante de ses vices, de cette politique trop ignoble pour qu'on l'appelle démocratique qui excitait les ouvriers à s'enorgueillir d'eux-mêmes, à jouir de la vie et à admirer des rhéteurs pleins de promesses, l'auteur du *Sublime* étudie avec la précision de l'expérience les différents degrés de corruption dans les masses, et décrit, comme un médecin décrirait les symptômes d'un état morbide, les types., les caractères, mœurs et phénomènes de toute nature qui en sont le produit et sous lesquelles elle se manifeste.

« Poursuivant les faits dans leurs conséquences, il ramène à ces causes réelles l'esprit de trouble et d'inquiétude qui travaille dans les centres la population ouvrière, du moins une certaine population ouvrière. En même temps qu'il analyse le désordre, il fait voir dans la même sphère des éléments d'ordre et de sagesse, auxquels il est possible, par des combinaisons intelligentes, d'assurer une influence directrice. A l'ouvrier immoral, dont il connaît à fond les habitudes, les ruses et la passion pour les chimères socialistes, égale à sa paresse et à sa dépravation, il oppose le caractère digne et ferme de ce qu'il appelle l'*ouvrier vrai*. Les procédés des corrupteurs d'ateliers sont dévoilés avec une pénétration particulière. Dans ces détails, d'une si scrupuleuse exactitude, dans ces physionomies reproduites avec tant de vivacité, dans ces dialogues qu'on croirait entendre avec l'accentuation insolente du Parisien de bas étage, on sent que l'auteur n'a rien écrit qu'il n'ait vu et entendu.

« Le langage de l'auteur est simple, lucide, en rapport avec le sentiment de vérité et l'esprit de progrès qui règnent dans l'ouvrage. »

———————

M. Le Play, dans *la Paix sociale* (page 17), recommande la lecture de notre livre : *le Sublime*, ou le Travailleur comme il est en 1870.

Le Tintamarre du 19 juin 1870 donne l'appréciation suivante :

LE SUBLIME.

« **Le Tintamarre** ne fait pas souvent d'éloges, mais lorsqu'il s'en mêle, on est tenu de le croire sur parole.

« Nous recommandons donc à nos lecteurs le nouveau livre de M. D. P., dont le titre est sus-indiqué.

« On jugera facilement de l'intérêt qu'offre ce livre qui retrace la vie de l'ouvrier d'une originalité toute particulière. »

La Petite Presse du jeudi 2 novembre 1871 insérait l'appréciation suivante reproduite par *le Courrier de la Champagne* du 3 novembre :

L'OUVRIER VRAI.

« Notre intention était de vous présenter aujourd'hui un type extrêmement sympathique : l'*ouvrier vrai*, et de le mettre en parallèle avec le *faux ouvrier*, et déjà nous avions préparé notre palette et notre pinceau, lorsqu'un de nos amis, très-expert dans les choses qui concernent les travailleurs, nous a fait très-justement remarquer que ce type de l'ouvrier véritable avait été déjà dessiné si fidèlement et si vigoureusement par un peintre de haute compétence, que ce n'était vraiment pas la peine de risquer de gâter son œuvre pour l'unique et frivole satisfaction de faire autrement que notre prédécesseur.

« Et comme nous nous sommes rendu à cette judicieuse obser-

vation, on nous a tout simplement mis sous les yeux l'intéressante
figure que nous eussions peut-être manquée, et qui a été enlevée
avec tant de talent par l'auteur du *Sublime*.

« Rassurez-vous, lecteur ! Il ne s'agit pas ici du *Sublime* de Longin, et la rhétorique est heureusement étrangère à cet article.

« Le *sublime* est tout simplement un terme d'atelier par lequel on
désigne le mauvais artisan, celui qui ne travaille qu'en apparence,
et qui tout naturellement est la contre-partie de l'ouvrier *vrai*.

« L'ouvrier vrai, dit notre auteur anonyme, — car celui qui a fait
ce beau livre sur le *sublime* a eu le rare courage et l'étonnante
modestie de ne pas se nommer ! — l'ouvrier vrai, dit-il, est le type
par excellence, l'homme d'élite qui fait au moins trois cents jours
de travail par année, et qu'on estime partout à l'égal du patron à
cause de son utilité et de son honorabilité. »

. . . .

« L'auteur que nous suivons accentue encore le portrait de l'ouvrier vrai et la différence profonde qui existe entre lui et le *sublime*. Nous ne le suivrons pas dans tous ses développements,
l'espace nous étant compté. Et c'est dommage. Mais si le peu que
nous avons reproduit ici opère quelque conversion dans les rangs
des *sublimes* et augmente ceux des *ouvriers vrais*, nous aurons
acquis la meilleure récompense du monde de notre rôle d'écho et
de propagateur des saines idées. »

Le XIXᵉ Siècle du 23 novembre 1871 donne l'appréciation suivante :

« Je ne sais qu'un livre qui m'ait autant amusé : c'est *le Su-*

blime, où un ancien ouvrier mécanicien avait compté, sans phrases, ne donnant que des faits exacts et précis, la vie de l'ouvrier parisien. C'était d'un style médiocre ; mais quelle précieuse mine de renseignements vrais ! comme on sentait que celui qui écrivait ainsi ne disait que ce qu'il avait vu de ses yeux, qu'il était sincère avec lui-même, et de bonne foi avec le public.

« Tout ce que je sais de l'ouvrier de Paris me vient de là. »

————

Les Nouvelles du 28 avril 1870 s'exprimaient ainsi :

LE SUBLIME

OU LE TRAVAILLEUR COMME IL EST EN 1870.

« Voici un livre sincèrement réaliste, dans la meilleure acception du mot.

« C'est la peinture franche, vivante et vraie du travailleur tel qu'il est en 1870, avec ses défauts, ses vices, mais aussi ses immenses qualités, qui lui réservent le bonheur dans l'avenir, s'il sait les diriger vers un but honnête et juste.

« Ce livre, nous n'en doutons pas, aura un grand retentissement parmi tous les hommes qui s'occupent de la grande *question sociale,* problème ainsi posé par l'auteur :

« Étant donné le travail, déterminer la plus grande somme pos-
« sible de bien-être à tous, en respectant le droit et la JUSTICE. »

« Et il ajoute :

« Tout individu qui s'occupe de la question, c'est-à-dire du bien-

« être de ses semblables, est un socialiste; le monde se compose
« de deux espèces d'individus : les *égoïstes* et les *socialistes*. »

. . . .

« Une de ses conclusions, c'est qu'il ne faut plus faire d'apprentis
dans les ateliers. C'est, dit-il, un devoir social, capital, urgent,
préssant, qu'il faut remplir non pas demain, mais aujourd'hui.

« Il se déclare partisan des écoles professionnelles, de l'instruction obligatoire, de la justice élective et gratuite, de l'abolition des
armées permanentes, enfin il conserve une foi robuste dans l'avenir
de l'humanité.

« L'auteur de ce curieux travail signe modestement D. P. « Mon
« nom importe peu, dit-il ; toute la valeur de mon livre réside dans
« les idées que j'émets. » Il se donne le titre d'ouvrier, et nous serions
tenté de le croire sur parole en lisant les mille détails de la vie
intime de l'ouvrier qui fourmillent dans son utile ouvrage. »

La Revue Industrielle du 20 juin 1870 contient les lignes
suivantes :

LE SUBLIME

OU LE TRAVAILLEUR COMME IL EST EN 1870.

. « Après avoir lu cette remarquable étude sur la question du travail
et des travailleurs, nous regrettons sincèrement de ne pouvoir dans
cette revue nous occuper d'économie sociale, *dura lex, sed lex*, et
nous nous contenterons d'une analyse rapide de ce livre.

En recommandant la lecture du *Sublime* à quelques amis s'intéressant comme nous au progrès, nous avons entendu répéter l'éter-
nelle question qui salue l'apparition de tout livre nouveau : Est-ce
bien écrit? Décidément Brid'oison avait raison : La forme, toujours
la forme. Pour répondre à cette question, nous citerons autant que
possible l'auteur, qui nous dit s'être inspiré du conseil de Lamartine
à un débutant : « Écris avec ton cœur, » et qui, en parlant de ce
qu'il savait bien, a confirmé le précepte de Boileau.

« Le livre est divisé en deux parties. La première a pour but l'exposé très-sincère de l'état morbide actuel de la classe laborieuse.
Elle nous présente une série de photographies exactes et bien venues
des divers types d'ouvriers, depuis l'ouvrier honnête et laborieux
jusqu'au paresseux ivrogne et vantard. Quelques pages émues sont
réservées à la femme du travailleur, et une série d'études vigou-
reuses et colorées nous initient au langage et aux mœurs des sublimes. La seconde partie est consacrée aux réformes nécessaires
pour améliorer la situation morale et matérielle des travailleurs. »

L'**Harmonie sociale** du 1er juin 1870 s'exprimait ainsi :

LE SUBLIME

OU LE TRAVAILLEUR COMME IL EST EN 1870.

« Nous avons annoncé cet ouvrage dans notre dixième livraison, mais cela ne suffit pas pour une œuvre aussi importante que celle-ci, car il ne faut laisser sous le boisseau ni la lumière ni les bons livres qui en sont la source. Du reste, la question sociale du travail et des travailleurs est assez palpitante pour exciter non-seulement la curiosité de nos lecteurs, mais encore toutes les fibres de leur cœur et toutes les puissances de leur esprit.

« Le terrible sphinx qu'on nomme le peuple, dit l'auteur, en « attend patiemment la solution du génie humain. »

. . . .

« OUVREZ LE SUBLIME ! c'est une peinture vivante, tracée un peu chaque jour, sur place et dans toutes les circonstances où l'ouvrier se trouve d'ordinaire, soit au travail, soit en famille, soit au foyer de sa corruption. — OUVREZ LE SUBLIME ! et, en une semaine, vous aurez une idée très-saine de l'ouvrier. — OUVREZ LE SUBLIME ! vous trouverez dans la première partie des types qui nécessairement ont échappé à la conception des savants : un ancien ouvrier, sorti de l'école de Châlons, et successivement contre-maître et patron, vous dit, en un langage expressif, original et franc, ce qu'il a appris, vu, observé, noté, entendu et fait avec et pour l'ouvrier.

. . . .

« La seconde partie a pour objet diverses questions sociales importantes. Nous signalerons le chapitre intitulé : *Réflexions politiques,* qui contiennent des principes d'une sagesse indiscutable, notamment celui-ci : « Les monceaux de cadavres que produit une révolu-« tion inspirent assez d'horreur pour qu'on abandonne à tout jamais « un pareil moyen.... »

. . . .

« Qu'on lise bien, qu'on médite et qu'on relise ce livre, on apprendra beaucoup et sans peine, on sera vite initié aux vertus et aux scandales ouvriers. *Les praticiens* n'auront plus qu'à se mettre à l'œuvre; eux seuls peuvent résoudre en grande partie le problème social qui se dresse devant la société. »

Dans le numéro du 1er mai 1870, il y avait déjà une première appréciation.

Le Porte-Voix du 25 juin 1870 donnait l'appréciation ci-après :

LE SUBLIME.

« Voilà enfin un livre ! un vrai et bon livre, écrit avec la vigueur d'un citoyen et la lucidité d'un véritable observateur ! Depuis vingt ans, il ne nous a pas été donné d'en lire un pareil.

« Certes, prendre l'ouvrier corps à corps, l'étudier minutieusement dans sa vie privée et dans son existence publique, le peindre tel qu'il est, sans parti pris de dénigrement comme sans parti pris d'apologie, révéler ses vertus, ses peines, ses dévouements, et mettre aussi en lumière ses vices, son intolérance, ses dégradations, c'est là une œuvre méritoire à une époque où tous les esprits d'élite, à quelque parti qu'ils appartiennent, sentent le besoin de se faire une alliée de cette force de l'avenir.

« C'est là ce qu'a entrepris et fait avec succès M. D. P. ; son livre, qui est la plus vraie, la plus sincère, la plus courageuse peinture du monde des travailleurs, a déjà recueilli le succès qu'il mérite : une première édition épuisée en quelques jours en est le meilleur témoignage.

« Ce titre, *le Sublime*, a quelque chose de si sérieux de prime abord, que bien des gens, pensant qu'ils ont devant les yeux des considérations ultra-philosophiques, pourraient se sentir disposés à rejeter le livre. Mais qu'ils l'entr'ouvrent seulement, qu'ils risquent un œil, qu'ils en lisent une seule ligne, et je les défie de ne pas dévorer le volume d'un bout à l'autre. »

« Déjà *le Porte-Voix* a indiqué, dans sa Revue du Salon, la marche ascendante de l'art pictural. Or, il est à remarquer que ce sont ceux-là seuls qui ont apporté à leur œuvre la sincérité, l'observation juste de la nature, ce que les amateurs de la forme conventionnelle ancienne ont appelé le réalisme ; les Courbet, les Chintreuil, les Corot, qui sont les auteurs du progrès que nous avons été heureux de constater. M. D. P. est le frère de ceux-là ; il décrit comme les autres peignent ; il a son modèle qui pose devant lui, et, sans parti pris, d'une touche large et vraie, il peint ce qu'il voit, il répète ce qu'il entend. Le lecteur émerveillé assiste à la révélation de tout un monde inconnu, tantôt plein de lumière, tantôt noyé dans l'ombre comme une tête de Rembrandt ou de Ribeyra. »

. . . .

« Pour nous qui avons lu et relu le livre, il ne nous reste qu'à conseiller à nos lecteurs de nous imiter; nous sommes certain par avance qu'ils nous remercieront de notre conseil. Toute la seconde partie du livre, traitant du remède à apporter pour guérir le mal signalé dans la première, tient de trop près aux questions politiques et sociales pour que nous nous hasardions à en faire l'analyse. Qu'il nous suffise de dire que les chapitres le *Chomage*, *Réflexions politiques*, et surtout celui *des Apprentis*, contiennent en germe le remède cherché. Le conseil donné par l'auteur de supprimer l'apprentissage dans l'atelier, séjour dangereux pour l'enfant, stérile faute d'émulation, fatal presque toujours par le mauvais exemple, et de le remplacer par l'éducation donnée dans des écoles professionnelles, nous paraît contenir la solution du problème.

« Dans l'atelier, l'apprenti placé près du sublime, confié à ses soins, en même temps qu'il se fortifie dans son état, prend des leçons de sublimisme; tout jeune, il fume, il chique; il est déjà flétri par une science précoce des habitudes vicieuses; le cabaret lui ouvre ses portes et le trouve tout prêt à s'engloutir dans ce gouffre qui le dévorera.

« Nous nous résumons; et encore une fois nous remercions M. D. P. de l'acte de courage qu'il vient de faire; mais nous ajoutons qu'une tâche si bien, si habilement commencée, ne saurait être si vite terminée. Quand on écrit comme lui et qu'on pense noblement, on n'a pas le droit de s'endormir sur un premier succès. Nous lui signalons comme une étude non moins intéressante que celle que nous venons d'analyser, la physiologie des sublimes bourgeois. Un homme qui a étudié si profondément les ouvriers ne peut pas ne pas connaître les employés, les patrons, les marchands. Donc, nous attendons avec impatience la seconde partie du *Livre des Sublimes*. »

A M. D. P.

Mon cher Monsieur,

C'est avec le plus vif intérêt que j'ai lu votre remarquable exposé des mœurs ouvrières de Paris; je vous en fais mes compliments. Quelque navrant que soit le portrait du *sublime*, vous avez eu raison de le donner. Il faut connaître toute la vérité; et c'est parce que vous la connaissez bien que vous avez pu, à la fin de votre ouvrage, développer avec tant de clarté les moyens pratiques pour arriver à une harmonie sociale aussi complète que le permet notre pauvre nature humaine.

En fait de critique, je ne me permettrai qu'une seule observation au sujet des syndicats professionnels, dont je voudrais voir les attributions s'étendre, sans distinction de classes, à la vie civile et nationale. Je suis convaincu qu'ainsi complétés, les syndicats deviendront la base inébranlable de notre existence sociale et politique, et seront en même temps l'intermédiaire naturel des relations de peuple à peuple, qui finiront bien certainement un jour par abandonner l'horrible champ de bataille, pour s'entendre sur le champ autrement fécond des questions économiques. Entente commencée déjà par les commerçants libres échangistes de tous les pays, et qu'espèrent obtenir les grèves d'ouvriers se soutenant sans distinction de nationalité, mais qui ne sera définitive que lorsque ces grèves, comme vous le dites fort bien, seront d'un commun accord supprimées par le fonctionnement conciliateur des syndicats.

Pour moi, le syndicat résume tout; il résout toutes les difficultés qui nous divisent encore, et je crois tellement à son efficacité, que, de déductions en déductions, je suis arrivé à proposer le syndicat des Banques nationales endossant mutuellement leurs billets afin

de leur donner cours public partout sous le nom de « Banque universelle, » qui sera le premier pas fait vers le congrès des nations
et la paix universelle.

J'ai essayé d'exprimer ces idées dans plusieurs articles publiés
par *l'Universel*, en novembre 1869 et janvier 1870. Je vous trans-
cris le passage qui a rapport aux syndicats. Je dois vous dire que
c'est à l'époque des élections de Paris que, frappé de l'indifférence
presque générale de mes concitoyens, et surtout du manque de renseignements nécessaires au choix de nos représentants, j'ai eu l'idée
d'étendre les attributions des syndicats professionnels à la vie politique. Voici ce que j'écrivais à ce sujet dans *l'Universel* du 26 novembre 1869 :

> L'homme n'est coupable que s'il est respon-
> sable, il n'est responsable que s'il est libre,
> il n'est libre que s'il est instruit

Combien de gens, confondant encore les criailleries révolutionnaires et les sourdes intrigues du pouvoir avec l'organisation politique et économique du pays, si essentielle à l'existence de la société,
se font gloire de dire : « Je ne me mêle jamais de politique. Je
laisse ces choses-là à ceux qui en font leur métier. Ça m'est égal,
je ne m'occupe que de mes affaires personnelles. Si je vote, c'est
déjà bien assez ! » On croirait vraiment, à entendre de telles paroles,
que l'intérêt particulier peut s'isoler de l'intérêt général. Et pourtant ce sont des hommes de grande intelligence, et d'une sévérité
extrême toutes les fois qu'il s'agit de leurs intérêts privés, et qui ne
confient leur fortune, même à un ami intime, qu'après s'être entourés des plus minutieuses précautions stipulées dans une pro-
curation notariée.

Pourquoi donc agir moins sérieusement pour les affaires publiques, qui ont une influence si grande, quoique indirecte, sur la
richesse particulière ? Pourquoi donc laisser aux derniers moments,

et presque sans contrôle, le choix de nos représentants, à qui nous
donnons le droit de disposer de notre fortune par les impôts, et de
notre personne par la conscription?

Dans un pays démocratique qui ne veut plus de révolutions, et
veut être digne de la liberté, la politique ne doit pas, ne peut pas
être un métier; elle est l'expression du concours de tous.

L'industriel, membre du syndicat spécial à sa branche d'industrie,
fait-il un métier parce que, dérobant quelques heures par semaine
à ses affaires personnelles, il prend part aux travaux du syndicat
nécessaires pour améliorer les règlements de son industrie ou pour
apprécier et juger les hommes qui doivent la représenter aux
chambres et aux tribunaux de commerce? Nous affirmons que non.

Eh bien! sans rien changer à ces syndicats reconnus si utiles à
l'agriculture, au commerce, à toutes les professions aussi bien qu'à
l'employé et à l'ouvrier salariés, qu'un ou plusieurs membres ac-
ceptant une délégation volontaire, se réunissent (ne fût-ce qu'une
heure par semaine) en un *Syndicat national* centralisant les renseignements, les aspirations de chaque spécialité et classifiant sans
partialité les titres de chacun de ses membres, afin qu'il soit facile
d'apprécier quelles sont les meilleures lois à proposer et les hommes
les plus capables par leur expérience et leur intégrité de les faire
exécuter.

Ces syndicats ne seront pas des clubs d'orateurs à sensation ou à
propositions extravagantes; ce seront des réunions pacifiques de
délégués de toutes les branches de la société où chaque membre
sera contrôlé par son dossier public. Ces comités seront l'expression
vraie, la plus tangible de l'expression publique; ils seront au pays,
si nous osons nous servir de la comparaison, ce que sont aux villes
financières les Clearing Houses qui, en quelques instants, règlent
chaque jour des milliers de transactions diverses faites dans tous
les pays du monde.

Alors, les candidats ne brigueront plus les suffrages. Les électeurs
offriront spontanément la candidature aux hommes reconnus les
plus dignes.

Que ces syndicats n'agissent pas seulement dans les grandes
villes, qu'ils s'étendent jusqu'à la campagne. Que chaque commune,
pépinière indispensable du bon administrateur, maîtresse absolue

de ses destinées, discute publiquement les questions spéciales d'intérêt local. Que le paysan, si fin, si plein de bon sens, malgré son manque d'instruction, prenne part à ces discussions : plus il trouvera de difficultés à bien exprimer son opinion, plus il reconnaîtra la nécessité de l'instruction, qui deviendra ainsi *Self-obligatoire*, à un tel point que le paysan sera le premier à voter l'impôt nécessaire à la gratuité de l'instruction. Ajoutons ici comme complément de l'instruction primaire gratuite pour tous, la liberté pleine et entière de l'instruction secondaire et supérieure, qui en stimulant l'instruction féodale de l'État, formera les hommes pratiques supérieurs qui conviendront aux besoins des temps présents, dont la devise : « *Sua hominem docet experientia* » devrait être inscrite sur toutes nos écoles, comme le *Mane Thecel Pharès* de nos générations.

Que la commune organise aussi son syndicat volontaire communal, dont les délégués volontaires (toujours rien d'officiel) formeront le syndicat départemental ou provincial.

Parmi ces délégués qui représentent déjà l'élite de la nation, il nous sera facile de choisir nos députés officiels à l'Assemblée nationale.

Cette représentation nationale, véritable gouvernement du pays par le pays, n'aura plus qu'à compulser et à voter des lois indiquées et presque faites d'avance par l'ensemble du pays. Alors débarrassés du souci de tel ou tel gouvernement à conserver ou à renverser, nous jouirons de l'organisation politique et de la liberté, sources vivifiantes des améliorations sociales qui apparaissent à travers les utopies des différentes écoles comme un spectre terrible réservé à l'avenir, et qui, en réalité, ne sont, comme l'a dit Proudhon, que le règne du bon sens libéré de toutes entraves.

Nous le répétons, il n'est pas nécessaire de courir de club en club, ni d'ériger en permanence une tribune parlementaire dans chaque maison, chaque bureau ou chaque foyer domestique; il suffit que chacun nous voulions prendre au sérieux les affaires publiques et leur consacrer plus d'attention, et que nous nous pénétrions bien de cette équitable et infaillible maxime : « L'accomplissement seul des devoirs sociaux donne à l'homme le droit à la liberté de tout apprendre, de tout dire, pour avoir la responsabilité de tout faire bien. »

Liberté et responsabilité s'équilibrant pour assurer l'ordre dans la société ; loi divine immuable par laquelle Dieu a fait l'homme l'Être supérieur de la création.

. . . .
. . . .
. . . .

J'espère, mon cher Monsieur, que des hommes pratiques comme vous voudront bien étudier cette idée. En tous cas, je vous réitère mes remerciments pour le plaisir que j'ai eu de lire votre livre, et vous prie d'accepter mes sentiments d'amitié.

EMILE GRANIER.

Paris, 3 novembre 1869.

Outre la critique de la presse, nous avons reçu une quantité considérable d'appréciations d'ouvriers et de chefs d'industrie que le manque d'espace nous empêche d'insérer.

TABLE DES MATIÈRES

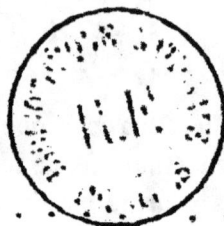

PREMIÈRE PARTIE

DEUXIÈME PARTIE

———

Paris. — Imp. Émile Voitelain et Comp., rue J.-J.-Rousseau, 61

LIBRAIRIE INTERNATIONALE

A. LACROIX, VERBOECKHOVEN & Cⁱᵉ, Éditeurs

13, boulevard Montmartre et faubourg Montmartre, 13

HISTOIRE

DE LA

CAMPAGNE DE FRANCE

1870 - 1871

Par F. DELAUNAY

2 vol. in-8º. paraissant en dix fascicules de 80 pages environ,
avec huit cartes, au prix de 1 franc le fascicule.

L'OUVRAGE COMPLET, 2 VOL. IN-8º : 10 FRANCS

La France, violemment disjointe, est rendue enfin à
elle-même. Son premier besoin est de rassembler dans sa
pensée tous les détails et les accidents de cette lutte déses-
pérée.

Voici un livre qui répond à ce besoin d'informations
générales et complètes. Grâce à lui, Paris et la province
vont se retrouver et se comprendre ; la lumière va se
faire et l'ordre s'introduire dans ce chaos de rumeurs con-
tradictoires et rétrospectives.

Un écrivain de talent, préparé par des études historiques de haute valeur, M. Ferdinand Delaunay s'est
donné la tache de retracer l'*Histoire de la Campagne de
France* (1870-71). Son travail, constamment animé par un

souffle d'indépendance et de libéralisme, par des peintures saisissantes où l'on surprend les tressaillements, les espérances et les angoisses du patriotisme, embrasse tous les faits moraux, politiques, diplomatiques, militaires et administratifs qui ont préparé, provoqué ou accompagné la guerre.

A côté du récit détaillé, dramatique et vivant des évéments on trouve des déductions lumineuses et des jugements mûrement réfléchis.

Ce n'est donc pas un travail improvisé, en ce sens que rien n'y est négligé ni tronqué. Les parties les plus importantes et les plus difficiles, qui touchent à la politique générale, y sont traitées avec soin. Un ensemble de documents précieux, que la publicité journalière disperse à tous les vents, y sont réunis pour établir authentiquement les faits, confirmer les appréciations et donner des matériaux aux historiens futurs.

L'œuvre de M. Ferdinand Delaunay n'est pas seulement l'œuvre d'un historien, mais d'un patriote. Elle nous fait pénétrer la raison profonde des choses, la logique, souvent cachée et toujours inexorable, des faits. L'auteur écrit pour les contemporains, afin de les éclairer et de les corriger, mais aussi pour la génération qui s'élève, afin de la fortifier, de l'armer, de l'aguerrir. Il travaille à l'œuvre grande et sainte de guérison et de résurrection.

« Le moment est venu, dit-il, de reconnaître nos faiblesses, nos fautes, nos vices, nos crimes, pour les proscrire et les effacer. Le moment est venu de porter sur nos plaies le fer et le feu. Descendons en nous-mêmes, éclairons nos consciences ; devenons attentifs, modestes, sérieux et forts.

« Savez-vous quel sera le chemin de la réhabilitation, c'est-à-dire de la vengeance ?

« L'étude, le travail, le devoir, la discipline dans les idées et dans les mœurs ! »

Paris. — Imp. Émile Voitelain et Cⁱᵉ, 61, rue J.-J.-Rousseau.

Dépôt légal. 4° trimestre 1971